D0837030

COLLECTION
FOLIO CLASSIQUE

ROMANS
DE LA TABLE RONDE

Chrétien de Troyes

Perceval

ou le Roman du Graal

suivi

d'un choix des continuations

Préface
d'Armand Hoog
Traduction et notes
de Jean-Pierre Foucher
et André Ortais

Gallimard

PRÉFACE

La France a fait la France... *Il y a un peu plus de cent ans que Michelet, quelques années avant de mourir, a prononcé ces mots admirables. Mais sur la page fulgurante de 1869 tant de papier imprimé est tombé qu'on doute quelquefois aujourd'hui si elle fut jamais écrite. Ce que Michelet voulait dire, c'est que la France n'est fille que d'elle-même. Ni fille de la lourde Rome, comme ils le disent, philologues naïfs ou maurrassiens suspects, empressés de confondre la filiation des mots avec une descendance spirituelle. Ni fille des clans germains, comme quelques-uns aussi, devant nos chansons de geste, feindront de le croire. Michelet a vu un Prométhée français, se faisant un corps à lui avec plusieurs glaises. Il ne doit, celui-ci, de remerciements à personne. J'aime recopier ces phrases inimitables : « Puissant travail de soi sur soi... De l'élément romain municipal, des tribus allemandes, du clan celtique, nous avons tiré à la longue des résultats tout autres, et contraires même, en grande partie, à tout ce qui les précéda... »*

Je n'aime pas Rome, c'est vrai. On m'a trop longtemps

abusé avec elle. Enfant, j'ai été élevé à croire que nous lui devions tout, qu'elle était à la fois pour nous l'initiatrice et la mère. Je ne pouvais m'y résoudre. Je me sentais étranger, rebelle. Je ne trouvais pas en moi la moindre solidarité avec ces plats poètes et ces avocats phraseurs, avec ces espèces de Prussiens totalitaires. Chose presque impensable, cette longue complaisance de nos écoles envers les massacreurs de Gaulois, les pourvoyeurs scientifiques des supplices de l'amphithéâtre, inventeurs d'un sadisme officiel que n'ont pas égalé les S.S. du XXe siècle. J'étais mal à l'aise avec Rome. Je ne me suis jamais reconnu chez elle. Elle ne m'a donné aucun de mes rêves. Sa religion misérable, sa logique à ras de terre ne me sont rien. Après y avoir passé quinze ans, je me suis retrouvé, comme au départ, étranger, barbare de l'Occident chrétien. Ils ne m'ont pas touché.

Cette révolte instinctive contre Rome, ma belle colère, j'ai appris peu à peu qu'elles ne m'étaient pas personnelles. Dans le temps que je m'exaspérais contre mes régents, un Jullian nous avait déjà vengés. Pendant que je faisais des thèmes latins à l'École Normale, un peu avant qu'Hitler ne ressuscitât la technique de l'universalisme romain, des hommes comme Victor Chapot et Albert Grenier rappelaient que la civilisation de Rome s'était « payée cher là où elle avait pris racine », étouffant « dans leur germe des civilisations originales qui allaient s'élaborer ». Je me suis borné à rire lorsque j'ai lu dans l'Ève de Péguy cette proposition surprenante : que les pas des légions avaient, à l'avance, marché pour *le Christ. Péguy n'est pas bourgeois d'ordinaire, mais quand il pense à la culture latine, il devient typiquement petit bourgeois : trop content d'avoir appris le latin.*

Il faut le redire : La France a fait la France. *La leçon, presque bouleversante, de la linguistique romane, n'est pas celle que les philologues pensent. Ce n'est pas de montrer comment le langage de Chrétien de Troyes, du* Roman de Lancelot, *de Rabelais, de Villon, qui devait être ensuite celui de Racine, de Baudelaire, d'Apollinaire, et d'André Breton, humblement, petitement, péniblement, sortit du latin — mais plutôt de faire admirer par quel miracle la langue romane n'a pas réussi à détruire la liaison des âmes françaises avec leur fonds naturel, le profond inconscient collectif qui flotte au-dessous d'elles. On a voulu m'apprendre que la littérature française est fille de la gréco-latine. Que nos plus grands poètes sont ceux qui ont entortillé leur écriture autour du mirliton de Virgile, quand ce n'est pas celui d'Ausone. Ou de Rutilius Numatianus. Mais voilà, ce n'est pas vrai. Terrible, frissonnante des alternatives de l'espoir surhumain et du désespoir humain, la Grèce orphique et dionysienne n'était pas celle qui nous est arrivée, filtrée par le crible économique latin. Devenue la molle contrée de Chénier, qui n'en connut (par ouï-dire) que les petites filles cypriotes, promptes à se déshabiller dans la mousse, sous les tamaris ; l'insipide pays de* Télémaque *et du* Jeune Anacharsis, *avec les baisers aux colonnes de Charles Maurras (au moins, Chénier, lui, ce n'était pas les colonnes). Quelques-uns essaient d'opposer à une civilisation orientale de la rêverie une civilisation hellénique de la « clarté ». Il faudrait alors nous expliquer Eschyle, les Bacchantes d'Euripide, le délire des confréries courant la nuit sur les collines. Mais la raison de cette dégradation n'est que trop facile à voir. Pendant des siècles, Rome victorieuse a fait triompher sur ses terres une littérature administrative et rhétorique, fort rassurante à coup sûr pour l'appareil de l'État. Un calcul instinctif de gouvernants, en même temps qu'une impuissance d'imagination congénitale, nous a valu cette mythologie de pauvres, sans relation avec les mythes, ce matériel d'allégories froides et sèches. Plus rien n'y demeure de ce qui touche le destin de l'homme. Cette pseudo-mythologie n'est et ne sera jamais qu'une parlerie.*

Ce qui en reste s'effondre, toute cette rhétorique latine et hellénistique que la pédante Renaissance a fait peser sur nos lettres :

Qui n'ouït la voix de Bellone
Lasse d'un repos de douze ans...

Elle ne fait plus lever en nous la moindre émotion. Et chaque fois que dans le cours de notre histoire littéraire des écrivains ont voulu ramener le français à la stylistique et à l'ordre latins, de cette contrainte et de cette mutilation la langue a manqué mourir : la Pléiade, Voltaire, Anatole France. Notre âme la plus authentique n'est pas latine. Elle l'a montré, au siècle dernier, par trois sursauts révélateurs, le romantisme, le symbolisme (petits moyens, celui-là), le surréalisme. Ils retrouvent aussitôt la liaison instinctive de notre pensée et de notre imagination avec les mythes qui firent vivre le Moyen Âge.

Mythes de l'Occident préchrétien, en contact avec la vieille âme de terreur et d'espoir née sur la rive d'Asie, que le christianisme a reprise et sauvée. Une âme religieuse commune à l'Europe et à l'Orient, qui vibrait dans les salles d'initiation de la Grèce, qui a laissé aux murs de la ville orphique de Pompéi des représentations si justement suspectes à la police romaine des cultes, au Pontius Pilatus de service dans le coin. Telle est la part latine : sur les terres où l'âme humaine essaie d'interpréter par des légendes, des drames, des croyances, le mystère et la grandeur de sa condition — en Grèce, en Gaule, en Bretagne, en Syrie, en Judée —, Rome a fourni les flics.

Face à la parlerie latine, à ses symboles décolorés, oui, il y eut en Occident une mythologie véritable. Nos sources d'imagination ensablées, je les vois, chez nous, jaillir pendant le Moyen Âge. La recherche des paradis, la quête opératoire des miracles, les mots clés qui fracassent l'enceinte des terres interdites, la liaison de l'existence avec le monde surréel, tout est déjà ici, dans les milliers de pages de la Table Ronde. Pourquoi ensuite si délaissées ? Elles ont nourri l'esprit de la France jusqu'à l'aube du XVIIIe *siècle. La dernière édition du roman de* Lancelot du Lac *a été publiée en 1599. Ce n'est déjà plus, hélas, qu'un abrégé de cent soixante-six pages. Bientôt Boileau verra dans la « nature », avant tout, la négation de la surnature. Pourtant notre mythologie naturelle est là, et pas dans l'*Énéide, *bien sûr. Le poète T.S. Eliot retrouve la* Waste Land, *et c'est notre* Terre Gaste. *Des châteaux enchantés aux blocks de la Londres moderne, du Roi Pêcheur au marché aux poissons de Billingsgate, tout s'est enchaîné sans effort :*

Unreal City…

Les problèmes sont les mêmes, les mêmes menaces, les mêmes symboles. D'où vient-elle donc, cette mythologie naturelle de l'Occident ? Le Moyen Âge l'a reçue de la Grèce orphique, et ne l'a pas trouvée inconciliable avec la symbolique chrétienne. La plus haute tentative de dépassement métaphysique des hommes nés, avant le christianisme, au carrefour d'Europe et d'Asie, se conjugue dans l'histoire du Graal avec la nouvelle liberté.

Les mythes préchrétiens, le symbolisme chrétien, ah ! nous y voilà. Pendant que Rome tentait d'étouffer toute mythologie à l'intérieur de son Empire, de profonds courants spirituels ne cessaient de circuler sur les bords de la pax romana, *là du moins où cette « paix » n'était pas devenue silence et solitude, comme l'a crié pour toujours le Calédonien de Tacite. Récits mythiques ou rituels d'initiation, ce qu'ils expriment, ce n'est rien moins que la destinée humaine confrontée à la mort et qui refuse de s'y tenir, son angoisse essentielle, son rêve éveillé, ce chant contre le mur, un vertige de dépassement qui n'est justifié par rien sinon par son propre élan, les espérances contradictoires enfin de ce qu'il faut bien nommer* salut. *Je prends le mot dans son sens le plus large, celui d'une catégorie permanente des consciences aux confins de l'Orient et de l'Occident. Les chapelles d'Attis et d'Adonis, les confréries de Mithra proposaient à leurs affiliés, selon leur élévation propre, une sorcellerie ou une métaphysique. Le fonds magique ancestral affleure dans ces rites qui célèbrent la toute-puissance de la vie, le retour de la végétation sur la terre malade. Un cortège de femmes escorte déjà le dieu mort. Il ressuscite. Les danses de fertilité des Korybantes élèvent alors au-dessus des assistants les symboles phalliques de la lance et de la coupe. Passé ce stade élémentaire, de plus hauts enseignements parlent au fidèle de sa mort symbolique, de sa résurrection et de son salut. Conduit aux extrémités de l'existence, ravagé de nuit et de terreur, l'initié débouche dans une lumière soudaine, sur le monde de l'au-delà, celui dont on ne revient pas si l'on ne* sait. *Il prend dans un vase mystique la nourriture de vie. Le voilà éternel, uni à son dieu d'une union enivrante. Au banquet divin transformé pour toujours.*

Ces images préchrétiennes disparaissent. Des siècles après, au sortir d'un long tunnel de silence, vers la fin du XIIe *siècle, une floraison de mythes surgit dans l'Occident chrétien latinisé. Ils parlent du* Graal. *Le Graal est une coupe de vie. Il n'est pas vrai de dire que le motif du graal est lié au motif de la* quête. *Ces deux thèmes sont indépendants. Mais le Graal est associé à la terre malade. Des mystères anciens à la « matière de Bretagne », une chaîne est là, nous la reconstituons. Les rumeurs d'Avalon, de Cardoël et de Camaalot, qui sortent des forêts françaises et anglaises, on les a déjà entendues à la bouche des souterrains de la Phrygie. En retrouvant le vieux thème de la rédemption symbolique la France épouse les permanentes images du salut. L'imagination chrétienne prend naturellement et sans effort la suite de l'imagination païenne. À vrai dire, elles sont pour une part identiques. Il n'est pas question en effet de doctrine, mais de mythe. Les auteurs du* XIIIe *siècle qui infléchissent l'histoire du Graal vers une interprétation chrétienne ont seulement fait triompher la bouleversante correspondance du christianisme avec les archétypes de l'inconscient mystique.*

L'étrange et longue histoire (un peu plus d'un demi-siècle) de la constitution du cycle arthurien ne peut être comprise que si l'on admet cette règle paradoxale : les auteurs individuels comptent moins que la matière *collective. Tout se passe comme si, dès l'abord, il y avait, devant eux, ce motif archétypique inépuisable, l'*immense trésor qui rêve. *Dans un pays d'artistes comme* *la France, où la personnalité de l'écrivain, avec son orgueil, et son style, et ses particularités, est si importante, le cas de la matière de Bretagne est exemplaire. Évidemment les poètes qui s'en occupent se considèrent comme les exploitants du fonds commun. Chrétien de Troyes, le premier, et le plus homme de lettres de tous, dit avoir trouvé son sujet dans ce « livre » mystérieux, récit ou rituel, que tant d'historiens s'acharneront ensuite à identifier. Pendant soixante ans, l'immense cycle se compose non seulement* par *les auteurs, mais aussi* à travers *eux. Robert de Boron a moins de talent que Chrétien ou que l'auteur du* Lancelot *en prose, mais, en quelque sorte, ça ne fait rien. Si l'on songe aux futures grandes compositions romanesques de l'histoire littéraire française,* L'Astrée *d'Urfé, le* Cleveland *de Prévost,* La Comédie humaine *ou la* Recherche du temps perdu, *la différence saute aux yeux. Le premier texte connu est le* Perceval *ou* Conte du Graal *de Chrétien de Troyes (1180). Qu'il y ait eu* quelque chose *avant, la chronique latine du moine Hélinand l'atteste. Chrétien disparu, qui n'a pas eu le temps de terminer son œuvre, viennent les continuateurs, le pseudo-Wauchier, puis Wauchier de Denain (peut-être dès 1190), continués à leur tour par Manessier (vers 1220) et Gerbert (vers 1230). Une autre ligne semble commencée, environ le même temps, par Robert de Boron. Celui-ci inclut dans sa vision générale l'histoire de Joseph d'Arimathie et celle de Merlin (cette dernière à peu près totalement perdue). Wolfram d'Eschenbach a composé son* Parzifal, *issu de Chrétien et des premiers continuateurs, aux alentours de 1210. Le* Perlesvaus *semble dater de 1225. Le douteux Guiot, disparu s'il a existé, ne se laisse guère dater. Enfin des développements plus ou moins accordés les uns aux autres aboutissent vers 1230 à l'ensemble que l'on nomme la Vulgate (anonyme) des romans arthuriens. Le cycle total, organisé, s'y épanouit. Mais les différents volets n'en ont pas été composés dans l'ordre de l'histoire chronologique du Graal. Le troisième volet, l'admirable* Lancelot *en prose, semble être venu le premier. Apparaît ensuite la* Quête du Saint Graal *(quatrième volet). Selon Pauphilet (approuvé par Loomis, discuté par d'autres), la Quête représenterait la réaction de la nouvelle austérité cistercienne contre les splendeurs bénédictines. Le premier volet, l'*Histoire du Saint Graal *(vers 1230), s'inspire étroitement de l'histoire de Joseph d'Arimathie, précédemment racontée par Robert de Boron. La conclusion du cycle, la* Mort d'Arthur, *serait ensuite produite par un auteur (on a longtemps cru à Gautier Map) beaucoup plus orienté vers le monde britannique. Enfin le deuxième volet, le* Merlin, *sans doute imité de l'ouvrage perdu de Robert de Boron, a pu être composé un peu après 1230.*

De tout cela se dégage, malgré les noms, une étonnante impression d'anonymat. On dira, on a dit que l'époque elle-même est anonyme. Que dans tous les domaines les individus de l'époque s'effacent devant l'œuvre collective : les cathédrales ; les croisades. Il est difficile, c'est vrai, de décider qui est en train de construire, au même moment,

Reims ou Notre-Dame de Paris. Mais la comparaison est fallacieuse. Le nom et le style de Ghislebertus ont survécu, identifiables, au collectif de la sculpture médiévale. Rien de moins impersonnel que la rivalité politique franco-anglaise (Philippe Auguste contre Richard Cœur-de-Lion et Jean-sans-Terre). Rien de moins anonyme que la troisième, puis la quatrième croisade : la volonté collective, chaque fois, y échoue, y est détournée par les ambitions, la cupidité des princes. Anonyme, la Croisade des Albigeois, qui précipite les barons pillards du Nord sur les terres du Midi ? Pour tous les événements du demi-siècle, on a toujours le sentiment que les choses auraient pu se passer autrement. *Le cycle du Graal, non. Une sorte de dialectique intérieure le conduit et le gouverne. Il s'agit ici de quelque chose de spécial. Qui est la littérature et qui est plus que la littérature. La quête du Graal, c'est la Quête qui s'écrit. Le développement d'une mythologie.*

Ce n'est pas mon propos de discuter ici toutes ces versions différentes, parfois contradictoires. Ferdinand Lot, Myrrha Lot-Borodine, Albert Pauphilet, Jean Frappier, Maurice Wilmotte et, en dehors de France, R.S. Loomis, W.A. Nitze, W. Roach ont patiemment circonscrit par leurs travaux l'énorme cycle arthurien. Ce que je veux marquer est autre.

Un jour ou l'autre, selon les diverses rédactions de la légende, les héros de la Table Ronde, Perceval, Lancelot,

Bohor, Gauvain, Galaad, parviennent tous à ce château du Graal qui est la clef des enchantements de la Bretagne. Un Roi Pêcheur habite le Château. Ce Roi est souvent le Roi mutilé, mehaigné. *Un cortège paraît. Dans la version* Gauvain, *dans une interpolation du* Perceval, *c'est un cortège de pleureuses qui accompagne le cercueil du Roi mort. Chez Chrétien, un valet passe, tenant par le milieu de la hampe une lance étincelante. Une goutte de sang perle à la pointe. Puis une demoiselle, noblement parée, porte un graal, et son aveuglante clarté fait pâlir la lumière des cierges. Une autre demoiselle tient un plat d'argent. Chez Wolfram, il s'agit d'une pierre précieuse que traversent les rayons du soleil. Plus tard, dans la* quête, *ce seront des anges qui apporteront la lance et la coupe. Alors la lance sera devenue celle de Longin, qui perça le flanc du Sauveur ; la coupe, le calice du Saint-Sang. On n'en finirait pas de noter les différences qui séparent une version de l'autre. Le mouvement général apparaît néanmoins. La christianisation du Graal.*

Abus de pouvoir ? Ils sont bien prompts à le dire. Julien Gracq écrit encore dans la préface de son Roi Pêcheur : *« Les deux grands mythes du Moyen Âge, celui de Tristan et celui du Graal, ne sont pas chrétiens… À toute tentative de baptême à retardement et de fraude pieuse, le cycle de la Table Ronde se montre, s'il est possible, plus rebelle encore… » Étonnante affirmation ! Elle méconnaît justement la nature du mythe, relié au trésor éternel de l'inconscient collectif. Le mythe jaillit ici et là au milieu des terres comme la manifestation artésienne de la nappe profonde où sont les rêves communs. Je me résigne assez facilement à ignorer quel put être le texte écrit dont s'inspirèrent Chrétien et peut-être Robert de Boron. Chrétien a parlé d'un livre que lui prêta le comte Philippe de Flandre. Ah ! si les chercheurs pouvaient le retrouver dans un fond de couvent ! Myrrha Lot-Borodine et Mario Roques ont suggéré qu'il pouvait s'agir d'un manuel décrivant la « grande entrée » dans la messe de l'Église grecque. Ce rite présente quelques analogies, en effet, avec la procession du Graal. La plupart des autres historiens écartent l'hypothèse. Il me paraît surtout que cette controverse est sans grand objet. Le livre a peut-être existé, un jour peut-être le découvrira-t-on. Cela ne suffit pas à m'expliquer pourquoi Chrétien, le moins mystique des poètes, y aurait pris cet intérêt exceptionnel, tout à fait hors de proportion avec la valeur romanesque et anecdotique d'un cérémonial étranger. Comment ce romancier psychologue qui ne fut jamais court de motifs d'aventures aurait-il été choisir une bizarre liturgie de l'Église grecque pour en faire le centre et la clef d'un roman français, à moins qu'il n'y ait retrouvé, précisément, les symboles archétypiques valables aussi bien pour une âme asiatique d'il y a deux mille ans, pour une imagination byzantine, pour une conscience chrétienne médiévale — pour des hommes de tous les temps ?*

Le mythe traduit le pouvoir de libération de l'esprit, il ne saurait en aucune façon être assimilé à une fabrication littéraire, semblable à la technique moderne des romanciers du réel. Gustave Lanson a voulu voir en Chrétien de Troyes une sorte de Bourget du XII*e* *siècle. Mais Lanson s'est toujours montré tellement imperméable au courant mythique de la littérature française qu'on peut bien admettre qu'inhabile à entendre Nerval ou Baudelaire il n'ait pas non plus entendu Chrétien. En somme, j'ai peine à croire que l'auteur de* Perceval, *si peu sensible qu'il soit à la valeur sacrée des symboles, ait pu reprendre par hasard, à la faveur d'une lecture, tant d'étranges secrets au fonds de l'inconscient collectif, sans soupçonner quelque chose des correspondances qu'il éveillait. Dès lors le problème dépasse celui de la source écrite. La méthode d'investigation la plus riche est celle de la psychologie collective.*

Un exemple. J'ai rappelé que le Graal est tantôt un plat creux, tantôt une pierre. Pour les auteurs français, pas d'hésitation. Le vessel *est une coupe. Au colloque de Strasbourg sur les Romans du Graal (1954), Mario Roques a recensé les variantes du mot* graal *dans les parlers d'oïl. Du latin* gradalis *on passe à* griau, gruau, gré, guerlaud, grelot, greil, *etc., et toujours avec le sens de récipient à ouverture large, seau, bouillotte ou grand plat creux.* Grazal, gréal *sont des mots d'oc, avec la même signification. Or, chez Wolfram d'Eschenbach, le graal est bizarrement devenu une pierre.* Lapsit exillis. *Tombée des cieux. Comme Wolfram écrit à la même époque que les autres, on n'a pas fini de s'interroger sur une aussi étrange déviation. Mais, du point de vue de l'analyse ar-*

chétypale, la question perd beaucoup de son importance. Dans son livre sur la légende du Graal, fondé sur les recherches de C. G. Jung, Emma Jung a montré que les deux symboles sont connexes. Au graal-vaisseau, calice qui a recueilli le sang du Christ, correspondent les signes mythologiques de la corne d'abondance, du chaudron magique des Celtes, de la coupe des gnostiques. J'ajouterai du panier d'Éleusis. Vases miraculeux qui nourrissent le corps et l'âme. Quant à la pierre tombée des cieux, lapsit exillis (lapis ex coelis, lapis exilis, lapis elixir ?), on la retrouvera dans le vocabulaire alchimique. Elle est le symbole de la réconciliation des contraires. Pour l'âme médiévale tourmentée par le problème du mal, la pierre du Graal est un signe d'espoir, le signe de la promotion nouvelle, de l'irruption du divin au cœur de l'humain.

Je ne renonce donc à rien. Le thème du Graal est tout ensemble oriental, celtique et chrétien. Le bassin sacré qui rend la vie aux morts, le Roi Pêcheur, la lance, la terre malade, le royaume de l'autre côté du monde, ces images sont équivoques et obscures comme la destinée de l'homme. Du fond des âges quand elles remontent vers les consciences individuelles, celles-ci les interprètent différemment. Mais le mythe demeure, aux yeux des hommes, l'incarnation d'une sagesse supérieure et sacrée, vieille comme l'espèce. Que les rêves individuels atteignent aux dimensions mythologiques, on voit alors l'image phallique de la lance, symbole élémentaire de la vie, apparaître à la fois dans la danse des Kourètes, dans *la tradition irlandaise de la* bleeding lance, *dans le* carreau *immémorial du tarot, dans les cérémonies du rite gréco-byzantin, dans la magie médiévale, dans les survivances folkloriques actuelles de la Cornouaille et des îles Shetland. J'admire alors, non comme un contresens, mais comme une correspondance, que l'imagination chrétienne du* XIIIe *siècle ait reconnu dans la lance païenne qui saignait depuis toujours, l'instrument de la nouvelle rédemption, l'arme de Longin perçant le flanc du Christ.*

De même pour l'image du Roi Pêcheur. La naïveté de Chrétien ne peut nous égarer longtemps. Le Roi de Chrétien est pêcheur parce qu'une vieille blessure l'empêche de chasser ; il prend sa revanche en jetant l'hameçon dans les rivières. On sait assez qu'à travers l'histoire des religions le poisson apparaît constamment comme symbole de vie. Dans les cultes syriens comme dans la première imagerie chrétienne, il est l'archétype de la Vie Divine. En Phrygie le poisson et la coupe étaient liés l'un à l'autre. Cumont en témoigne dans son ouvrage sur les Religions orientales. *Robert de Boron, qui donne tant d'importance au poisson pêché par le Riche Pêcheur, n'a peut-être pas eu besoin de recopier tous les éléments de son récit sur un texte antérieur déjà constitué. Les poètes comme les rêveurs savent écouter en eux-mêmes la voix collective des mythes ancestraux. Nous l'entendons encore dans nos rêves. Le vieillard pêcheur et la pêche : projection d'une libido qui cherche son renouvellement. Les cérémonies de peti-*

tes sectes occultistes londoniennes, vers le début de ce siècle, faisaient encore figurer dans leur matériel la lance, les pleureuses, le vase de vie, le mort fictif. Le vieux Roi Pêcheur, maître de la vie, habite l'étoile Alcyon, l'une des Pléiades. De temps à autre il jette le filet et ramène un corps.

L'extraordinaire variété des versions, tant de symboles différemment accordés les uns aux autres, le jaillissement touffu et contradictoire des épisodes, tout montre enfin qu'il ne s'agit pas, dans le cycle arthurien, d'une prolifération romanesque de type courant. La controverse perpétuellement renouvelée entre les commentateurs, touchant le degré d'information des rédacteurs français du cycle, n'affecte pas notre propos. Bien entendu, les poètes qui ont contribué à l'épanouissement du Graal ne savent pas toujours l'exacte signification des symboles qu'ils développent. Comment remonteraient-ils jusqu'aux mystères, jusqu'à la Gnose ? Chrétien passe souvent à côté. La version anglaise intitulée Sire Gauvain et le Chevalier vert *est pleine encore d'images folkloriques. Gauvain y porte comme* badge *le pentacle du tarot. Wolfram d'Eschenbach, bien que foncièrement chrétien, s'arrache à peine du monde magique ; ténèbres et terreurs. Robert de Boron se donne à l'imagerie du Bon Pêcheur. Jean Frappier a pu voir en l'auteur de la* Mort Artu *un romancier avant tout psychologue. Mais quoi ? Ce qui nous touche, c'est précisément cette diversité, l'élan qui les porte tous, et ce vieux cri du fond des âges qui réclame encore, avec une différente modulation, la rédemption de l'homme et de l'histoire.*

Notre mythologie naturelle, ai-je dit. Le christianisme reprend à son profit, dans le fonds des images collectives, la coupe, la lance, le plat et l'épée. Il baptise la coupe graal, *met une goutte du sang de son Dieu à la pointe de la lance ancienne. La procession des mystères est sanctifiée. Le lieu de l'initiation est devenu le* Château — *Château Aventureux, Château du Roi Pêcheur, Château de Corbénic. Tout cela sans mal, c'est vrai. Il y a pourtant quelque chose de nouveau ici. En devenant chrétien, le mythe s'est enrichi. Plus jamais, après qu'ils seront passés dans le cycle arthurien, les symboles de la libération humaine ne seront tout à fait les mêmes.*

L'Église d'Occident a toujours aperçu en effet le danger qu'il y aurait pour elle à n'apparaître que l'héritière des âges magiques. La Gnose hérétique avait déjà prétendu retrouver dans la métaphysique chrétienne l'équivalence des mystères païens. Cela ne voulait pas être sacrilège. L'âme religieuse se développe en restant fidèle à elle-même. Mead et J. Weston (mal vus, il faut le dire, par les philologues) ont fait constater d'étranges ressemblances entre le rituel du Graal et telles pratiques gnostiques dénoncées par Hippolyte dans ses Philosophumena, *qui sont une espèce de catalogue d'hérésies. Aux* XIIe *et* XIIIe *siècles, devant la résurgence des mystères du Graal, l'Église retrouve le même débat qui l'opposa jadis à la Gnose. Mais la* christianisation *du Graal, au contraire de ce que certains pensent, n'est nullement artificielle. Elle est commandée par l'histoire même de l'esprit. La religion exprime un moment de la psyché. Déjà Chrétien de Troyes a placé une hostie dans le Graal. Le vieil ermite en fait la révélation à Perceval. Quelle meilleure preuve opposer à ceux qui reprochent aux poètes médiévaux d'avoir abusivement* cléricalisé *le Graal : l'écrivain le moins accessible à la charge sacrée qu'il transporte a spontanément compris qu'à moins d'être décrit avec les mots du culte chrétien, l'énigmatique cortège n'aurait pas eu la chance de toucher l'imagination de son siècle.*

Désormais, dans le cycle médiéval, il y a l'un et l'autre aspect de l'âme humaine. La volonté de dépassement et de renouvellement qui habita le cœur païen et qui subsiste dans la libido collective, je l'ai assez montrée. À ce fonds de l'âme magique appartient le thème de l'initiation. Tantôt manquée, tantôt réussie, l'entreprise de Perceval, de Gauvain et de Galaad ressuscite les plus anciennes nostalgies mythologiques. Mais ce qui est nouveau, c'est la quête.

On ne dira jamais assez combien le Graal et la quête sont étrangers l'un à l'autre. Qui ignore cela — comme il arrive trop souvent — devient incapable de rétablir les véritables perspectives de la création *médiévale. Le thème de l'initiation relevait d'une conscience anti-historique, située en dehors du temps ; obstinée à la répétition annuelle de ses mystères. Le christianisme, lui, a inventé l'histoire.*

La Grèce platonicienne l'ignorait, l'Asie continuera de la mépriser. Mondes qui tournent sur eux-mêmes. Le passé y préfigure l'avenir. Nul événement n'est à proprement parler irréversible. C'est pourquoi tout y est si aisément symbole de tout. La coupe de vie où l'initié a bu reviendra quelque jour à sa place, l'initié devant elle. Il refera les gestes. Courbe destin. Le dieu lui-même, qu'on mange dans la coupe et qu'on célèbre par la lance, meurt et renaît éternellement. Le Perceval phrygien ou grec, quand il a participé aux rites du salut, reprend la route circulaire de la fatalité. On ne s'échappe pas par les traverses des commencements absolus. Nulle rupture. La philosophie médiévale devra justement débrouiller l'image chrétienne du monde de l'image platonicienne. L'une et l'autre sont bien soumises à la règle souveraine d'une même transcendance divine. Mais la construction platonicienne, c'est un univers sans histoire, absolu, fondu d'un seul bloc. Il y a peut-être des rites ici. Il n'y a pas de drame.

Le Perceval français et son Dieu sont au contraire les partenaires d'une nouvelle aventure. La grande invention qui triomphe ici, c'est une destinée de l'homme engagée dans un devenir irréversible, une histoire humaine doublée d'une histoire sacrée. Robert de Boron, médiocre poète d'ailleurs, a merveilleusement compris cette perspective. Chrétien de Troyes, supérieur comme artiste à Robert, ne l'entrevit que vaguement. Tous pourtant, le psychologue de cour comme le poète mystique, ont relié la légende du Graal *à cette irruption que Dieu fit un jour dans l'histoire — c'était en Judée, du temps des empereurs de Rome, et il y avait des bateaux qui partaient de la côte pour cingler vers les îles du Nord, au-delà du rocher d'Hercule. Ces jours ont existé, ils ne se reproduiront plus jamais. Les pas ne reviendront plus dans les pas.* « Jésus, *dit Robert de Boron,* étant donc venu sur la terre… » *Venu, passé, reparti. À la différence des vieilles liturgies périodiques, une suite d'événements discontinus composent le drame chrétien. Les actes se suivent sans se ressembler. La liberté humaine y assure, à travers le péché, la rédemption ou la mort, la rigoureuse moitié du dialogue.*

J'ouvre la « vulgate » du grand Lancelot. (En passant, et pour m'en étonner une fois de plus, je signale qu'il n'existe pas d'édition française. Il faut toujours se reporter à H.O. Sommer, The Vulgate Version of the Arthurian Romances.) *Oui, cette* Estoire del Saint Graal *est bien une* histoire. *Elle va devant elle. Elle ne tourne plus comme le moulin du rite antique. Des noms défilent. Le mouvement sans retour des générations. Joseph d'Arimathie. Josephé Bron. Le roi Evalac, « le méconnu ». Nascien. Le* Graal *est maintenant loin derrière le temps. Il s'occulte. Nascien s'embarque pour une navigation « ès parties d'occident ». Du lignage de Nascien va sortir la « Quête ». Une terre désolée, semée de prodiges, s'oriente vers un château rédempteur. La magie elle-même, cette ancienne mécanique miraculeuse à répétition, est désormais intégrée dans une histoire qui interdit les retours.*

Là est le sens chrétien de la quête. *Qui dit quête dit volonté, histoire et liberté. Le geste affranchisseur du christianisme, quand il a éliminé la fatalité, a remplacé celle-ci par le salut.* « Nous sommes au-dessus du sort », *a crié le chrétien Tatien aux astrologues grecs. Je puis maintenant donner toute sa valeur à l'idée de* danger *qui hante le cycle du Graal. (Le lit périlleux. Le pont périlleux. Le siège périlleux :*

> Que ce est li Guez Perilleus
> Que nus, se trop n'est mervelleus,
> N'ose passer...)

Situations aventureuses qui me paraissent de la plus haute importance. Le risque est inséparable de l'idée d'une existence historique, profondément engagée dans les chances et les pièges, responsable de soi à chaque minute. La fatalité était subie, mais le salut se gagne ou se perd, selon les mérites. Dans la dernière version, la plus parfaite, le grand Lancelot en prose, on verra échouer successivement les quêtes de Perceval, de Gauvain, de Lancelot, de Bohor. Ce fut par leur faute qu'ils manquèrent le Graal. Galaad seul sera roi. Il n'y a plus d'initiation automatique.

En ce sens il faut dire que la quête représente l'apport original de la France au vieil archétype. La route remplace la roue. *Le pèlerinage se substitue au retour éternel.*

Cette innovation va loin. Notre littérature, quand elle ne copie pas servilement la tradition latine, se subordonne à cette nouvelle idée. Débarrassé de la fatalité antique, l'homme prend le rôle à pleines mains, mais il reste en communication avec le surhumain et le surréel. Du Graal à l'école d'André Breton, en passant par Rabelais, les Amadis, *la préciosité, la* Carte du Tendre, *Corneille, Mme Guyon, le romantisme, Baudelaire, ce qu'on appelle (d'un mauvais mot) l'« humanisme » français sera l'aventure de la liberté, mais d'une liberté chargée de signification. Le destin humain se couche — hérétique ou pas — dans un lit sacré.*

J'ai refusé, tout au long de ces pages, de me tenir à des perspectives strictement littéraires. Quelque chose est ici, que ne peut réduire la logique bavarde venue de Rome avec le langage latin. La vieille âme rêveuse engendre une fois de plus ses symboles, où elle dit ce qu'elle sait d'elle-même. Une angoisse inhérente à la condition métaphysique de l'homme et tout illuminée par la possibilité de la rédemption. Le vieillard pêcheur pêchait ses poissons dans les eaux d'il y a dix mille ans. Une nourriture surnaturelle nous fut proposée dans les premiers archétypes, quand l'homme se vit si nu, si déchu, sur une terre périodiquement malade. Le surréel est une part du réel. L'homme est un animal religieux.

Les problèmes de destinée qui se posent à un homme du XIIe siècle français ne sont plus ceux qui occupaient un initié de l'Antiquité — ils en procèdent pourtant.

Tertullien a dit : « L'âme est naturellement chrétienne... » Ce Tertullien d'ailleurs suspect à l'Église officielle fait comprendre que le christianisme est venu conclure et comme sublimer la mythologie naturelle. Le rêve représente symboliquement la situation actuelle de l'inconscient. Les religions traduisent « l'ensemble des problèmes de l'âme humaine en puissantes images. Ils sont l'aveu et l'acte de connaissance de l'âme » (Jung). Converti, *le Graal n'est pas détourné de sa nature. Le christianisme médiéval a conservé les âmes rêveuses. Il en a fait des âmes historiques, et libres.*

La suite et le relais... Qui peut croire que le Graal n'a plus rien à dire ? Devant le dérèglement des saisons autour du Château de Corbénic, en attendant que la terre flétrie par les sortilèges retrouve les herbes et les fleurs, notre temps se sert du grand cri rimbaldien : Ô saisons, ô châteaux ! *Nous aussi nous regardons le grand dérèglement. Nous sommes épouvantés par une histoire affolée dont nous cherchons le sens. T.S. Eliot retrouve la* Terre Gaste *avec les vieux symboles dans les rues de Londres. Comme si le Graal n'attendait qu'un poète (ou une exigence) pour revivre en Occident.*

Armand Hoog.

Perceval
ou
le Roman du Graal

Qui sème peu récolte peu. Celui qui veut belle moisson jette son grain en si bonne terre que Dieu lui rende deux cents fois, car en terre qui rien ne vaut bonne semence sèche et défaille.

Ici Chrétien fait semence d'un roman qu'il commence et il le sème en si bon lieu que sans profit ce ne peut être. C'est qu'il le fait pour le plus noble qui soit en l'empire de Rome : le comte Philippe de Flandre qui vaut plus que valut Alexandre dont on chante louange partout. Mais celui-ci n'approche pas du comte, car il est sauf de toutes faiblesses et tous vices qu'on trouvait amassés chez ce roi.

Tel est le comte qu'il n'écoute nulle vilaine plaisanterie, nulle sotte parole, éprouvant de la peine s'il entend médire d'autrui quel qu'il soit.

Le comte aime droite justice et loyauté et sainte Église. Il déteste toute vilenie. Il est plus large qu'on le sait. Il donne selon l'Évangile sans hypocrisie ni tromperie, disant : « Ne sache ta main gauche le bien que fera la main droite ! Le sache seul qui le reçoit et

Dieu, qui tous les secrets voit et sait si bien tous les mystères qui sont au cœur et en entrailles. »

Pourquoi l'Évangile dit-il : « Que ta main gauche ne sache ce que fait ta main droite » ? C'est que la main gauche signifie fausse gloire qui vient d'hypocrisie trompeuse. Et la droite représente charité qui ne se vante de ses bonnes œuvres mais les dissimule si bien que nul ne sait, sinon celui-là qui a nom Dieu et charité. Dieu est charité et qui vit en charité, selon l'écrit de saint Paul (où je le vis et je le lus), demeure en Dieu et Dieu en lui.

Sachez donc en vérité que les dons du comte Philippe sont bien de charité. Mais jamais n'en parle à personne, sinon à son cœur généreux qui l'incite à faire le bien. Ne vaut-il pas mieux qu'Alexandre qui jamais ne se soucia de charité ni de nul bien ? Certes, n'en doutez pas. Et Chrétien n'y perdra sa peine, lui qui, par le commandement du comte, s'emploie à rimer la meilleure histoire jamais écrite en cour royale. C'est LE CONTE DU GRAAL dont le comte lui bailla le livre. Voyez comment il s'en acquitte.

Ce fut au temps qu'arbres fleurissent, feuilles, bocages et prés verdissent et les oiseaux en leur latin doucement chantent au matin et tout être de joie s'enflamme. Lors le fils de la dame veuve se leva dans la Gaste Forêt solitaire. Vivement sella son cheval de chasse, prenant trois javelots et sortit du manoir de sa mère. Il se disait qu'il irait voir les herseurs qui lors semaient les avoines avec douze bœufs et six herses.

Ainsi en la forêt il entre et sitôt son cœur se réjouit pour le doux temps qui s'éjouit et pour ce chant-là qu'il entend de tant d'oiseaux qui mènent joie. Toutes ces choses lui sont douces. Pour la douceur du temps serein il ôte au cheval son frein et il le laisse aller paissant par l'herbe fraîche et verdoyante.

Il s'amuse à lancer ses javelots alentour devant, derrière, à droite, à gauche, en haut, en bas. Et voici qu'il entend venir cinq chevaliers armés, de toutes leurs armes parés. Menaient grand bruit les armes de ceux qui venaient, car souvent elles se heurtaient aux branches des chênes et des charmes. Tous les hauberts en frémissaient. Les lances aux écus se heurtaient. Sonnait le bois, sonnait le fer et des écus et des hauberts.

Le garçon entend mais ne voit ceux qui viennent à bonne allure. Il s'étonne disant : « Par mon âme, elle dit vrai ma mère, ma dame, qui m'assure que les diables sont les plus laides choses du monde et m'enseigne à me signer pour me protéger de ces diables. Mais ainsi je ne ferai point ! Vraiment je ne me signerai ! Non, le plus fort je choisirai. De mon javelot le frapperai. Nul des autres n'approchera ! »

Ainsi se parle-t-il avant de les apercevoir. Mais, quand ils sont à découvert, il voit les hauberts étincelants, les heaumes clair luisants et les lances et les écus, et l'or et l'azur et l'argent. Il s'en écrie, tout ébloui : « Ah, sire Dieu, pardon ! Ce sont anges que je vois ici ! En vérité, oui, j'ai péché en croyant que c'était des diables ! Ma mère ne me trompait pas quand elle me disait que les anges sont les plus belles choses qui soient, excepté Dieu, plus beau que tous. Mais celui-ci, que je vois bien, est si magnifique que ceux qui l'accompagnent sont dix fois moins beaux que lui ! Comme ma mère me l'a dit, on doit surtout adorer Dieu, le supplier et l'honorer. Je vais adorer celui-ci et tous les anges après lui. »

Aussitôt il se jette à terre et récite à la file toutes les oraisons que sa mère lui avait apprises. Lors le maître des chevaliers le voit et dit à ses compagnons : « Arrêtez ! Restez en arrière ! Ce garçon est chu de peur que nous lui avons faite. Si nous allions vers lui ensemble, il serait si épouvanté qu'il en mourrait peut-être, et il ne pourrait plus répondre à ce que je veux demander. »

Les compagnons s'arrêtent et le maître va vers le garçon à grande allure. Il le salue. Il le rassure :

« Garçon, n'aie donc pas peur !

— Je n'ai pas peur, dit le garçon, par le Sauveur en qui je crois ! Êtes-vous Dieu ?

— Non, certes !

— Alors, qui êtes-vous donc ?

— Un chevalier.

— Chevalier ? Je ne connais personne ainsi nommé ! Jamais je n'en ai vu. Mais vous êtes plus beau que Dieu. Vous ressembler je le voudrais, tout brillant et fait comme vous ! »

Le chevalier vient tout auprès et lui demande :

« Vis-tu passer par cette lande, aujourd'hui, cinq chevaliers et trois pucelles ? » Mais le garçon est curieux de bien autre chose ! Il prend la lance dans sa main, voudrait savoir ce que peut être.

« Beau cher sire, vous qui avez nom chevalier, qu'est-ce là que vous tenez ?

— Allons, me voilà bien tombé ! Moi je croyais, beau doux ami, apprendre nouvelles de ta bouche et c'est toi qui en veux entendre ! Je vais te le dire : c'est ma lance.

— Voulez-vous dire qu'on la lance comme l'on fait d'un javelot ?

— Nenni, garçon, tu es trop fou ! Elle sert à frapper un bon coup.

— Alors vaut mieux chacun de ces trois javelots ! J'en peux tuer bête ou oiseau d'aussi loin que je les vois comme on pourrait faire d'une flèche.

— Garçon, dis-moi plutôt ce que tu sais de ces chevaliers que je cherche. Où sont-ils ? Où sont les pucelles ? »

Mais le valet saisit le bord de l'écu et, sans façon, sitôt demande :

« Qu'est-ce là ? Et de quoi vous sert ?

— Écu a nom ce que je porte.

— Écu a nom ?

— Mais oui. Je ne le dois tenir pour vil car il est tant de bonne foi que de coup de lance ou de flèche il me protège, arrêtant tout. C'est le service qu'il me fait. »

Les chevaliers restés arrière viennent rejoindre leur seigneur.

« Sire, que vous dit ce Gallois ?

— Il ne connaît bien les manières. Il répond toujours à côté. C'est ce qu'il voit qui l'intéresse. Il m'en demande quel est le nom, ce qu'on en fait.

— Sire, sachez certainement que les Gallois sont par nature plus fous que bêtes en pâture. Celui-ci est comme une bête. C'est folie s'arrêter à lui sinon peut-être pour muser, perdre son temps en billevesées.

— Je ne sais trop mais, de par Dieu, je répondrai à ses demandes et ne partirai point avant. Dis, garçon, ne sois pas fâché mais parle-moi des chevaliers et des trois pucelles aussi. »

Le garçon le tire par le pan du haubert :

« Dites-moi, beau sire, qu'est-ce que vous avez revêtu ?

— Ne le sais-tu ?

— Moi, non.

— Garçon c'est là mon haubert qui est pesant comme fer. Il est de fer, tu le vois bien.

— De cela je ne sais rien, mais comme il est beau, Dieu me sauve ! Qu'en faites-vous ? À quoi sert-il ?

— Garçon, c'est bien aisé à dire. Si tu me décochais une flèche ou bien l'un de tes javelots tu ne pourrais me faire de mal.

— Sire chevalier, de tels hauberts Dieu garde les biches et les cerfs, car je ne pourrais plus en tuer ! Alors pourquoi courir après ?

— Par Dieu, garçon, me diras-tu nouvelles des chevaliers et des pucelles ? »

Mais lui, qui a bien peu de sens, poursuit :

« Êtes-vous né ainsi vêtu ?

— Non point ! Personne ne peut naître ainsi !

— Qui vous habilla de la sorte ?

— Garçon, je te dirai bien qui.

— Dites-le donc !

— Très volontiers. Il n'y a pas cinq ans entiers que tout ce harnais me donna le roi Arthur qui m'adouba. Mais, encore une fois, dis-moi que devinrent les chevaliers qui par là vinrent en conduisant les trois pucelles. En les voyant as-tu pensé qu'ils s'en allaient tranquillement ou qu'ils fuyaient ? »

Et il répond :

« Regardez, sire, le plus haut bois que vous voyez qui couronne cette montagne. Là se trouvent les gorges de Valbone.

— Bon et après, beau frère ?

— Les herseurs de ma mère y travaillent, labourant, travaillant ses terres. Si les gens passèrent par là, ils les ont vus, ils le diront.

— Mène-nous, s'accordent les chevaliers, mène-nous donc jusqu'aux herseurs hersant l'avoine. »

Le garçon saute sur son cheval, les mène vers les champs d'avoine. Quand les paysans voient leur maître avec ces chevaliers armés, tremblent de peur. Ils en ont raison car ils savent qu'il voudrait être chevalier et sa mère en perdrait le sens. On croyait avoir réussi à ce que jamais il ne vît chevalier ni ne connût chevalerie.

Le garçon dit aux bouviers :

« Vîtes-vous cinq chevaliers et trois pucelles ici passer ?

— Oui tout le jour ils n'ont cessé de faire route par ce défilé. »

Le garçon se tourne vers le maître de la troupe :

« Sire, par ici s'en sont bien allés les chevaliers et les pucelles. Maintenant redites-moi nouvelles du roi qui fait les chevaliers et de ce lieu où il demeure.

— Le roi séjourne à Cardoël. Il y était il y a moins de cinq jours où je le vis en ce séjour. S'il en est déjà reparti, il en est qui t'enseigneront où il se trouve, si loin qu'il aille. »

Le chevalier s'éloigne au grand galop car il lui tarde de rattraper ceux qu'il recherche. Le garçon s'en retourne vite à son manoir où sa mère avait le cœur dolent et noir pour un si long éloignement. Elle a grande joie à le revoir et court vers lui. Elle l'appelle : « Beau fils ! Beau fils !... » plus de cent fois comme mère l'aimant si fort.

« Beau fils, mon cœur a bien souffert de votre absence. J'ai eu tant de chagrin que j'ai bien failli en mourir. Où avez-vous donc été si loin ?

— Où cela ? Mère, je vous dirai. En rien je ne vous mentirai car très grande joie j'ai ressentie d'une chose que j'ai vue. Mère, vous me disiez bien que les anges et Dieu notre Sire sont si beaux que jamais Nature ne fit si belles créatures ?

— Oui, beau fils, je le dis encore. Je le dis et je le redis.

— Mère, taisez-vous ! car je vis aujourd'hui les plus belles choses qui soient, allant par la Gaste Forêt. Ils sont plus beaux à ce que je crois que Dieu lui-même et tous ses anges. »

La mère entre ses bras le prend :

« Beau fils, je te donne à Dieu car j'ai bien grand-peur pour toi. Tu as vu, à ce que je crois, les anges dont les gens se plaignent car ils tuent tout ce qu'ils atteignent.

— Vraiment non, mère ! Oh non pas ! Non ! Ils disent qu'ils se nomment chevaliers. »

À ce mot la mère se pâme. Quand elle revient à elle, elle lui dit en grand courroux : « Ah malheureuse que je suis ! Beau fils, je croyais si bien vous tenir éloigné de la chevalerie que jamais vous n'en auriez entendu parler ! Jamais on ne vous laissait voir un chevalier. Chevalier vous l'auriez été s'il avait plu au seigneur Dieu que votre père veillât sur vous, de même vos autres amis. Jamais il n'y eut chevalier de si haut prix que votre père. Et nul ne fut si redouté parmi les îles de la mer. Beau fils, vous pouvez vous vanter que vous n'avez point à rougir de son lignage ni du mien, car je suis née de chevalier, des meilleurs de cette contrée. Mais tous les meilleurs sont déchus. C'est en tous lieux que l'on voit malheur fondre sur les prudhommes, même sur ceux-là qui se maintiennent en grand honneur et en prouesse ! Les mauvais, les lâches, les honteux ne tombent pas tant ils sont bas ! Mais c'est aux bons qu'il faut déchoir ! Votre père, si vous ne le savez, fut blessé cruellement aux jambes dans un combat. Il n'eut plus la force de défendre ses grandes terres, son trésor gagnés par vaillance. Tout alla en perdition et ce fut triste pauvreté. Quand mourut Uterpandragon, père du bon roi Arthur, les gentilshommes furent détruits. Les terres furent dérobées. S'enfuirent tous les pauvres gens comme ils pouvaient. Ne sachant où s'enfuir, votre père en litière se fit conduire dans la Gaste Forêt où il possédait ce manoir. Vous étiez lors petit enfant, pas encore sevré, n'ayant guère plus de deux ans. Vous aviez deux frères, deux beaux jeunes garçons. Quand ils furent assez âgés, sur le conseil de leur père, ils allèrent à des cours royales pour avoir armes et chevaux, l'aîné chez le roi d'Escavalon, l'autre chez le roi Ban de Gonneret. Le même jour, les deux garçons furent adoubés chevaliers puis se mirent en route pour s'en revenir au manoir et nous revoir et faire joie à votre père comme à moi. Hélas, n'arrivèrent jamais car furent tous deux déconfits. En combat moururent tous deux, dont j'eus très grand chagrin. Du deuil des fils mourut le père et j'ai souffert vie très amère depuis sa mort. Vous étiez tout mon réconfort et tout mon bien. Car ne me restait nul des miens. Dieu ne m'avait rien plus laissé dont je fusse joyeuse et gaie. »

Le garçon n'écoute pas grand-chose de ce que raconte sa mère. « Donnez-moi, dit-il, à manger. Je ne sais de quoi vous me parlez. Moi, je partirai volontiers au roi qui fait les chevaliers. »

La mère le retient comme elle peut. Elle lui apprête une grosse chemise de chanvre, chausses et braies d'un seul tenant à la mode galloise, je crois. En plus une cotte, un chaperon bordé de cuir de cerf. Ainsi l'atourne la mère. Mais plus de trois jours elle ne peut le faire demeurer. Elle en a étrange chagrin, le baise et l'accole en pleurant : « Beau fils, que j'ai grand-douleur quand je vous vois vous en aller ! À la cour du roi vous irez et lui direz qu'il vous donne des armes. Il ne vous les refusera point, je le sais, mais quand vous devrez vous en servir, comment ferez-vous ? Vous ne les avez jamais maniées ni vu manier par d'autres. Vous n'y serez guère adroit, je le crains. Personne ne peut faire bien ce qu'il n'a pas appris. Mais étonnant est qu'on apprend ce qu'on n'a vu faire souvent ! Beau fils je veux vous donner un conseil qui est très bon à connaître et s'il vous plaît de le retenir grand bien pourra vous advenir. Vous serez bientôt chevalier, s'il plaît à Dieu et je le crois. Si vous trouvez, près ou loin, dame qui d'une aide ait besoin ou demoiselle dans la peine, soyez prêt à les secourir dès lors qu'elles vous en requièrent. Qui aux dames ne porte honneur c'est qu'il n'a point d'honneur au cœur. Servez dames et demoiselles. Partout vous serez honoré. Et si vous en priez aucune gardez-vous de l'importuner. Ne faites rien qui lui déplaise. Si elle vous consent un baiser, le surplus je vous défends. Pucelle donne beaucoup lorsqu'elle accorde un baiser. Si elle porte anneau au doigt ou aumônière à sa ceinture, si par amour ou par prière elle vous les donne, je le veux bien, vous porterez donc son anneau. N'ayez longuement compagnon, en chemin ou en logis, que vous ne demandiez son nom car par le nom on connaît l'homme. Beau fils, parlez aux prudhommes, allez avec eux. Jamais prudhomme ne donne mauvais conseil. Dans l'église comme au moutier, allez prier Notre-Seigneur ! Qu'en ce siècle il vous consente honneur, vous accordant de vous tenir pour à bonne fin parvenir !

— Mère, fait-il, qu'est-ce qu'une église ?

— C'est un lieu où l'on fait le service de Dieu qui créa le ciel et la terre, y mit les hommes et les femmes.

— Qu'est-ce qu'un moutier ?

— Fils, c'est de même : une belle et sainte maison pleine de reliques et trésors. On y sacrifie le corps de Jésus-Christ, le saint Prophète que les Juifs firent tant souffrir. Il fut trahi, jugé à tort. Il souffrit angoisses de mort pour les hommes et pour les femmes. Autrefois allaient en enfer les âmes qui quittaient les corps. C'est lui qui les en retira. À un poteau Jésus fut lié et battu et crucifié en portant couronne d'épines. Tous les jours allez au moutier pour ce Seigneur y adorer.

— Eh bien, j'irai très volontiers, dit le garçon, aux églises et aux moutiers. »

Alors il n'est plus à attendre. Il prend congé. La mère pleure. Le cheval est bientôt sellé. C'est à la manière de Galles qu'est vêtu le cavalier avec des ravelins aux pieds qui sont brodequins de cuir vert. Il emporte, suivant l'habitude, trois javelots mais sa mère lui en fait lâcher deux, qu'il ne semble pas trop gallois. (Elle l'eût souhaité laissant les trois !) Il tient dans sa main droite une baguette pour réveiller son cheval.

Sa mère qui l'aime si fort l'embrasse. « Beau fils, beau fils, que Dieu vous garde et toujours vous guide en sa voie ! Et qu'il vous donne plus de joie qu'il ne m'en reste ! »

Quand le garçon s'est éloigné de la distance d'un jet de pierre, il tourne la tête en arrière et il voit sa mère tombée comme une morte au pied du pont.

De sa baguette cingle la croupe de son cheval et il s'en va à grande allure (pour s'empêcher de revenir) parmi la grand-forêt obscure. Chevauche jusqu'au déclin du jour. Il couche la nuit dans le bois jusqu'à ce que paraisse l'aube.

Alors il se lève et sitôt monte en selle. Il chemine tant qu'il aperçoit un pavillon dressé dans une belle prairie près d'un ruisselet coulant d'une fontaine. Il s'émerveille d'une si grande richesse. La tente est, d'un côté, d'une étoffe vermeille, verte de l'autre bordée d'orfroi. Au-dessus, à la pointe du mât, un aigle doré que frappent les rayons du soleil. Toute la prairie est illuminée de sa splendeur. À l'entour de ce pavillon se dressent des huttes et loges galloises. Le garçon s'approche du pavillon, disant : « Mon Dieu, je vois ici votre maison ! Je ferais un grave péché si je n'allais vous adorer. Ma mère ne mentait pas quand elle me disait que les moutiers sont la plus belle chose du monde et me recommandait de ne jamais manquer d'aller prier le Créateur en qui je crois. Oui, j'irai prier, par ma foi et demanderai qu'il me donne chose à manger, car j'ai grand-faim. »

Il vient au pavillon, le trouve ouvert. Au milieu voit un lit couvert d'une courtepointe de soie. Sur ce lit était couchée une pucelle qui dormait. Elle était seule. Sans doute ses servantes étaient allées au bois cueillir des fleurs nouvelles pour faire la jonchée autour du lit comme c'est coutume.

Quand le garçon pénétra sous la tente, son cheval fit tel bruit de sabots que la pucelle l'entendit et s'éveilla et tressaillit. Très innocent, le garçon dit : « Demoiselle, je vous salue car ma mère m'a recommandé de saluer toutes les demoiselles, en quelque lieu que je les trouve. »

La pucelle tremble de peur car ce garçon lui semble fou et elle se pense folle aussi de s'être laissé découvrir seule en ce lieu.

« Va-t'en, garçon ! Va ton chemin que mon ami ne te voie point !

— Pourtant je vous embrasserai, je le jure ! Tant pis pour qui s'en fâchera !

— Jamais je ne t'embrasserai si je puis m'en défendre, dit la pucelle. Fuis ! Que mon ami ne te trouve ici ou tu es mort ! »

Mais le valet a les bras forts et il l'embrasse avidement car il ne sait faire autrement.

Il la tient couchée dessous lui malgré défense qu'elle

fait en cherchant à se dégager. Mais c'est en vain. C'est d'affilée que le garçon l'embrasse, qu'elle le veuille ou non, sept fois de suite, nous dit le conte. Ce faisant il voit que la pucelle porte au doigt un anneau d'or où brille une émeraude.

« Ma mère m'a dit encore que je vous prenne votre anneau sans rien vous faire de plus. Or çà l'anneau ! Je veux l'avoir !

— Je te jure que tu ne l'auras si tu ne l'arraches de force ! »

Le valet la prend par le poing, étend le doigt, saisit l'anneau, le passe à son doigt et dit : « Demoiselle, je souhaite à vous tous les biens ! Je m'en vais maintenant, bien payé. Vous donnez bien meilleurs baisers que les chambrières qui sont dans la maison de ma mère car vous n'avez la bouche amère. »

Mais la pucelle pleure et dit : « N'emporte pas mon annelet ! J'en serai maltraitée et toi tu en perdras la vie un moment ou l'autre, je sais. »

Lui ne semble rien comprendre à ces paroles. Il a par trop jeûné, c'est vrai ! Il meurt de faim. Avise un barillet de vin. A côté un hanap d'argent. Puis sur une botte de jonc une serviette blanche et neuve. Il la soulève. Trouve dessous trois beaux pâtés de chevreuil qui ne sont pas pour lui déplaire. Par grande faim voici qu'il entame un pâté qu'il trouve bon. Il se verse grandes rasades et il les avale à longs traits. Ce vin n'est pas des plus mauvais !

« Demoiselle, dit-il, aidez-moi ! Je n'en viendrai à

bout tout seul. Venez manger ! Ils sont très bons. Nous en aurons chacun le nôtre. Il en restera un entier. »

Mais elle pleure et ne répond rien, qu'il l'invite et qu'il la prie. Elle se tord les mains de douleur.

Il mange encore tant qu'il lui plaît. Il boit tant qu'il en a envie. Puis il recouvre le restant, prenant congé, recommandant à Dieu celle qui ne lui en sait nul gré.

« Dieu vous sauve, belle amie ! Ne soyez pas ainsi fâchée de ce que j'emporte votre annelet. Avant que je meure vous en serez récompensée. Avec votre permission je m'en vais. »

La pucelle pleure et dit qu'à Dieu elle ne le recommandera car c'est à cause de lui qu'elle souffrira malheur et honte plus que n'importe quelle captive. Elle le sait bien : jamais il ne lui prêtera aide ni secours. Il l'a trahie, qu'il n'en ait doute !

Elle reste là pleurant. Son ami ne tarde guère à revenir du bois. Il voit que son amie pleure et, curieux, il demande :

« Demoiselle, je crois bien, à ces traces que je vois, que vint ici un chevalier.

— Non, seigneur, je vous l'assure. Mais est venu un paysan gallois méchant, laid et fou, qui de votre vin a bu tout autant qu'il lui a plu. A mangé trois de vos pâtés.

— C'est pourquoi, belle, vous pleurez ?

— Il y a plus, seigneur, dit-elle. C'est affaire de mon anneau : il me l'a pris et emporté. J'aurais mieux aimé mourir.

— Par foi, dit-il, il y eut outrage ! Puisqu'il l'emporte, qu'il l'ait donc ! Mais je crois qu'il fit davantage. Dites-moi sans rien me cacher.

— Sire, dit-elle, il m'embrassa.

— Embrassa ?

— Vraiment, je vous l'assure, ce fut bien malgré moi.

— Au contraire ! Cela vous plut et vous ne fîtes point de défense, dit le chevalier jaloux. Croyez-vous que je ne vous connaisse ? Je ne suis si aveugle ou borgne pour ne voir votre fausseté. Vous êtes entrée en voie mauvaise. Dure peine vous y attend. Jamais votre cheval ne mangera d'avoine, jamais il ne sera soigné que de l'affaire je ne sois vengé ! S'il se déferre il ne sera point referré ! S'il meurt, vous me suivrez à pied ! Jamais vous ne changerez d'habit et vous irez à pied et nue tant que je n'aurai tranché la tête de celui qui vint, ici. Je n'en aurai d'autre justice ! »

Et, s'étant assis, il mangea.

Pendant ce temps si bien chevauchait le Gallois qu'il rencontra un charbonnier menant un âne.

« Enseigne-moi, dit-il, le chemin pour aller à Cardoël. Le roi Arthur, que je veux voir, y fait des chevaliers, dit-on.

— Ce sentier que tu vois ici mène à un château

bien assis au bord de la mer. Si tu y vas tu y trouveras, beau doux ami, le roi Arthur joyeux et triste.

— Dis-moi : pourquoi le roi est-il ainsi à la fois triste et joyeux ?

— Je vais te dire. Le roi Arthur avec toute son armée a combattu Rion, le roi des Îles, qui fut vaincu. C'est pourquoi le roi Arthur se réjouit. Mais au même temps il est triste car l'ont quitté ses compagnons et sont partis dans leurs châteaux. Le roi en a un grand chagrin. »

Le garçon se souciait peu de ces nouvelles mais entra bientôt dans la voie que lui montrait le charbonnier. Sur la mer il vit un château, très bien planté et fort et beau. Il en sortit un chevalier très bien armé tenant coupe d'or en main droite. De sa main gauche il tient la lance et les rênes et son écu. Il porte armure vermeille qui lui sied bien. Elle plaît fort au garçon qui se dit : « Sur ma foi je m'en vais demander au roi cette armure belle et neuve. Au diable qui en cherche une autre ! »

Il se hâte vers le château qu'il lui tarde d'atteindre. Il rencontre le chevalier tenant la coupe. Celui-ci le retient un peu pour lui demander où il va.

« Je vais au roi, répond-il, pour lui demander vos armes.

— Va donc et reviens promptement, dit l'autre. Et pendant que tu y seras, répète encore au mauvais roi que, s'il ne veut tenir de moi sa terre, il me la rende ou qu'il envoie pour la défendre, car je proclame qu'elle m'appartient. Et tu diras : "Fiez-vous à ce que le chevalier qui vous défie tient en sa main la coupe où vous buviez votre vin !" »

Que ce chevalier cherche un autre pour porter au roi le message ! Le garçon ne s'en chargera. Bien plutôt va en grande hâte à la cour où le roi et ses chevaliers étaient tous assis à manger. La salle était de niveau avec la cour, aussi large que longue et le sol en était dallé. À cheval il entre en la salle et voit le roi Arthur pensif assis au haut bout de la table. Le garçon ne sait qui il doit saluer car le roi il ne le connaît. Alors il rencontre Yvonet tenant un couteau en sa main. « Valet, toi qui tiens un couteau, montre-moi qui est le roi. » Yvonet répond courtoisement : « Ami, voyez-le là. »

Le Gallois sitôt va vers lui, salue comme il sait faire. Toujours pensif, le roi ne dit mot non plus à un second salut.

« Par ma foi, dit alors le garçon, jamais ce roi ne fit nul chevalier ! Comment donc le saurait-il faire, lui dont on ne peut tirer une parole ? »

Et, sans plus insister, s'apprête à repartir en faisant volter son cheval qui se trouve si près du roi que de son museau, croyez-moi, fait tomber le chapeau royal. Le roi lève la tête, regarde le garçon. Lentement sort de ses pensées. « Beau frère, soyez le bienvenu ! Ne voyez pas de mal à ce que je n'ai répondu. Le pire ennemi que j'aie, celui-là qui me hait le plus, est venu ici pour me contester mon royaume. Il assure qu'il s'en emparera que je le veuille ou non. C'est le Chevalier Vermeil de la forêt de Quinqueroi. La reine s'était assise auprès de moi pour réconforter les chevaliers qui sont blessés. Le Chevalier Vermeil ne m'eût guère courroucé, mais devant moi il prit ma coupe et si follement la leva que sur la reine il renversa tout le vin dont elle était pleine. La reine en éprouva grand-honte. Elle est retournée dans sa chambre où de colère elle se meurt. Que Dieu m'aide, je ne crois pas qu'elle puisse en réchapper vive ! »

Le garçon n'écoute en rien ce que lui conte là le roi. De sa douleur et de la honte de la reine peu lui chaut ! Le visage du garçon montre des yeux clairs et rieurs. Qui le voit le tient pour fol mais on le tient aussi pour beau et noble.

Le roi dit : « Ami, descendez. Un valet gardera votre cheval. Je vous le promets : d'ici peu vous serez chevalier, pour mon honneur et votre profit. »

Mais le garçon répond :

« Pourquoi vouloir que je descende ? Ceux-là que j'ai vus sur la lande n'ont pas mis pied à terre. Par mon chef je ne descendrai ! Faites vite et je m'en irai.

— Ah, fait le roi, bel ami cher, très volontiers je le ferai.

— Foi que je dois au Créateur, je mets encore condition pour être Chevalier Vermeil : donnez-moi les armes de celui que je rencontrai devant la porte emportant alors votre coupe. »

Près du roi se trouvait sire Keu, son sénéchal, qui était parmi les blessés. Courroucé de ce qu'il entendait, il dit : « Ami, vous avez raison ! Allez vite lui enlever ses armes ! Elles sont à vous. Si vous y parvenez vous n'avez pas été trop sot de venir les chercher ici. »

Le roi n'aime pas ces paroles. « Keu, dit-il, vous avez tort de vous moquer comme vous faites ! Si ce garçon vous paraît mal appris, c'est qu'il a eu de mauvais maîtres. Bon vassal, je crois, il peut être. Oui, c'est mal de railler ainsi. Un prudhomme ne s'avance pas à rien promettre s'il ne peut pas le donner ou ne le veut. Un ami s'attend à ce que promesse soit tenue. Sinon il vaut mieux refuser que laisser espérer en vain. Qui se moque se moque de lui-même. Et c'est bien lui-même qu'il trompe, perdant le cœur de son ami. »

Ainsi parle le roi. Et voici que le garçon qui s'en allait voit une pucelle jeune et gente. Il la salue et elle lui rend son salut et tout en riant lui dit : « Si tu vis assez vieux, je pense et je crois en mon cœur que par tout le monde n'y aura nul meilleur chevalier que toi ! » Or la pucelle n'avait ri depuis plus de six ans au moins. Et elle avait parlé si haut que Keu l'avait bien entendue. Cette parole le courrouça si fort qu'il gifla le tendre visage d'un grand coup dont elle fut jetée à terre. Revenant à sa place, Keu aperçut le fou debout près d'une cheminée. D'un coup de pied il l'envoya dans le feu ardent pour avoir dit et répété : « Cette pucelle ne rira plus jusqu'au jour où reviendra le seigneur de toute chevalerie. »

L'un crie, l'autre pleure. Le garçon s'éloigne sans attendre, sans prendre conseil, pour rejoindre le Chevalier Vermeil.

Mais Yvonet qui connaît les sentiers, connaît toutes

choses et en apporte nouvelles à la cour. S'est écarté de là tout seul, sans compagnon. Il se faufile par un verger longeant la salle et vient tout droit en cet endroit où le Chevalier Vermeil attend chevalerie et aventure. Le jeune Gallois arrive au galop s'emparer des belles armes. Or le chevalier, pour attendre, avait posé la coupe d'or auprès de lui sur une table de pierre grise. Le garçon lui cria sitôt qu'il fut à portée de voix :

« Mettez bas vos armes ! Vous ne les porterez plus ! Le roi Arthur vous le demande !

— Serais-tu celui qui s'avance pour soutenir le droit du roi ? Si on vient, il faut me le dire !

— Comment, diable, plaisantez-vous, sire chevalier ? N'avez encore quitté vos armes ? Faites-le, je vous le commande.

— Et moi ici je te demande si quelqu'un vient, de par le roi, qui veut combattre avec moi ?

— Chevalier, ôtez votre armure ! Sinon je m'en vais vous l'ôter car je ne peux vous la laisser. Encore un mot et je vous frappe, sachez-le bien. »

Le chevalier, furieux, se fâche. À deux mains il lève sa lance et un coup terrible en assène par le travers des épaules du jeune Gallois, un coup qui le fait basculer jusqu'aux oreilles du cheval. Le garçon, blessé, prend colère, le vise à l'œil le mieux qu'il peut et lance droit son javelot. Le trait crève la prunelle et ressort par la nuque en répandant la cervelle et le sang. Par le coup et par la douleur le cœur lui manque. Il tombe à terre. Reste étendu.

Le garçon est descendu. Il prend la lance du gisant, la met de côté. Il enlève l'écu du col mais il ne peut venir à bout de le décoiffer de son heaume. Force lui est de le laisser. L'épée, il voudrait l'en défaire mais n'y parvient, ne pouvant même la faire sortir du fourreau. L'empoigne et tâche de tirer.

Et Yvonet qui le voit si embarrassé commence à rire. « Ami qu'y a-t-il ? Que faites-vous ?

— Je ne sais trop. Je croyais que votre roi m'avait donné ces armes. Mais j'aurai plutôt déchiqueté ce mort pour en rôtir les morceaux que saisi l'une de ses armes. Elles lui tiennent si bien au corps que le dedans et le dehors tout tient ensemble, je crois bien.

— Ne vous inquiétez de rien. Je vous les donnerai très bien, si vous voulez.

— Faites donc tôt, dit le garçon, et donnez-les-moi bien vite. »

Yvonet se met donc au travail, dévêt le mort. Jusqu'à l'orteil il le déchausse, ne lui laisse haubert ni chausses, ni heaume ni aucune pièce d'armure. Mais le Gallois ne veut quitter ses vêtements. Malgré ce qu'en dit Yvonet, il ne veut passer une moelleuse robe de drap de soie fourrée de laine que vêtait dessous son haubert le chevalier. Ne veut non plus chausser les souliers du vaincu, disant : « Diable ! Voudrais-tu me faire changer les bonnes étoffes tissées par ma mère pour celles de ce chevalier ? Laisser bonne grosse chemise de chanvre, bien molle et tendre, et ma tunique qui ne prend pas l'eau pour celle-ci que l'eau traverse ? Maudit soit par sa gorge qui changera ses bons habits contre mauvais habits d'autrui ! »

Il est difficile d'apprendre à un fou. Il n'y a rien à lui dire. Il ne veut garder que les armes. Yvonet l'habille, lui lace ses chausses puis lui attache ses éperons pardessus les brodequins de cuir. Puis il lui passe le haubert qui ne fut jamais mieux porté, le heaume qui très bien lui sied. Sur la coiffe il le lui assied. Lors il lui montre comment ceindre l'épée lâche à la chaîne. Mais des éperons l'autre ne veut car il préfère sa houssine. Yvonet lui apporte l'écu, la lance et comme il va le laisser là, le garçon lui parle ainsi : « Ami, prenez mon cheval. Il est très bon. Je vous le donne pour ce que je n'en ai plus besoin. Portez au roi sa coupe d'or et saluez-le de ma part. Dites aussi à la pucelle que le sénéchal a giflée qu'à mon pouvoir, sauf que je meure, qu'à ce grossier je m'en vais préparer tel plat que pour vengée elle se tiendra. »

Yvonet répond qu'il donnera au roi sa coupe et délivrera le message fidèlement. Ils se séparent et s'en vont.

Dans la salle où sont les barons, entre Yvonet qui au roi sa coupe rapporte, disant :

« Sire, ores faites joie ! Le chevalier qui ici vint vous renvoie votre coupe d'or.

— De quel chevalier parles-tu ?

— De celui qui s'en va d'ici.

— Est-ce de ce garçon gallois qui me demanda les armes teintes de sinople de celui qui me fit offense la plus honteuse qu'il pouvait ?

— Sire, oui vraiment c'est de lui que je parle.

— Mais ma coupe comment l'eut-il ? L'autre le prise-t-il tant qu'il la lui ait de bon gré rendue ?

— Non pas, sire. Il voulait la vendre si cher au Gallois que celui-ci a dû l'occire !

— Comment se fit-il, bel ami ?

— Sire, je ne sais. Tout ce que je vis, c'est que le chevalier le frappa d'un grand coup fauchant et le précipita à terre. Mais le Gallois sut bien répondre d'un coup de javelot qui transperça l'œil et la cervelle, étendant à terre l'homme mort. »

Ces paroles mirent Keu en telle rage que peu s'en fallut qu'il en creva. Le roi dit au sénéchal : « Ah, Keu, quel mal m'avez fait aujourd'hui ! Vous vous êtes moqué de ce garçon alors qu'en lui apprenant mieux l'usage de l'écu et de la lance, celui-là eût fait, sans doutance, un bon chevalier. Mais vous me l'avez éloigné, lui qui m'a rendu en ce jour si grand service. Maintenant il va rencontrer, par malheur, quelqu'un qui, pour gagner son cheval, va le combattre. Il est naïf et sans usage mais il se fait des envieux. Il ne saura bien se défendre et bientôt il sera vaincu mort ou blessé. »

Ainsi le roi regrette-t-il le Gallois. Mais que faire en un tel regret ? Le roi ne peut que se taire.

Le garçon galope par la forêt. Il en arrive dans une plaine où coule une rivière large plus que d'un jet d'arbalète. Dans le cours de cette rivière toutes les eaux se sont jetées. Par là il se dirige, traversant une prairie mais dans l'eau il n'entre pas car il la reconnaît trop sombre et trop profonde et d'un courant plus rapide que courant de Loire. Il longe la rive et de l'autre côté aperçoit une colline baignée par la rivière et portant un château très riche et très fort dont les tours semblent naître du roc lui-même. Une haute et forte tour s'élève au milieu du château et il voit une barbacane commandant l'estuaire où les flots de la rivière se jettent en combattant dans ceux de la mer. Aux quatre coins de la muraille construite de gros blocs de pierre se dressent quatre tours basses mais de belle allure. C'est un beau château, bien planté et bien disposé en dedans. Devant un châtelet rond un pont de pierre enjambe la rivière, maçonné à chaux et à sable. Au milieu du pont encore une tour d'où se détache un pont-levis agencé de telle sorte qu'il est un pont le jour et la nuit porte close.

Le garçon vers le pont chevauche. Il y rencontre un prudhomme vêtu d'une robe pourprine qui se promenait, l'attendant. Par contenance il tenait une badine. Près de lui deux valets qui ne portaient pas de manteau.

Le garçon, ayant bien retenu ce qu'on lui avait enseigné, le salue en disant :

« Sire, ainsi m'enseigna ma mère.

— Dieu te bénisse, beau frère ! dit le prudhomme qui l'a reconnu naïf et sot. Dis-moi : d'où viens-tu ?

— D'où ? De la cour du roi Arthur.

— Qu'y faisais-tu ?

— Le roi m'y a fait chevalier, Dieu lui donne bonne aventure !

— Chevalier ? Je ne pensais pas qu'en ces temps-ci il se souvînt de chevalerie, mais qu'il avait tout autre chose à faire qu'à adouber un chevalier. Dis-moi, gentil frère, cette armure qui te la donna ?

— C'est le roi.

— Mais comment te la donna-t-il ? »

Le garçon lui conte tout ce que vous connaissez. Il serait oiseux de recommencer de le dire. Le prudhomme lui demande alors ce qu'il sait faire de son cheval.

« Je le fais courir comme je veux et où je veux, comme auparavant mon cheval de chasse que j'avais amené de chez ma mère.

— De vos armes que savez-vous faire ?

— Les vêtir et m'en dévêtir, comme me montra celui qui m'en arma après en avoir dépouillé le chevalier mort. Elles me paraissent si légères qu'elles ne me gênent en rien.

— Tout est donc bien. Mais, dites-moi pour quel besoin êtes-vous venu ici ?

— Sire, ma mère m'enseigna que j'allasse vers les prudhommes ; que j'écoute ce qu'ils disent car grand profit j'y trouverais.

— Beau frère, bénie soit votre mère car elle vous donna bon conseil ! Me voulez-vous rien dire de plus ?

— Si.

— Et quoi ?

— Que vous m'hébergiez aujourd'hui.

— Très volontiers mais à condition que vous me consentiez un don qui pourrait vous être grand bien.

— Lequel ?

— Vous croirez le conseil de votre mère et le mien.

— Sur ma foi, c'est chose entendue !

— Descendez donc ! »

Et il descend. Un des valets prend son cheval. L'autre le dévêt de ses armes. Le voilà donc en grosses braies, lourds brodequins et cotte de cerf mal taillée que sa mère lui a donnée. Le prudhomme se fait chausser les éperons, monte sur le cheval, pend l'écu au col par la guiche, saisit la lance et dit : « Bel ami, apprenez maintenant les armes et prenez garde comme on doit la lance tenir, comme on fait aller son cheval et le retient. »

Alors il déploie son enseigne, montre au garçon comment on doit tenir l'écu. Un peu le laisse en avant pendre à toucher le cou du cheval. Met la lance sur feutre et pique son coursier qui vaut bien cent marcs, car c'est cheval de qualité. Le prudhomme savait très bien mener le cheval, manier l'écu et la lance car l'avait appris dès l'enfance. Tout ceci plaît fort au garçon qui souhaite aussi bien faire. Quand le seigneur a bien galopé, il revient vers son élève, lance levée. « Ami, dit-il, voulez-vous jouter comme moi avec la lance, avec l'écu, et bien tenir votre cheval ? »

L'autre répond tout aussitôt qu'il ne vivra un jour de plus qu'il ne sache jouter ainsi. « On peut toujours apprendre ce qu'on veut, dit le chevalier, pourvu qu'on y travaille. Tout métier exige et cœur et peine. Il n'y a honte à ne savoir faire ce qu'on n'a pas appris ni vu pratiquer par quelque autre. »

Le Gallois monte à son tour, sitôt portant si adroitement sa lance et son écu qu'on l'aurait cru avoir passé ses jours dans les guerres et les tournois. Un vrai coureur et de batailles et d'aventures ! La chose était dans sa nature. Si se joignent nature et cœur, alors plus rien n'est difficile.

Quand le garçon a bien jouté il revient devant le prudhomme qui a grand plaisir à le voir jouter ainsi et arriver lance levée comme on le lui avait montré.

Il demande :

« Sire, ai-je bien fait ? Croyez-vous que je réussisse en y mettant de ma peine ? J'ai grande envie faire comme vous tout ce que mes yeux vous ont vu faire.

— Ami, fait le prudhomme, si vous avez le cœur, vous saurez ce qu'il faut savoir, ce n'est nul doute. »

Le prudhomme monte par trois fois et par trois fois le fait monter. Après la troisième fois, il lui dit :

« Ami, que feriez-vous si vous faisiez rencontre d'un chevalier qui vous frappait ?

— Je le frapperais aussi !

— Et si votre lance se brisait ?

— Je courrais sus et frapperais des poings. Que faire d'autre ?

— Ami, c'est ce qu'il ne faut faire.

— Quoi donc alors ? Et pourquoi donc ?

— Il faut requérir à l'épée. »

Il fiche sa lance en terre, met la main à l'épée. Il dit : « Ami, défendez-vous ainsi devant l'attaque. »

Et il répond : « Que Dieu me sauve, nul n'en sait autant que moi. À toutes les sortes de cibles, chez ma mère tant j'en appris que bien souvent j'en fus lassé. »

L'hôte lui dit alors : « Allons au château ! vous y serez mon hôte honoré. »

Ils vont tous deux, côte à côte. Et le garçon dit à son hôte :

« Sire, ma mère m'apprit de ne faire longue compagnie à un homme sans savoir son nom. Si elle m'a dit vérité, je veux donc connaître le vôtre.

— Beau cher ami, je me nomme Gorneman de Gorhaut. »

Ils vont ainsi jusqu'au château, main dans la main. En montant l'escalier, ils rencontrent un valet apportant au garçon un manteau court, qu'il ne prenne froid, ayant eu chaud à l'exercice. Le seigneur possédait belles et grandes demeures et beaucoup de serviteurs. Un bon manger est apporté et bien servi. Leurs mains lavées, tous deux prennent place à table. Le maître fait asseoir près de lui le garçon et tous deux mangent dans la même écuelle. Ce qu'ils mangèrent, je n'en ferai le compte, mais je dirai qu'ils mangèrent et burent autant qu'ils souhaitaient.

Quand ils se levèrent de table, très courtoisement le prudhomme pria le garçon de rester chez lui un mois entier et même une année pleine, pourvu qu'il le souhaite. « Sire, dit le garçon, je ne sais si je suis près ou loin du manoir de ma mère, mais je prie Dieu qu'il me conduise auprès d'elle, si je puis la voir encore, car je l'aperçus pâmée au pied du pont quand je la quittai. Est-elle encore vivante ou morte, je ne sais. Mais je sais bien que si elle tomba ainsi, c'était douleur de mon départ. Tant que j'aurai cette inquiétude, je ne pourrai faire long séjour où que ce soit. Je m'en irai demain, au point du jour. »

Le prudhomme voit que prier davantage serait de nul effet. Déjà les lits sont faits. Sans plus rien dire ils vont donc se coucher. Le lendemain, de grand matin, l'hôte se lève, fait porter devant lui au lit du garçon chemise et braies de toile fine, chausses teintes en rouge de brésil, cotte de drap de soie tissé en Inde. Il le prie de s'en revêtir. Mais le garçon s'en défend bien !

« Beau sire, vous pourriez mieux dire ! Voyez les habits que me fit ma mère. Ne valent-ils pas mieux que ceux-ci ? Et vous voulez que je les change !

— Par ma tête et par mes deux yeux, garçon, vous vous trompez ! Ceux que j'apporte valent mieux.

— Non ! Valent pis !

— Bel ami, ne m'avez-vous dit que vous obéiriez à tous mes commandements ?

— Ainsi ferai et je n'y manquerai en rien. »

Le garçon se vêt donc, mais non des habits donnés par sa mère. Le maître se baisse et lui chausse l'éperon droit. Telle était en effet la coutume : qui faisait un chevalier devait lui chausser l'éperon droit. Des valets s'approchent, portant les pièces de l'armure, se pressant à l'envi pour armer le jeune homme. Mais c'est le maître qui lui ceint l'épée et l'embrasse. Il dit : « Avec cette épée que je vous remets, je vous confère l'ordre le plus haut que Dieu ait créé au monde. C'est l'Ordre de Chevalerie qui ne souffre aucune bassesse. Beau frère, souvenez-vous, si vous devez combattre, que, lorsque crie merci vers vous votre adversaire vaincu, vous devez le prendre en miséricorde et non l'occire. Ne parlez pas trop volontiers. Qui parle trop prononce des mots qui lui sont tournés à folie. Qui trop parle fait un péché, dit le sage. Je vous prie aussi : s'il vous arrive de trouver en détresse, faute de secours, homme ou femme, orphelin ou dame, secourez-les si vous pouvez. Vous ferez bien. Enfin voici une autre chose qu'il ne faut pas mettre en oubli : allez souvent au moutier prier le Créateur de toutes choses qu'il ait merci de votre âme et qu'en ce siècle terrien, il vous garde comme son chrétien. »

Et le Gallois répond :

« De tous les apôtres de Rome, soyez béni, beau sire, qui m'enseignez comme ma mère !

— Beau frère, écoutez-moi : ne dites plus que vous savez toutes ces choses de votre mère. Jamais ne vous en ai blâmé, mais désormais, je vous en prie, il vous en faut vous corriger. Si vous le faisiez encore, on dirait que c'est une folie. Pour cela gardez-vous-en bien.

— Beau sire, que dirai-je donc ?

— Que vous enseigna ce vavasseur qui vous chaussa l'éperon. »

Le garçon le promet. Le seigneur fait sur lui le signe

de la croix, disant encore : « Puisqu'il te plaît d'aller sans attendre, adieu ! »

Le nouveau chevalier quitte son hôte. Il lui tarde de retrouver sa mère, si Dieu lui donne de la revoir vivante et en bonne santé. Il chevauche par la forêt solitaire qu'il aime mieux que terres plaines. Chevauche tant qu'il aperçoit un château fort bien situé. Dehors des murs, il n'y avait que la mer et une terre désolée. Il se hâte d'arriver au château. Il arrive devant la porte. Il trouve un pont qu'il faut passer, mais si faible est ce pont que c'en est un danger. Cependant le jeune chevalier s'engage et passe sans dommage. Il se trouve devant une porte fermée. Il y frappe du gantelet et il huche à bonne voix. Tant il frappe qu'il aperçoit à la fenêtre d'une salle une pucelle maigre et pâle. Elle se penche :

« Qui est-ce là qui appelle ?

— Belle amie, c'est un chevalier qui vous prie de le laisser entrer et de le loger ici cette nuit.

— Sire, vous entrerez mais nous en saurez peu de gré. Nous ferons pourtant pour le mieux. »

La pucelle disparaît et si longuement se fait attendre que le jeune chevalier appelle de nouveau. Alors arrivent quatre sergents tenant chacun et bonne hache et bonne épée. Ils ouvrent la porte et ils disent : « Sire, venez avant ! »

Les quatre sergents auraient eu belle allure s'ils

n'avaient été accablés de jeûnes, de veilles et de misères. Mais c'était pitié de les voir.

Si, au-dehors, la terre était nue et désolée, au-dedans le jeune chevalier trouva bien peu. Partout où il allait, rues désertes, maisons en ruine. On ne voyait homme ni femme. Il y avait deux abbayes : l'une de nonnains éperdues, l'autre de moines désemparés. Point de parements, point de tentures ! Demeures lézardées, murs fendus et tours décoiffées. Portes ouvertes, nuit comme jour.

Dans cette cité quasi morte, moulin ne moud ni four ne cuit. En nul endroit on ne trouve pain ni gâteau, ni rien à vendre même pas pour un denier. Point à chercher vin ni cervoise.

Les quatre sergents l'ont mené vers un palais couvert d'ardoise. L'ont descendu et désarmé. Sitôt par les degrés accourt un domestique lui apportant un manteau gris dont il lui couvre les épaules. Un autre étable son cheval. Mais là ni blé ni foin ni avoine ; bien peu de paille s'il en reste. La maison ne peut offrir rien d'autre.

Des valets guident le jeune homme par un escalier jusqu'en une grande et belle salle où s'avancent à sa rencontre deux hommes et une demoiselle. Les deux hommes vieillards chenus, mais pas encore chenus tout blanc. On les eût dit dans la force de l'âge et en verdeur du sang s'ils n'avaient été accablés par le souci.

La demoiselle qui s'approchait était plus gracieuse, vive, élégante qu'épervier ou papegai. Son manteau et son bliaut étaient de pourpre sombre, étoilé de vair, garni d'hermine (garniture non point pelée, croyez-le bien) avec un beau collet de martre zibeline noire et blanche.

Si j'ai déjà décrit la beauté que Dieu peut mettre en un corps ou en un visage de femme, je veux le faire une autre fois sans mentir d'une seule parole. On eût cru ses cheveux d'or fin, qui flottaient sur ses épaules tant ils étaient blonds et luisants. Son front était haut, blanc et lisse, comme taillé de main d'homme dans le marbre ou l'ivoire ou un bois précieux ; large entre-œil, sourcils brunets, les yeux vairs, bien fendus et riants. Elle avait le nez droit. Le blanc sur le vermeil éclairait son visage mieux que sinople sur argent. Pour en ravir le cœur des gens, Dieu avait fait d'elle la Passe-Merveille. Jamais Dieu n'en avait fait telle. Plus jamais n'en devait créer.

Sitôt le chevalier la voit, il la salue et elle lui puis il salua les deux seigneurs. La demoiselle le prend par la main gentiment et dit : « Beau sire, votre hôtel ne sera point aujourd'hui ce qu'il conviendrait pour un prud-homme. Si maintenant je vous disais à quoi nous en sommes réduits, vous pourriez croire que c'est malice et me soupçonner d'avarice désirant vous voir partir. Mais venez, je vous en prie. Prenez notre hospitalité comme nous pouvons vous l'offrir et que Dieu vous donne un meilleur lendemain ! »

La demoiselle le mène dans une salle qui est fort belle et large et longue et dont le plafond est sculpté. Et ils se sont tous deux assis dessus un lit à courtepointe de soie. Autour d'eux se tiennent de petits groupes de chevaliers silencieux, les yeux fixés sur celui-là qui près de leur dame ne dit mot. S'il ne dit rien, c'est que sans faute il se souvient du conseil que lui donna le prudhomme. « Grand Dieu, se demandent-ils, serait-il donc vraiment muet ? Ce serait grand-pitié car jamais ne naquit de femme un chevalier si bien fait. Qu'il a bon air auprès de notre maîtresse ! Comme elle est belle à son côté ! Si seulement ils voulaient bien cesser de se taire ainsi ! En vérité ils sont si beaux que Dieu les a faits l'un pour l'autre, dirait-on, tant ils se conviennent ! »

Ainsi les chevaliers devisent-ils entre eux. Cependant que dessus le lit la demoiselle attend le moindre signe du garçon. Mais il était clair maintenant qu'il ne prononcerait un mot, si elle ne l'y encourageait. Alors elle lui demande :

« Sire, d'où venez-vous donc aujourd'hui ?

— Demoiselle, j'ai passé la nuit chez le seigneur très généreux d'un fort château où il y a cinq grosses tours de bel ouvrage, une grande et quatre petites. Je ne sais le nom du château. Mais je connais le nom de son maître qui est Gorneman de Gorhaut.

— Ah, bel ami, comme je suis heureuse d'entendre vos courtoises paroles ! Il est prudhomme, rien n'est plus vrai ! Que Dieu, roi du ciel, vous en sache gré ! Qui donc serait prudhomme si celui-là ne l'était pas ? Sachez que je suis sa nièce, quoique je ne l'aie vu depuis longtemps. Depuis que vous avez quitté votre maison vous n'avez certes jamais rencontré un meilleur chevalier. Il vous a accueilli en joie et allégresse, comme il en a coutume, lui qui est noble, riche et puissant. Chez nous les miches sont rares. N'en est que six qu'un de mes oncles, qui est prieur d'un monastère, m'envoya pour souper ce soir. Et un barillet de vin cuit. Nous n'aurions rien de plus si l'un de nos valets n'avait d'une flèche, aujourd'hui tué un chevreuil. »

La demoiselle alors commande qu'on apporte la table et tous s'assoient pour souper. Petitement on mange, mais de bon appétit. Ceux qui doivent veiller cette nuit (ce sont là cinquante hommes d'armes, sergents et chevaliers) vont rejoindre leur guette. Ceux qui veillèrent la nuit passée et dormiront cette nuit sont nombreux autour du visiteur. On soigne celui-ci au mieux : il a draps blancs, riche couverture et doux oreiller pour sa tête. On lui apprête tout ce qu'il faut pour une nuit de délices (sauf le plaisir que donne une pucelle, ou une dame s'il en avait droit). Mais il ignore ces passe-temps. Il n'y pense ni peu ni beaucoup. Sans souci bientôt il s'endort.

Seule, enfermée dans sa chambre, son hôtesse ne peut dormir. Que le garçon repose à l'aise ! Elle, faible femme, songe, livrée au combat qui se fait en elle : elle en sursaute et tourne et vire et se démène. Soudain elle jette sur sa chemise un mantelet de soie écarlate, court hardiment à l'aventure. L'enjeu est d'importance : ce qu'elle a décidé c'est d'aller vers son hôte et lui confier tout son chagrin.

Elle quitte son lit, sort de sa chambre, se trouve saisie d'une telle peur qu'elle en pleure d'angoisse entrant dans l'autre chambre où le chevalier sommeille paisiblement. Elle est en larmes auprès du lit où repose le chevalier. Tant elle sanglote et soupire, penchée sur lui, agenouillée au bord du lit (sans oser rien de plus), qu'il s'en éveille, surpris de se sentir visage tout mouillé. Il aperçoit la demoiselle agenouillée au bord du lit. Elle le tient par le cou, étroitement embrassé. Par courtoisie il l'embrasse de même et, la tenant si près de lui, il lui dit :

« Belle, que vous plaît-il ? Pourquoi êtes-vous venue ici ?

— Pitié, sire chevalier ! Pour Dieu et pour son Fils, je vous supplie de ne me sentir plus vile parce que je suis venue si peu vêtue, comme vous voyez. Je n'y ai pensé en folie un instant. Je ne puis plus endurer que nul jour ne passe sans souffrance. Telle est ma vie. Mais autre nuit je ne verrai ni autre jour que celui qui vient car je vais me tuer. Des trois cent et dix chevaliers qui gardaient ce château, il ne m'en reste que cinquante. Les autres ont été emmenés par Anguingueron, le sénéchal de Clamadeu des Îles, perfide chevalier qui les occira ou jettera en prison. Le sort des uns vaut celui des autres car tous sont promis à la mort. Tout un hiver, tout un été, nous avons été assiégés par Anguingueron qui jamais ne s'éloigna d'un pas. Et ses forces se sont augmentées de jour en jour tandis que les nôtres sont devenues de plus en plus pauvres. Nos vivres se sont épuisés. Il n'en reste plus pour le déjeuner d'une abeille ! Si Dieu ne s'y oppose, demain nous nous rendrons sans conditions car nous ne pouvons plus nous défendre. Telle est la loi qu'il nous faut accepter. Moi, infortunée, je serai livrée à Clamadeu comme captive ! Mais ils ne m'auront pas vivante. Je me tuerai. Au vainqueur je ne laisserai que mon cadavre. Que m'importe ce qui adviendra ! Clamadeu, qui me veut, ne m'aura que sans âme et sans vie. J'ai gardé sur moi dans un écrin un couteau à fine lame. Je saurai m'en servir ! Voilà ce que j'avais à vous dire. Je regagne ma chambre et vous laisse reposer. »

Le jeune chevalier saura bientôt, s'il veut, faire preuve de sa vaillance. La demoiselle son hôtesse n'est pas venue à lui dans un autre dessein que de lever en son cœur le désir de batailler pour l'aider à se défendre et défendre sa terre. Il lui dit : « Belle amie chère, ce n'est point le moment de montrer triste visage. Prenez courage, séchez vos larmes et venez ici au plus près. Je vous en prie : ne pleurez plus ! Dieu, s'il lui plaît, vous fera un demain meilleur que vous ne le pensiez tout à l'heure. Venez vous mettre dans ce lit qui est assez large pour deux. Il ne se peut que vous me quittiez en cet état. »

Elle répond : « Je viendrai, s'il vous plaît. »

Le jeune chevalier l'embrasse, la tenant bien serrée contre lui. Il l'a mise gentiment sous la couverture. La demoiselle accepte ses baisers sans qu'il lui en coûte beaucoup !

Ainsi furent-ils toute la nuit, l'un après l'autre et bouche à bouche jusqu'à l'approche du matin. Dans cette nuit l'hôtesse a trouvé consolation : bouche à bouche et bras à bras ils ont reposé jusqu'à l'aube.

Alors elle regagne sa chambre. Sans nulle aide elle fait toilette, n'éveillant personne.

Les guetteurs, dès qu'ils voient le jour, éveillent les endormis. La demoiselle du château retourne vers son chevalier et lui dit avec grand-douceur :

« Sire, que Dieu vous donne un bon jour ! Je pense que vous ne tarderez pas en ce lieu. Votre temps en serait perdu. Vous nous laisserez. Je ne serais pas honnête de me plaindre de votre départ. Nous vous avons reçu en si grande pauvreté ! Je prie Dieu qu'il vous réserve meilleur hôtel où vous aurez sel, pain et vin et beaucoup de bonnes choses.

— Belle, ce n'est pas aujourd'hui que j'irai héberger ailleurs. Quand je quitterai ce château, j'aurai ramené la paix en votre terre, si je le peux. Que je rencontre là-dehors votre ennemi, j'aurai bien du dépit s'il demeure là plus longtemps, car il a tort. Si je le bats, si je l'occis, en retour je vous requiers votre amour. Je ne veux d'autre récompense.

— Sire, répond-elle finement, vous me demandez pauvre chose. Si je vous la refusais, on dirait que c'est fol orgueil. Et pour cela je vous l'accorde. Toutefois je ne veux pas que vous alliez risquer la mort afin que je sois votre amie. Ce serait grande pitié ! Croyez que vous n'êtes pas d'âge face à celui qui est là sous ces murs. Un chevalier si grand, si dur, si fort.

— Vous le verrez bientôt, répond-il. Car j'irai le combattre. Rien ne saura m'en écarter. »

La demoiselle sait bien faire. Elle contredit son projet

en espérant qu'il y tiendra. C'est le jeu de la demoiselle.

Le jeune chevalier demande ses armes et on les lui apporte. On l'en revêt. On lui fait monter un cheval bien harnaché. La porte s'ouvre. Au cœur de chacun, que d'angoisses ! Et l'on prie : « Sire, que Dieu vous aide en cette journée et veuille le malheur d'Anguingueron qui a dévasté notre pays ! »

Pleurant ainsi, tous et toutes lui font conduite jusqu'à la porte. Quand ils le voient hors des murailles ils s'écrient d'une seule voix : « Beau sire, que la vraie Croix où Dieu permit les souffrances de Son Fils vous préserve aujourd'hui de mort et de prison ! Qu'il vous ramène sain et sauf en tel lieu qui vous plaira ! »

Ainsi prie-t-on dans le château. Les ennemis assiégeants le voient venir et le montrent à Anguingueron, leur sénéchal, assis près de sa tente. Il était sûr qu'on viendrait ce jour-là lui rendre le château ou que quelqu'un en sortirait pour lui offrir le combat. Déjà on lui avait lacé ses chausses et ses soldats étaient joyeux d'avoir conquis tout ce pays et le château sans grande peine.

Sitôt qu'Anguingueron aperçoit le chevalier, il se fait armer sans tarder, enfourche un robuste cheval et crie :

« Valet, que nous veux-tu ? Qui t'envoie ? Viens-tu pour la paix ou pour la guerre ?

— À toi d'abord ! répond bien fort le jeune chevalier. À toi de répondre ! Réponds ! Que fais-tu ici ? Pourquoi as-tu occis les chevaliers de la demoiselle et gâté sa terre ?

— Que me contes-tu là ? Je veux que ce jour même on vide le château que l'on a bien trop défendu. Je veux qu'on me rende la terre. Mon seigneur aura la demoiselle !

— Au diable tes paroles et toi qui les cries ! Les choses n'iront pas comme tu crois. Et d'abord renonce à tout ce que tu réclames à la pucelle !

— Sottises ! Oui, par saint Pierre ! Souvent paie le marché qui n'a rien acheté ! »

Le chevalier en a assez. Il abaisse sa lance et l'un sur l'autre tous deux se précipitent en laissant courir leurs chevaux à grande allure. La colère les tient. Leurs bras sont robustes. Les lances volent en éclats au premier choc. Le sénéchal Anguingueron est bientôt par terre. Malgré son écu il est blessé au cou et à l'épaule. Une grande douleur le point. Il est tombé de son cheval. Le chevalier se demande d'abord que faire mais bientôt il saute à terre, tire son épée et va fondre sur l'autre. On ne peut raconter tous les coups un par un mais vous devez savoir que longue fut la bataille. Enfin Anguingueron s'écroule et le chevalier se jette sur lui en grande fureur.

« Pitié ! » crie le sénéchal. Mais le chevalier n'y songe pas quand il se souvient soudain des conseils du prud-homme : ne jamais occire le cœur léger un chevalier vaincu.

Anguingueron dit encore :

« Ami, n'aie pas la cruauté de m'achever ! Épargne-moi. Tu es un bon chevalier mais qui donc croira que tu as pu me vaincre si je ne te porte le témoignage en présence de mes soldats, devant ma tente ? Alors on me croira. On connaîtra ta valeur. Nul chevalier n'aura eu plus de raison de se glorifier de sa prouesse. Si tu as un seigneur à qui tu doives reconnaissance, envoie-moi vivant à lui : de par toi je lui dirai comment tu m'as conquis en bon combat, et à lui je me donnerai qu'il décide de mon sort.

— Au diable qui en voudrait davantage ! Sais-tu ce que tu feras ? Tu iras à ce château et tu diras à la belle qui est mon amie que jamais en toute ta vie tu ne lui nuiras. Puis te mettras en sa merci.

— Alors tue-moi, répond le sénéchal. Car elle me fera tuer puisqu'elle n'a d'autre désir. Je fus de ceux-là qui ont occis son père. Aussi j'ai occis ou pris tous les chevaliers de sa fille. C'est pour cela qu'elle me hait. Tu me donnes là dure prison. Rien de pis ne peut m'arriver. Mais n'as-tu pas quelque autre ami, quelque autre amie, qui ne songe à me faire si grand mal ? C'est là que tu m'enverras, je t'en prie ! »

Le chevalier lui prescrit alors d'aller dans un autre château chez un prudhomme dont il lui indique le nom. Ce château-là il le lui décrit mieux que le ferait un maçon : le pont, les tourelles, la tour, et les murailles tout autour qui baignent dans une eau profonde. Le vaincu, qui l'écoute, voit bien que c'est le lieu où il doit être le plus haï du monde. Il s'écrie :

« Beau sire, je n'en suis pas guéri ! Dieu me pardonne, tu me jettes en mauvaise voie, en mauvaises mains. Au seigneur de ce château j'ai occis, en cette guerre, un de ses frères. Tue-moi plutôt que de m'envoyer chez lui. Car il me tuera si j'y vais.

— Tu iras donc dans la prison du roi Arthur. Tu salueras le roi et de par moi tu lui diras qu'il fasse chercher en sa cour la pucelle que le sénéchal Keu gifla parce qu'elle avait ri en me voyant. C'est à elle que tu te rendras. Tu lui diras que je prie Dieu de ne pas mourir avant de l'avoir vengée. »

Cet ordre-là, Anguingueron est tout prêt à l'accepter. Il promet qu'il fera ainsi. Il part en commandant d'emporter son étendard et de lever le siège. Les assiégeants s'en vont. Il ne reste ni brun ni blond.

Le chevalier vainqueur s'en retourne au château. Mais il trouve sur le chemin les assiégés sortis à sa rencontre lui faire honneur. Ils sont en joie. Ils le descendent de son cheval. Ils le déchargent de ses armes, mais dans leur joie ils sont déçus qu'il ait épargné le vaincu. « Pourquoi n'avoir pas fait voler sa tête ? »

Il leur répond : « Seigneurs, j'aurais mal fait. Il a occis vos compagnons. Malgré moi vous l'auriez tué. Que vaudrais-je si, l'ayant vaincu, je ne lui avais pas fait grâce ? Quelle grâce ? Le savez-vous ? S'il garde sa promesse, il ira se mettre en la prison du roi Arthur. »

Lors arrive la demoiselle toute à sa joie. Elle entraîne son ami dans sa chambre, qu'il y prenne aise et repos. De la baiser et caresser elle ne lui fait nulle défense. Que leur importent le boire et le manger ? Rien ne leur plaît plus que leurs tendresses et ils y donnent tout leur temps.

Cependant le sire Clamadeu des Îles se croit en un jour de gloire. Il accourt, croyant déjà voir le château tombé à sa merci et la demoiselle en son pouvoir. Mais surgit un valet tout en larmes.

« Au nom de Dieu, sire, les choses vont bien mal ! Anguingueron, votre sénéchal, a dû se rendre et est parti, sur sa parole, se mettre en la prison du roi Arthur.

— Qui fut vainqueur ? Comment donc a-t-il fait ? D'où vient un chevalier capable de faire crier grâce à un homme aussi preux que mon sénéchal ?

— Beau sire, je ne connais pas le nom de ce vainqueur. Mais je l'ai vu sortir de Beaurepaire armé d'armes toutes vermeilles. »

Clamadeu est près d'en perdre le sens. Il demande au valet que faire. « Sire, dit celui-ci, je ne vous conseille autre chose que vous en retourner car à aller plus loin nous ne gagnerons rien. »

Alors s'avance un chevalier tout chenu qui avait enseigné les armes à son maître. Il interrompt : « Valet, tu ne dis rien de bon. Pour cette heure il nous faut meilleur conseil que le tien, et plus sage. Sire Clamadeu ferait folie de t'en croire. Il faut aller de l'avant. Voilà ce que je dis. »

Et dit encore :

« Sire, savez-vous comment nous pouvons conquérir le château, la dame et son défenseur ? L'affaire est aisée : dans Beaurepaire, il n'y a plus à boire ni à manger. Les défenseurs n'ont plus de forces alors que nous sommes en bon point. Ni soif ni faim nous n'avons et nous pouvons sans peur soutenir un dur assaut. Qu'ils sortent seulement de leurs murs pour se mesurer avec nous ! Nous enverrons vingt chevaliers devant la porte, tous prêts à la mêlée. Le chevalier qui vit des heures si plaisantes auprès de son amie Blanchefleur voudra lui montrer sa vaillance. Il sortira bien. Plus qu'il ne peut il voudra faire. Il ne pourra plus l'emporter. Il sera pris ou il mourra car ses compagnons lui seront de peu de secours. Nos vingt hommes les amuseront et pendant ce temps-là nous nous coulerons par cette vallée et déboucherons soudain, les cernant de toutes parts.

— C'est très bon conseil, dit Clamadeu. Nous y mettrons nos meilleurs hommes, oui, nos quatre cents chevaliers et mille sergents bien pourvus. Nous prendrons ces gens-là du château comme des mannequins bourrés de paille ! »

Le roi Clamadeu envoie donc devant la porte vingt chevaliers déployant gonfanons et bannières. Le Gallois les a bien vus. Il fait ouvrir tout grand la porte comme il le veut et se jette dehors pour assaillir les vingt beaux hommes nouveaux venus. Hardi et fier il les attaque tous ensemble. Celui qu'il frappe ne le prend pas pour un novice ! Les entrailles connaissent le fer de sa lance. Il transperce le sein, rompt le bras. À un troisième casse la clavicule. Partout autour il tue, il blesse, il fait des prisonniers. Les chevaux, il les donne à qui en a besoin.

Arrivent en haut du vallon les quatre cents chevaliers et les mille sergents. Ils voient la défaite de leurs amis et foncent en masse de furie vers la porte du château demeurée grande ouverte. Mais les assiégés en rangs serrés les attendent là et les reçoivent rudement. Pourtant ils ne sont que petit nombre et faibles par famine. Poussent les chevaliers et poussent derrière les sergents tant que les assiégés reculent et s'enferment dans la forteresse. Sur la porte et du haut des tours, les archers tirent dans la foule des assaillants. Ceux-ci veulent forcer l'entrée. Toute une troupe parvient enfin à se ruer à l'intérieur. Alors les assiégés font tomber sur elle une lourde porte qui écrase et tue tous ceux qui se trouvent pris dessous.

Jamais le roi Clamadeu n'a souffert si grande douleur : la porte a massacré ses hommes et lui a barré tout passage ! Il n'a plus qu'à cesser le combat. Faire autrement serait perdre sa peine. Vient alors le vieux conseiller : « Sire, ce n'est pas merveille qu'il advienne malheur à un prudhomme. Nous avons la chance avec nous, selon qu'il plaît à Dieu. Vous avez perdu, je le vois, mais il n'est saint qui n'ait sa fête. L'orage nous a dévastés. Nos hommes ont beaucoup souffert. Les assiégés ont bien gagné, mais ils perdront. Leur tour viendra, j'en suis certain. Je gagerais bien mes deux yeux qu'ils ne tiendront plus de deux jours. Demeurez ici et demain tour et château seront à vous. Cette femme qui si longtemps a refusé votre demande viendra vous supplier la prendre, au nom de Dieu. »

Clamadeu suit le bon conseil. Ceux qui avaient des tentes les font planter. Les autres s'arrangeront comme ils le pourront ! Ceux de la ville forte désarment leurs captifs mais ils ne les emprisonnent pas ni ne les mettent aux fers, ayant seulement leur promesse qu'ils ne s'enfuiront pas ni ne reprendront les armes contre leurs vainqueurs.

Ce jour-là s'élève un grand vent sur la mer qui chasse vers la côte un vaisseau chargé de blé et d'autres vivres. Dieu voulut bien qu'il trouvât refuge juste au pied de la ville forte et sans dommage. Vite on accourut voir qui étaient ces gens-là, d'où ils venaient, où ils allaient.

Ils répondirent :

« Nous sommes des marchands qui amenons des provisions à vendre : nous avons pain, vin et bacon, bœufs et porcs bons à abattre.

— Dieu soit béni qui donna force au vent pour vous pousser jusqu'ici ! Soyez les très bien venus. Débarquez tout ! Tout est vendu, quel que soit le prix demandé. Vous prendrez ce qui vous sera dû. Et vous aurez grand travail avec les lingots d'or et d'argent. On en chargera un grand char, et davantage s'il le faut ! »

Les marchands ont fait bonne affaire ! Ils n'ont pas tardé à débarquer les marchandises puis à les porter au château. Vous devinez la joie qu'on mène ! On fait apprêter le repas. Que Clamadeu muse dehors ! Il peut maintenant mettre le siège devant les murs autant de jours qu'il lui plaira ! Les assiégés ont ce qu'il faut : des bœufs, des porcs et viande salée à foison et du froment pour tout au long de la saison. Les valets allument de grands feux dans les cuisines et les cuisiniers sont aux fours.

Maintenant, assis l'un près de l'autre, le chevalier gallois et son amie peuvent s'amuser tout à l'aise et se serrer étroitement, et se baiser, heureux de la joie partagée. C'est tout un grand bruit dans la salle et partout règne l'allégresse. Ce repas fut tant désiré ! Il est prêt : on a fait asseoir tous les gens.

Ce bruit avertit Clamadeu. Il sait les choses. Il est furieux comme ses gens qui voient bien qu'il faut s'en aller. On ne viendra plus à bout de ce château par la famine ! Pourquoi donc y penser encore ? Mieux vaut reconnaître que le siège n'a servi de rien.

Sans écouter aucun conseil, Clamadeu envoie un message au château, disant que si le Chevalier Vermeil ose accepter le combat, qu'il vienne dehors et attende ! Clamadeu sera là en plaine et il attendra en ce lieu jusqu'à l'heure de midi.

Quand la jeune fille apprend nouvelle du défi, elle souffre, elle est courroucée. Elle l'est encore bien davantage quand elle apprend que Clamadeu aura la bataille puisqu'il la veut. Elle pleure mais il est vain de supplier. Tous et toutes le font pourtant, le conjurant de ne point se mesurer avec un homme que personne n'a jamais défait.

Il répond : « Seigneurs, plus un mot ! Cela vaut mieux croyez-m'en ! Sachez que je ne reculerai pour rien au monde. »

Et chacun se le tient pour dit. On se tait. On va se coucher pour une nuit de repos. Mais tous sont inquiets pour leur seigneur et s'attristent de n'avoir été écoutés.

Cette nuit-là, son amie, elle, lui parle encore : « Pourquoi aller à cette bataille ? Mieux vaudrait demeurer en paix au château. Qu'est-il encore à craindre de Clamadeu et de ses gens ? » Mais elle n'obtient rien non plus. Et c'est merveille car elle parle en si grande douceur, embrassant son ami, à chaque parole, d'un baiser si affectueux et délicieux qu'elle lui met la clé d'amour en la serrure du cœur. Rien n'y fait. Il ira à la bataille.

Vient le matin. Vite il demande ses armes. On les lui apporte. On l'en revêt devant les gens qui se lamentent. Tous et toutes il les recommande au Roi des rois, saute sur un cheval norois et le voilà déjà parti.

Quand Clamadeu le voit venir, une telle folie le prend qu'il croit qu'en un clin d'œil il lui fera vider les arçons.

La lande était belle et plane, où ils ne sont que tous deux car Clamadeu a renvoyé ses gens.

Ils ne se crient point de défi mais, la lance en arrêt, ils fondent l'un sur l'autre. Lances grosses et aisées, hampe de frêne et fer tranchant. Les chevaux courent grand galop. Les chevaliers sont pleins de vigueur. Tous deux se veulent mal de mort. Si rudement ils se heurtent que les écus se brisent et les lances se froissent. Les deux chevaliers tombent à terre. Mais, d'un bond, tous deux se relèvent, tirent l'épée et s'en reviennent dessus pour combattre. Longue est la lutte.

Je vous conterais bien les épisodes si je voulais m'en donner la peine, mais à quoi cela servirait-il ? En un mot comme en cent Clamadeu doit demander merci.

Comme l'a fait Anguingueron, il accepte les conditions de son vainqueur. Pas plus que son sénéchal il ne consent à être enfermé dans Beaurepaire. Non, pour tout l'empire de Rome, il n'irait chez le prudhomme du château ! Mais très volontiers se rendrait à la cour du roi Arthur. Et là il verra la demoiselle qui fut giflée si rudement et lui confiera qu'à tout prix, de l'offense elle sera vengée, si Dieu le veut. Clamadeu, de plus, doit jurer que, dès au matin du lendemain, il délivrera ses prisonniers, tous sains et saufs. Il doit faire aussi le serment de repousser toute armée qui viendrait devant le château ; encore que ni lui ni ses gens ne causeront plus nul ennui à la demoiselle.

Clamadeu revient donc dans sa terre, libère tous les prisonniers qui avaient mené triste vie dans les plus tristes cachots. Que d'allégresse dans la haute salle et tous les logements des chevaliers ! Carillonnent en joie les cloches des moutiers et des chapelles. Il n'est ni moine ni nonnain qui ne rende grâce au Seigneur. Les chevaliers et les damoiselles nouent leurs caroles par toutes les rues et les places. C'est vraiment château de liesse !

Anguingueron va donc sa voie. Loin derrière lui Clamadeu qui couche chaque soir dans le même logement que son sénéchal. Enfin arrive à Disnadaron, en Galles où le roi Arthur tient cour plénière en son palais. Dès l'autre soir qu'il est venu, Anguingueron a conté au roi son message. Le roi l'a retenu à sa cour pour son service et son conseil. Comme les autres du château il voit venir ce matin-là un chevalier couvert du sang de sa bataille. Sitôt il reconnaît son seigneur. Il s'écrie : « Seigneurs ! Seigneurs ! Quelle étonnante aventure ! Croyez-moi : c'est le Chevalier à l'Armure Vermeille qui envoie ce chevalier qui vient ici ! Il l'a vaincu, oui, je le sais, par le sang que je vois sur lui. Celui-ci, je le connais bien, car il est mon droit seigneur et moi je suis son vassal. Il a nom Clamadeu des Îles. Je croyais que nul chevalier ne le valait dans tout l'empire de Rome. Mais les meilleurs ne sont pas toujours les plus heureux ! »

Ainsi parle Anguingueron qui accourt près de son seigneur.

C'était alors la Pentecôte. La reine siégeait près du roi au bout d'honneur de la grande table. Ayant entendu la messe au moutier, dames et chevaliers étaient assemblés avec les comtes, les ducs, les rois, les reines et les comtesses.

Apparaît Keu, le sénéchal, sans nul manteau, tenant badine en sa main droite, coiffé d'un chapeau couleur blonde. Nul n'est plus beau de par le monde mais son goût du sarcasme fait tort à sa beauté et sa vaillance. Sa cotte est d'un riche drap d'écarlate. Il porte ceinture ouvragée avec boucle et anneaux en or. Je m'en souviens et l'histoire le dit.

On s'écarte dès son entrée car on connaît ses railleries et le fiel de sa langue. Nul ne souhaite se trouver sur son chemin. Personne donc n'adresse parole à Keu qui va jusqu'au roi et lui dit : « Sire, nous pourrions manger, s'il vous plaît ! »

Mais le roi répond : « Keu, laisse-moi ! Il est vrai que toute la cour est ici assemblée. Mais, par les yeux de ma tête, ce jour est si solennel que je ne mangerai pas avant d'avoir appris nouvelles qui en vaillent la peine ! »

Comme ils parlent ainsi, entre Clamadeu des Îles, qui vient se déclarer prisonnier. Il est armé comme il doit être.

« Que Dieu sauve, dit-il, et bénisse le meilleur des rois, le plus noble et le plus généreux ! Ses hauts faits sont partout connus. Tous en témoignent. Beau sire, écoutez-moi, j'ai à vous donner un message. Il m'est pénible de le dire mais je dois dire en vérité que je suis envoyé ici par un chevalier qui m'a vaincu et a voulu que je me rende à vous pour me mettre en votre pouvoir. Si quelqu'un me demande son nom je ne pourrai le lui dire. Mais on le reconnaîtrait sans peine aux signes que je vais dire : il a des armes vermeilles et dit que c'est vous qui les lui avez données.

— Ami, que Dieu t'aide ! Dis-moi si ce chevalier-là est dispos, de belle amour et vigoureux ?

— Oui, soyez-en certain, beau sire, c'est le plus vaillant chevalier à qui j'aie jamais eu affaire. Il m'a recommandé de parler à la pucelle qui a ri (et reçut, pour sa honte, une gifle de votre sénéchal) pour lui dire qu'il la vengera bien, si Dieu le veut ! »

Entendant ces mots, le fou saute de joie, criant : « Seigneur roi, que Dieu me bénisse ! La gifle sera bien vengée ! Ne croyez pas à une plaisanterie. Que le sénéchal fasse comme il voudra, il en aura le bras brisé et clavicule délogée ! »

Keu ne voit là que sottise et outrage. Il briserait sans faute la tête du fou s'il ne craignait d'offenser le roi qui hoche la tête et dit : « Ah, Keu, j'ai grande peine que ce vaillant ne soit pas ici avec nous ! C'est ta langue folle qui l'a chassé et je ne peux m'en consoler. »

Le roi a donné un ordre. Gifflès se lève et monseigneur Yvain que nul n'accompagne sans en devenir meilleur. Tous deux conduisent Clamadeu dans les chambres où s'ébattent les suivantes de la reine. S'étant incliné devant le roi, Clamadeu s'en va en compagnie de ses deux guides qui le présentent à la pucelle outragée. Clamadeu lui donne le message qu'elle souhaitait. Elle souffrait encore de la gifle (non point du coup mais de la honte). Qui oublie l'injure a le cœur bas. Dans une âme vigoureuse le mal s'en va mais non la honte. C'est chez un couard que la honte froidit et meurt.

Maintenant Clamadeu a délivré son message. Le roi le retient, lui aussi, pour être de sa cour et de son conseil.

Pendant ce temps, le chevalier qui avait sauvé le château et la belle Blanchefleur, son amie, vit auprès d'elle bien à l'aise et dans les plaisirs. Toutes choses eussent été à lui sans dispute. Mais ses pensées sont loin de là. Le Gallois se souvient de sa mère qu'il revoit pâmée. C'est aller la revoir qu'il souhaite et rien d'autre. Il n'ose prendre congé de son amie qui, d'ailleurs, ne le lui accorde. Elle recommande à tous ses gens de le prier de demeurer. Mais ce sont là vaines prières sauf promesse qu'il leur fait : s'il retrouve sa mère en vie, il la ramènera ici et désormais tiendra la terre. Si sa mère est morte, il reviendra aussi.

Il s'en va, laissant son amie à son dépit et sa douleur. Tous sont très tristes.

Sortant tout juste de la ville, il rencontre telle procession qu'on se serait cru au jour d'Ascension sinon en un dimanche. On y voyait des moines coiffés de leur chape de soie, toutes les nonnes sous leurs voiles. Tout ce monde-là lui répète : « Sire, vous nous avez délivrés de l'exil et ramenés dans nos maisons. Ce n'est pas merveille que nous soyons en tel deuil au moment que vous nous quittez. Rien ne pourrait faire plus grande notre tristesse. »

Il leur répond : « Ne pleurez plus. Je reviendrai comme je le demande à Dieu qui m'aide. Point de raison d'être en tristesse. N'est-il pas bien que j'aille revoir ma mère qui demeure toute seule dans ce grand bois qu'on appelle la Gaste Forêt ? Que ma mère soit vivante encore ou non, je reviendrai, je vous l'assure ! Si elle est vivante, je la ferai nonne voilée en votre église. Si elle est morte, chaque année je ferai célébrer pour elle un service afin que Dieu veuille la prendre dans le sein d'Abraham avec toutes les âmes pieuses. Seigneurs moines et vous, dames, rien ne doit vous inquiéter. De grands biens je vous ferai pour le repos de l'âme de ma mère, si Dieu me ramène en ce lieu. »

Alors s'en retournent moines et nonnains. Et il s'en va, la lance haute, armé comme il était venu.

Il tient chemin toute la journée, sans faire rencontre de nulle créature terrienne qui lui sache indiquer sa voie. Sans cesse il fait prière à Dieu, le Père Souverain, Lui demandant, s'Il le veut bien, de trouver sa mère en bonne vie et en santé.

Il priait toujours quand, descendant d'une colline, il parvient à une rivière. L'eau en est rapide et profonde. Il n'ose s'y aventurer. « Seigneur, s'écrie-t-il, si je pouvais passer cette eau, je crois que je retrouverais ma mère si elle est encore en ce monde ! »

Il a longé la rive. Approche d'un rocher entouré d'eau qui lui interdit le passage. À ce moment, il voit une barque qui descend au fil du courant. Deux hommes y sont assis. Sans bouger il les attend, espérant les voir au plus près. Mais ils s'arrêtent au milieu de l'eau, ancrent leur barque fortement. L'homme à l'avant de la barque pêche à la ligne, piquant à l'hameçon le leurre d'un petit poisson pas plus gros que menu vairon.

Le chevalier qui les regarde, ne sait comment il peut passer cette rivière. Il salue les gens. Il leur dit : « Seigneurs, me direz-vous où il est un pont ou un gué ? »

Le pêcheur lui répond :

« Non, frère, vingt lieues en aval ou amont il n'est ni gué, ni pont, ni barque plus grande que celle-ci qui ne porterait pas cinq hommes. On ne peut passer un cheval. Il n'est ni bac, ni pont, ni gué.

— Par le nom de Dieu, dites-moi où je trouverai un logis pour cette nuit.

— Vous en aurez besoin, c'est vrai. De logis comme d'autre chose. C'est moi qui vous hébergerai pour cette nuit. Montez par cette brèche que vous voyez là dans la roche. Quand vous serez dessus le haut, vous apercevrez un vallon et une maison où j'habite près de la rivière et des bois. »

Pousse son cheval par la brèche jusqu'au sommet de la colline. Il regarde au loin devant lui mais ne voit rien que ciel et terre. « Que suis-je ici venu chercher sinon niaiserie et sottise ? Que Dieu couvre de male honte qui m'a enseigné mon chemin ! Vraiment, je vois une maison à découvrir ici en haut ! Pêcheur, tu m'as dit un beau conte ! Tu as été trop déloyal si tu me l'as dit pour me suivre ! »

À peine a-t-il ainsi parlé qu'il aperçoit en un vallon la pointe d'une tour. De ce lieu-ci jusqu'à Beyrouth on n'eût point trouvé une tour si bien plantée ! Oui, c'était une tour carrée de pierre bise et deux tourelles. L'était en avant une salle et, devant la salle, des loges.

Le cavalier descend par là. « Celui qui m'enseigna la voie, il m'a bien conduit à bon port ! » Maintenant se loue du pêcheur et, comme il sait où héberger, ne le traite plus de tricheur ou de félon ou de menteur. Joyeux il s'en va devers la porte. Trouve baissé le pont-levis.

Tout juste est-il dessus le pont qu'il rencontre quatre valets. Deux valets ôtent son armure, un autre emmène son cheval, lui donner avoine et fourrage ; le dernier vient au cavalier et lui recouvre les épaules d'un manteau de fin écarlate neuf et brillant. Les valets le mènent aux loges. D'ici au moins jusqu'à Limoges on n'en eût trouvé de si belles. Le cavalier s'y attarde jusqu'au temps où viennent le quérir deux serviteurs. Il les suit. Au milieu d'une vaste salle carrée se trouve assis un prudhomme de belle mine, aux cheveux déjà presque blancs. Il est coiffé d'un chaperon de zibeline aussi noire que mûre. S'enroule autour du chaperon une étoffe de pourpre. De mêmes matières et couleurs est faite la robe du prudhomme. Penché, il s'appuie sur son coude. Au milieu de quatre colonnes, devant lui brûle un clair grand feu. Si grand que quatre cents hommes au moins auraient pu se chauffer autour sans que la place leur manquât. Les hautes et solides colonnes qui soutenaient la cheminée étaient œuvres d'airain massif. Accompagné des deux valets, devant ledit seigneur paraît l'hôte qui s'entend saluer : « Ami, vous ne m'en voudrez point si pour vous faire honneur je ne puis me lever : mes mouvements sont malaisés. »

L'hôte répond : « Au nom de Dieu n'ayez souci ! Toutes choses sont bien ainsi. »

Le prudhomme s'en soucie si fort qu'il fait effort pour se soulever de son lit. Il dit : « Ami, ne craignez point ! Approchez-vous ! Asseyez-vous tout près de moi. Je vous l'ordonne. »

L'hôte s'assoit. Et le prudhomme lui demande :

« Ami, d'où venez-vous aujourd'hui ?

— Sire, ce matin j'ai quitté un château nommé Beaurepaire.

— Dieu me garde ! Vous avez eu longue journée !

Ce matin vous étiez en route avant que le guetteur ait corné l'aube !

— Non sire. C'était déjà prime sonnée, je vous assure. »

Pendant qu'ils parlent entre un valet, une épée pendue à son cou. Il l'offre au seigneur qui la sort un peu du fourreau et voit clair où l'épée fut faite car c'est écrit dessus l'épée. Il la voit d'un acier si dur qu'en aucun cas elle ne se brise sauf un seul. Et seul le savait qui l'avait forgée et trempée.

Le valet, qui l'avait portée, dit : « Sire, la blonde pucelle, votre nièce la belle, vous fait présent de cette épée. Jamais n'avez tenu arme plus légère pour sa taille. La donnerez à qui vous plaira, mais ma dame en serait contente si cette épée était remise aux mains de qui serait habile au jeu des armes. Qui la forgea n'en fit que trois. Comme il mourra, n'en pourra jamais forger d'autre. »

Sitôt le seigneur la remet au jeune hôte, la présentant par les attaches valeureuses tel un trésor. Car le pommeau était en or, de l'or le plus fin d'Arabie ou bien de Grèce, le fourreau d'orfroi de Venise. Si précieuse, il lui en fait don : « Beau sire, cette épée fut faite pour vous. Et je veux qu'elle soit à vous. Ceignez-la et dégainez-la. »

Ainsi fait le jeune homme en remerciant. Et, la ceignant, laisse un peu libre le baudrier. Tire l'épée hors du fourreau et, quand il l'a un peu tenue, il la remet. Elle lui convient à merveille, au baudrier comme au poing. Et il paraît bien être l'homme à en jouer en vrai baron.

Il confie l'épée au valet gardant ses armes, qui se tient debout près des autres autour du grand feu vif et clair. Puis volontiers vient se rasseoir auprès du généreux seigneur. Telle clarté font dans la salle les flambeaux qu'on ne pourrait trouver au monde un hôtel plus illuminé !

Comme ils parlaient de choses et d'autres, un valet d'une chambre vint, qui lance brillante tenait, empoignée par le milieu. Il passa à côté du feu et de ceux qui étaient assis. Coulait une goutte de sang de la pointe du fer de lance et jusqu'à la main du valet coulait cette goutte vermeille. Le jeune hôte voit la merveille et se roidit pour n'en point demander le sens. C'est qu'il se souvient des paroles de son maître en chevalerie. Ne lui a-t-il pas enseigné que jamais ne faut trop parler ? Poser question c'est vilenie. Il ne dit mot.

Deux valets s'en viennent alors, tenant en main des chandeliers d'or fin œuvré en nielle. Très beaux hommes étaient ces valets qui portaient les chandeliers. En chaque chandelier brûlaient dix chandelles à tout le moins. Une demoiselle très belle, et élancée et bien parée qui avec les valets venait, tenait un graal entre ses mains. Quand en la salle elle fut entrée avec le Graal qu'elle tenait, une si grande lumière en vint que les chandelles en perdirent leur clarté comme les étoiles quand se lève soleil ou lune. Derrière elle une autre pucelle qui apportait un plat d'argent. Le Graal qui allait devant était fait de l'or le plus pur. Des pierres y étaient serties, pierres de maintes espèces, des plus riches et des plus précieuses qui soient en la mer ou sur terre. Nulle autre ne pourrait se comparer aux pierres sertissant le Graal. Ainsi qu'avait passé la lance, devant lui les pierres passèrent. D'une chambre en une autre allèrent. Le jeune homme les vit passer, mais à nul n'osa demander à qui l'on présentait ce Graal dans l'autre chambre, car toujours il avait au cœur les paroles de l'homme sage, son maître en chevalerie.

Je crains que les choses ne se gâtent car il m'est arrivé d'entendre que trop se taire ne vaut parfois guère mieux que trop parler. Donc, qu'il en sorte heur ou malheur, l'hôte ne pose nulle question.

Le seigneur commande alors d'apporter l'eau, mettre les nappes. Et font ainsi les serviteurs. Lors le seigneur, comme son hôte, lave ses mains, dans une eau chauffée tout à point. Deux valets apportent une large tour d'ivoire faite d'une pièce, la tiennent devant le seigneur et son hôte. D'autres valets mettent en place deux tréteaux doublement précieux : de par leur bois d'ébène ils dureront un très long temps ; nul danger qu'ils brûlent ou pourrissent. Rien de tel ne saurait leur advenir. Sur ces tréteaux les valets ont posé la table ; sur la table étendu la nappe. Que dirai-je de cette nappe ? Jamais légat ni cardinal ni pape ne mangera sur nappe plus blanche ! Le premier plat est une hanche de cerf, bien poivrée et cuite dans sa graisse. Boivent vin clair et vin râpé servi dedans des coupes d'or. C'est sur un tailloir en argent que le valet tranche la hanche et en dispose chaque pièce sur un large gâteau.

Alors, devant les deux convives une autre fois passe le

Graal, mais le jeune homme ne demande à qui l'on en sert. Toujours se souvient du prudhomme l'engageant à ne trop parler. Mais il se tait plus qu'il ne faudrait.

À chaque mets que l'on servait, il voit repasser le Graal par-devant lui tout découvert. Mais ne sait à qui l'on en sert. Point n'a désir de le savoir. Il sera temps de demander à l'un des valets de la cour le lendemain dès le matin quand il quittera le seigneur et tous ses gens.

On lui sert à profusion viandes et vins les plus choisis, les plus plaisants qui sont d'ordinaire sur la table des rois, des comtes, des empereurs.

Quand le repas fut terminé, le prudhomme retint son hôte à veiller pendant que les valets apprêtaient les lits et les fruits. On leur offrit dattes, figues et noix-muscades, grenades, girofles, électuaire pour terminer et encore pâte au gingembre d'Alexandrie et gelée d'aromates.

Ils burent ensuite de plusieurs breuvages : vin au piment sans miel ni poivre, bon vin de mûre et clair sirop.

Le Gallois s'émerveille de tant de bonnes choses qu'il n'avait jamais goûtées.

Enfin le prudhomme lui dit : « Ami, c'est l'heure du coucher. Si vous me permettez je vais retrouver mon lit dedans ma chambre. Hélas, je n'ai nul pouvoir sur mon corps ! Il faut que l'on m'emporte. »

Entrent alors quatre serviteurs très robustes qui saisissent la courtepointe où le seigneur demeure couché et l'emportent dedans sa chambre.

Le jeune homme reste là, seul avec valets pour le servir et prendre bien soin de lui. Puis quand le sommeil le gagne, ils le déchaussent, le dévêtent et le couchent dans un lit garni de draps de lin très fins. Jusqu'au matin il y dormit.

Dès le point du jour s'éveilla. Toute la maison était déjà levée mais personne ne se trouvait auprès de lui. Il lui faudra donc s'habiller seul, qu'il le veuille ou non. N'attend une aide de quiconque, se lève et se chausse, va prendre ses armes posées là sur la table proche. Dès qu'il est prêt, il va de porte en porte qui étaient ouvertes la veille. Mais c'est en vain : portes fermées et bien fermées ! Il appelle, il frappe très fort et encore plus, mais personne ne lui répond.

Il en est là, va à la porte de la salle. Elle est ouverte. Il en descend tous les degrés jusqu'en bas. Il trouve son cheval sellé, sa lance auprès de là et son écu contre le mur. Il monte et va partout cherchant mais il ne rencontre personne : sergent, écuyer ni valet. Le pont-levis est abaissé vers la campagne. Nul n'a donc voulu le retenir, quelle que soit l'heure, quand il voudrait quitter ce lieu ! Mais il pense bien autrement : ce sont les valets, se dit-il, qui sont partis sur le chemin de la forêt relever des pièges et des cordes. Va donc aller de ce côté pour en trouver quelqu'un, peut-être, qui dise où l'on porte ce Graal et pourquoi cette lance saigne. Passe le pont pensant ainsi, mais quand il est dessus la planche il sent bien que les pattes de son cheval bondissent d'un coup. Par bonheur elles sautent à merveille, sinon cheval et cavalier auraient pu s'en tirer très mal ! Il tourne la tête en arrière et voit qu'on a levé le pont sans que nul se soit montré. Il appelle, mais point de réponse.

Il crie : « Dis-moi, toi qui as levé le pont : Réponds-moi ! Où te caches-tu ? Montre-toi, car j'ai quelque chose à te dire ! »

Vaines paroles ! Nul ne lui répondra.

Il s'en va donc par la forêt, trouve dans un sentier des marques toutes neuves de chevaux passés par là. Et il s'écrie : « Je vois qu'ils sont partis de ce côté, ceux que je cherche ! »

S'enfonce dans le bois, continuant de suivre les traces. Celles-ci le mènent jusqu'à un chêne sous lequel il trouve une pucelle qui pleure et crie, se désolant : « Hélas, que je suis malheureuse ! Maudites l'heure de ma naissance et celle où je fus engendrée ! Plût à Dieu que jamais n'aie eu à tenir mon ami mort sur mes genoux ! Pourquoi sa mort et non la mienne ? Mort me frappe bien cruellement ! Pourquoi a-t-elle pris son âme et non mon âme ? Que me vaut de rester ici quand je te vois mort, toi que j'aimais le plus au monde ? Sans lui que valent ma vie, mon corps ? Qu'elle parte donc aussi, mon âme, et qu'elle soit faite chambrière et compagne de son âme, si elle le veut ! »

Ainsi la pucelle est-elle en grand-douleur du chevalier qu'elle tient couché sur elle, tête tranchée.

Le cavalier vient auprès d'elle, la saluant. Elle lui rend son salut mais sans interrompre son deuil.

« Demoiselle, qui a occis le chevalier gisant sur vous ?

— Seigneur, un chevalier le tua, dit la pucelle, ce matin.

— Moi, je viens du plus beau logis où j'aie jamais été encore.

— Ah, seigneur, vous avez donc couché dans le château du riche Roi Pêcheur ?

— Demoiselle, par le Sauveur, ne sais s'il est roi ou pêcheur, mais il est très sage et courtois. Vous en dire plus je ne sais, sinon que deux hommes trouvai, hier soir, assis dans une barque qui naviguait très lentement. L'un des deux hommes ramait tandis que l'autre homme pêchait à l'hameçon. Celui-ci m'indiqua sa maison et pour la nuit il m'hébergea.

— Beau sire, il est roi sachez-le, mais en bataille fut blessé et mehaigné si tristement qu'il perdit l'usage des jambes. On dit que c'est un coup de javelot porté aux hanches qui lui a fait cette blessure. Et il n'a cessé d'en souffrir. Il souffre encore et ne peut monter à cheval. Alors, quand il veut se distraire, se fait porter en une barque. Et il se laisse aller sur l'eau, pêchant à l'hameçon, dont il est dit le Roi Pêcheur. Ne peut avoir d'autre exercice. Chasser aux champs ou sur les rives, il ne saurait. Mais a toujours auprès de lui ses fauconniers et ses archers et ses veneurs qui tirent à l'arc en forêt. Il se plaît bien dessus ses terres. Nul autre lieu ne siérait mieux. Aussi y a-t-il fait construire un château digne d'un puissant roi.

— Demoiselle, par ma foi vous dites vrai ! J'en ai eu

hier soir grand-merveille quand on me mena devant lui ; quand il me dit de m'approcher et de m'asseoir auprès de lui. Et me pria de ne voir signe d'orgueil pour le fait qu'il ne se levait pour me saluer, ne le pouvant. J'allai donc m'asseoir sur son lit, comme il voulait.

— Certes un grand honneur il vous fit quand près de lui il vous assit. Or dites-moi : avez-vous vu la lance dont la pointe saigne, n'ayant pourtant ni sang ni veine ?

— Si je la vis ? Oui, par ma foi !

— Et demandâtes-vous pourquoi elle saigne ?

— Jamais n'en parlai !

— Dieu m'aide ! Mais sachez donc que vous avez bien mal agi. Et vîtes-vous le Graal ?

— Je l'ai bien vu.

— Qui le tenait ?

— Une pucelle.

— D'où venait-elle ?

— D'une chambre. En une autre chambre elle alla.

— Nul ne marchait devant le Graal ?

— Si !

— Qui donc ?

— Deux valets sans plus.

— Et que tenaient-ils en leurs mains ?

— Chandeliers garnis de chandelles.

— Et derrière le Graal, qui vint ?

— Autre pucelle.

— Que tenait-elle ?

— Un petit plat d'argent.

— Demandâtes-vous à ces gens vers quel lieu ils allaient ainsi ?

— Nul mot ne sortit de ma bouche.

— Dieu m'aide ! C'est pis encore ! Comment avez-vous nom, ami ? »

Et lui, qui son nom ne savait, soudain le connut et lui dit que c'est PERCEVAL LE GALLOIS. Mais ne sait s'il dit vrai ou non. Il dit vrai, pourtant ne savait. Quand la demoiselle l'entend, d'un coup se dresse devant lui, en disant toute courroucée :

« Alors votre nom est changé, ami !

— Comment ?

— En "Perceval le Chétif". Ah, malheureux Perceval, tu as connu male aventure de n'avoir jamais demandé cela qui eût fait tant de bien à ce bon roi qui est blessé ! Bien vite il aurait retrouvé usage des membres et sa terre. Si grand bien en fut advenu ! Mais sache que malheur en viendra, à toi et à autrui pour ce péché, sache-le bien ! Fut ainsi déjà pour ta mère, car elle est morte de douleur pour toi. Je te connais mieux que tu te connais, car toi, tu ne sais qui je suis. Pourtant en la maison de ta mère longtemps je fus élevée avec toi. Je suis ta cousine germaine et tu es mon cousin germain. Mais il ne me pèse pas moins, ce malheur qui t'est advenu, de n'avoir pas du Graal su ce qu'on en fait, à qui on le porte ; que d'avoir vu ta mère qui est morte et mort aussi ce chevalier que j'aimais si vivement et qui m'aimait en me disant sa chère amie.

— Ah cousine, si de ma mère m'avez dit vrai comment le savez-vous ?

— Comment non ? je l'ai vu mettre en terre.

— Que Dieu miséricordieux ait pitié de son âme ! Vous m'avez conté là très douloureuse histoire. Mais, cousine, puisqu'elle est morte, qu'irais-je quérir plus avant ? Je n'y allais que pour la voir. Je prendrai donc une autre route. Si avec moi vouliez venir, moi aussi je le voudrais bien. Jamais plus ne sera votre homme celui qui gît auprès de vous. Que les morts soient avec les morts, les vivants avec les vivants ! Allons-nous-en, vous comme moi ! Oui ce serait folie, je crois, de veiller seule auprès du mort. Poursuivons celui qui l'a tué ! Je vous le jure sur ma foi : Pourvu que je puisse l'atteindre, ou je serai à sa merci ou je lui ferai crier grâce !

— Beau doux ami, lui répond celle qui ne peut refréner la douleur en son cœur, avec vous je ne puis partir avant de l'avoir enterré. Suivez ce chemin empierré que vous voyez de ce lieu-ci. C'est par là que s'en est allé le cruel, félon chevalier qui m'a occis mon doux ami. Non pas que je veuille vous envoyer derrière lui, mais je lui souhaite autant de mal que s'il m'eût tuée de sa main ! Où cette épée fut-elle prise, qui pend dessus votre flanc gauche, qui jamais ne prit nul sang d'homme, ne fut tirée pour nul besoin ? Je sais bien où elle fut faite et je sais bien qui la forgea. Mais gardez-vous de vous y fier car elle vous volera en pièces !

— Belle cousine, une des nièces de mon hôte la lui envoya hier soir. Il me la donna. Je m'en croyais bien honoré, mais m'avez causé grand effroi si est vrai ce que m'avez dit. Dites-moi, s'il advenait qu'elle fût brisée, serait-elle jamais reforgée ? le savez-vous ?

— Oui, mais grande peine il y faudrait. Celui qui saurait le chemin du lac auprès de Cotovatre pourrait la faire rebattre et retremper et réparer. Si l'aventure vous y mène, n'allez chez nul autre que chez Trébuchet, forgeron, car c'est celui-là qui l'a faite et lui seul saura la refaire. Sinon personne ne saura quel que soit l'homme qui y travaille.

— Certes, dit Perceval, si elle se rompt j'en serai bien fâché ! »

Il quitte donc la demoiselle qui ne veut délaisser le corps de son ami et là demeure seule, plongée dans son chagrin.

Dans le sentier bien clair où chevauche Perceval, s'en va un palefroi tout maigre et fatigué, marchant au pas, juste un peu devant lui. À voir bête si malingre, Perceval pense qu'elle est tombée en mauvaises mains. La bête ressemblait à ces chevaux prêtés, en grand travail le jour et sans soins à la nuit. C'était là bien pauvre palefroi, maigre, tremblant de froid, tout morfondu. Ses crins étaient tondus ; ses oreilles molles retombaient. Il n'avait que cuir sur le dos. Les mâtins attendaient le temps de la curée auprès de lui. La housse, les courroies de selle ne valaient mieux que l'animal.

Sur lui allait une pucelle la plus misérable du monde. On aurait pu la voir très belle mais sa vêture était si pauvre, sa robe n'avait de bonne étoffe pas plus large qu'une paume. Le reste était mal recousu à grosses coutures, et partout rattaché de nœuds laissant pourtant passer les seins. Sa chair était blessée comme de coups de lancette brûlée, crevassée par la neige, par la grêle et par la gelée. Sans voile, les cheveux mêlés, elle offrait aux yeux un visage ravagé par les tristes traces des larmes. Certes le cœur pouvait souffrir quand le corps montrait tel malheur !

Dès que Perceval l'aperçoit, en hâte vers elle il accourt. Mais le voyant venir elle se couvre de ses loques. Si elle en cache un trou, sitôt en découvre cent autres ! Perceval rejoint la pucelle si pâle et si défaite, pour l'entendre plaindre ainsi son malheur :

« Ah, Dieu, qu'il ne Te plaise de me laisser en cet état ! Il y a trop longtemps que je traîne si triste vie que je n'ai point méritée ! Dieu, je T'en prie, envoie auprès de moi quelqu'un qui me jette hors de cette peine ou me délivre de celui qui me fait vivre si grand-honte ! Nulle pitié n'y a en lui. Même il refuse de me tuer quand je ne peux lui échapper vive ! Pourquoi voudrait-il compagnie d'une misérable sinon par plaisir de ma misère et de ma honte ? Si je l'avais trompé vraiment et s'il le savait sans nul doute, il devrait bien me pardonner tant il me l'a fait payer cher. Mais comment pourrait-il m'aimer, me faisant traîner âpre vie sans jamais s'en émouvoir !

— Belle, que Dieu vous sauve ! » dit Perceval.

Elle baisse la tête et dit tout bas : « Seigneur qui m'as saluée, que ton cœur ait ce qu'il désire ! Mais te le souhaiter n'est pas juste. »

Il s'étonne, honteux. Il répond :

« Comment, demoiselle ? Je ne crois pas vous avoir jamais vue ni méfait ?

— Si, répond-elle. J'ai tant de souffrance et misère que nul ne me doit saluer. Qu'on me regarde ou qu'on m'arrête, la plus grande angoisse me prend.

— Si je vous ai fait peine, dit Perceval, vraiment c'était sans le savoir ! Je ne veux pas vous tourmenter. Mon chemin m'a conduit vers vous et sitôt que je vous ai vue, si désolée, si pauvre et nue, de joie je n'en aurais connu désormais, si je n'eusse appris de vous-même quelle aventure vous a mise en telle peine et telle douleur !

— Ah, Sire, ayez pitié ! Taisez-vous ! Allez votre chemin et laissez-moi. Le péché vous retient ici. Fuyez, fuyez, vous ferez bien !

— Pourquoi fuir ? De par quelle peur ? D'où viendrait-elle ? Qui me menace ?

— Je vous dis qu'il est temps encore. Fuyez ! Il va sans tarder revenir, l'Orgueilleux de la Lande. Il ne cherche que coups et combats. Si en ce lieu-ci il vous voit, sur l'heure il vous occira. Que l'on m'arrête ou l'on me parle, il en éprouve tel dégoût que nul ne peut sauver sa tête, pris sur le fait. Il vous dirait qu'il y a peu qu'un homme encore fut tué ainsi. Mais il ne veut tuer son homme sans lui conter premièrement pourquoi il me punit de honteux et vil traitement. »

Tous deux parlaient encore quand dans la poussière et le sable l'Orgueilleux de la Lande, sortant du bois bondit sur eux en menaçant : « Malheur sur toi qui t'arrêtas, près de la pucelle ! Que tu l'aies retenue — seraitce la longueur d'un pas — cela suffit pour que tu meures ! Mais sache que je ne te tuerai qu'après t'avoir conté pour quelle cause à cette fille j'ai imposé si vile honte : Un jour j'étais allé au bois, laissant, dedans un pavillon, cette fille-là que j'aimais plus que toutes choses au monde. Sortant du bois, par aventure, s'en vint là un valet gallois (par quel chemin s'en venait-il ? Je ne le sais) mais ce que je sais sûrement, c'est que ce valet-là lui prit, oui, de vive force un baiser. C'est elle qui me l'a avoué. Peut-être qu'elle me mentit. Ne dis pas non. L'autre poussa son avantage : qui donc l'en aurait empêché ? Peut-être fut-ce d'abord par force qu'il lui déroba ce baiser ? Vint après le consentement. Mais qui donc pourrait jurer qu'après ce baiser il n'y eut rien d'autre chose ? Qui le croirait ? L'un vient de l'autre. Qui femme embrasse et point ne pousse l'avantage, c'est que l'homme ne le veut point. Mais femme qui donne sa bouche, sans peine accorde le surplus, si l'homme le veut tout de bon ! Même si femme se défend, on sait qu'elle peut l'emporter en tous moments sinon en cette joute où elle prend l'homme à la gorge et le griffe, le mord, le tue en souhaitant de succomber. Elle veut qu'on la prenne de force, ainsi nul gré elle n'aura. J'ai raison de croire qu'il l'a prise. Et de plus lui a dérobé l'anneau qu'elle portait au doigt. J'en suis fâché. J'ajoute qu'après cela il a osé boire d'un vin fort et a dégusté deux pâtés que l'on avait gardés pour moi. Mon amie en a son loyer, un beau loyer comme on peut voir ! Qui commet folie en pâtisse ! Jamais plus ne la commettra. Quand je connus la vérité chacun a pu voir ma colère en sachant que je n'avais tort. Je lui ai dit que son palefroi ne serait ferré ni saigné ; qu'elle ne porterait jamais plus nouveau manteau, cotte nouvelle, tant que je n'aurais pas occis celui-là qui l'avait forcée, puis lui aurais tranché la tête. »

Perceval écoute. Il répond : « Ami, tenez pour assuré qu'elle a accompli pénitence. C'est moi qui ai pris le baiser. Ce fut de force. C'est moi qui dérobai l'anneau. Mais jamais ne fis autre chose, sauf que je mangeai un pâté et bus du vin tout à mon saoul (mais ceci ne fut pas si sot). »

L'Orgueilleux de la Lande dit : « Par mon chef, c'est vraiment merveille de t'entendre confessant la chose ! De toi-même donc tu avoues avoir mérité la mort. »

Mais Perceval sitôt répond : « La mort n'est pas si près de moi que tu le penses. »

Sans dire autre mot ils foncent l'un sur l'autre. Et si furieusement se heurtent que leurs lances volent en éclats et que tous deux vident leur selle. Tombés, sitôt ils se relèvent et se battent à coups d'épées. Dure bataille et sans faillir. Pourquoi voudrais-je la décrire ?

Enfin l'Orgueilleux de la Lande a le dessous et crie merci. Le jeune chevalier n'oublie ce que commanda le prudhomme : jamais n'occire homme à merci. Alors il dit : « Chevalier, par ma foi ne te ferai grâce avant que devant moi ici, tu fasses grâce à ton amie. Elle n'a mérité, je te jure, d'être traitée comme tu fais. »

L'Orgueilleux aimait la pucelle plus que prunelle de ses yeux. Et il répond :

« Beau sire, vous me trouvez tout prêt à réparer. Ce sera comme vous le voudrez. Ordonnez et j'obéirai ! J'ai le cœur sombre et douloureux de l'avoir ainsi tourmentée. »

Le vainqueur dit : « Tu iras donc au plus proche de tes manoirs. Tu lui feras prendre le bain et reposer jusqu'au moment où elle sera revenue en santé. Quand elle sera parée, vêtue de belles robes, tu la mèneras au roi Arthur. S'il te demande qui t'envoie tu répondras : "C'est le garçon que vous fîtes Chevalier Vermeil." Au roi Arthur tu conteras la pénitence que tu voulus pour ton amie et la misère où elle vécut. Tu conteras à haute voix devant la cour, que tous et toutes puissent entendre, la reine comme ses suivantes. Parmi elles, qui sont très belles, plus belle encore il en est une, que je prise plus que toute autre. Rien que me voir quand j'y allai elle avait ri de grand plaisir. Keu le sénéchal la gifla si rudement que la pauvre en perdit le sens. Tu la feras chercher, je veux, et tu lui diras que rien ne pourra m'appeler à la cour du roi Arthur tant que je ne l'aurai vengée ! »

L'Orgueilleux de la Lande promet, se met en route comme il fut dit et prêt à remplir sa mission quand la demoiselle serait guérie, toute prête pour le voyage. À l'Orgueilleux ne déplaisait d'emmener aussi son vainqueur qu'il ait long temps et repos pour panser ses plaies.

« Il ne peut en être ainsi, dit Perceval. Va et que Dieu te donne la bonne aventure ! Ailleurs je trouverai un logis. »

Ils se quittent. Le même soir, l'Orgueilleux fait prendre le bain à son amie. Les jours suivants il la fait vêtir richement. Si soigneusement il la veille qu'en sa beauté elle revient. Et tous vont à Carlion où le roi tenait sa cour très privément, trois mille chevaliers seulement se retrouvant en l'assemblée (mais tous choisis). C'est donc devant toute la cour que vient l'Orgueilleux de la Lande se remettre docilement entre les mains du roi Arthur. « Sire, je suis votre prisonnier. De moi ferez ce que vous voudrez. C'est bien raison puisque cet ordre me donna mon vainqueur qui vous demanda et obtint armure vermeille. »

Le roi Arthur sitôt comprend.

« Beau sire, désarmez-vous donc ! Que Dieu donne joie et qu'Il donne bonne aventure à qui me fait présent de vous. Et vous aussi soyez le bienvenu ! À cause de votre vainqueur, serez aimé et estimé en mon logis.

— Sire, autre chose il m'a demandé : avant que je

me désarme je vous prierai mander la reine et ses filles d'honneur pour écouter mien message. »

Bientôt donc vient la reine. Derrière elle, toutes ses suivantes se donnant la main deux à deux. Quand la reine se fut assise auprès du roi, l'Orgueilleux de la Lande dit : « Dame je vous salue de par un chevalier que j'estime et qui aux armes m'a vaincu. Il vous envoie cette pucelle, mon amie, que vous voyez. »

La reine lui répond : « Ami, qu'il en soit mille fois remercié ! »

Alors, comme il lui avait été dit, l'Orgueilleux de la Lande conte la vilenie et la misère où il fit vivre son amie. Il n'oublie rien, et dit pourquoi il fit ainsi. Il demande qu'on désigne celle que frappa le sénéchal. On la lui montre et l'Orgueilleux dit, se tournant vers elle : « Celui qui m'envoya ici me commanda de vous saluer et de vous répéter tout net le serment que j'ai entendu : "Dieu l'aide comme il lui demande, jamais ne viendra en cette cour avant qu'il ne vous ait vengée du soufflet que pour lui vous avez reçu." »

Quand le Fou entend ces paroles, de joie il bondit, s'écriant : « Ah, Seigneur Keu, c'est pour le coup que vous allez payer la dette ! Et sans attendre ! »

Puis le Fou vient parler au roi qui dit ensuite : « Ah, sire Keu, comme tu fus de pauvre courtoisie quand tu te moquas du jeune homme ! Par tes railleries je l'ai perdu. Le reverrai-je ? »

Le roi prie son prisonnier de s'asseoir. Il commande qu'on le désarme. De la prison il lui fait grâce.

Messire Gauvain s'est assis à la droite du roi et il lui dit :

« Au nom de Dieu, sire, qui donc est ce jeune champion qui a vaincu en dur combat un chevalier aussi vaillant ? Dans toutes les îles de la mer non, je n'ai ni vu ni connu ni entendu nommer nul chevalier qui en prouesse et chevalerie vaille l'Orgueilleux de la Lande !

— Beau neveu, je ne le connais, mais je l'ai vu. Quand je le vis ce fut sans oser lui poser aucune question. Il me demanda de le faire chevalier sur l'heure. Il était beau, de bonne mine. Je lui répondis : "Volontiers. Descendez de votre monture. Oui, sans tarder qu'on vous apporte une armure toute dorée." De cette armure il ne voulut. Il dit qu'il n'en accepterait qu'une : celle que portait ce chevalier félon qui déroba ma coupe. C'était une armure vermeille. Keu, qui était méchant l'est encore, le sera toujours, et n'ouvre la bouche que pour dire mauvaises paroles lui cria : "Frère, cette armure le roi vous donne. Elle est à vous. Allez la prendre !" L'autre qui n'y voyait point de mal se lance, occit le chevalier à la coupe, le perçant d'un trait de javelot. Qui commença cette querelle, je ne le sais, ni la mêlée qui suivit. Mais comment douter qu'il fut présomptueux, ce Chevalier Vermeil de la forêt de Quinqueroi, et que ce fut lui qui frappa le premier ? Alors l'autre, de son javelot lui creva l'œil, le laissant mort dessus le sol. Puis de cette armure vermeille sitôt s'empara le vainqueur. Par la suite si bien s'en servit, tant à mon gré que, par monseigneur saint David que l'on honore et prie en Galles, je jure que jamais ne reposerai ni une nuit ni l'autre nuit dans une chambre tant que je ne l'aurai pas revu, savoir s'il est encore vivant sur terre comme dessus la mer. Et plus n'attendrai pour partir à sa recherche. »

Sitôt que le roi l'eut juré, tous connurent qu'il faudrait bien sans tarder se mettre en route.

Il fallait voir emplir les malles de couvertures et d'oreillers, combler les coffres et bâter les chevaux de somme ; parer tentes et pavillons et charger tout un long convoi de chars et de charrettes. Quel clerc alerte, habile aux lettres aurait donc pu, en un seul jour, établir la très longue liste des provisions et des bagages qu'on rassembla en grande hâte ?

Le roi Arthur part de Carlion comme s'il partait pour l'armée. Le suivent ses barons. Aussi la pucelle que la reine prend auprès d'elle pour faire honneur à la chevalerie assemblée.

Le soir venu, on dressa le camp dans une prairie en lisière d'un bois, mais au matin du lendemain la neige avait recouvert le sol glacé.

Avant d'arriver près des tentes, Perceval vit un vol d'oies sauvages que la neige avait éblouies. Il les a vues et bien ouïes, car elles s'éloignaient fuyant pour un faucon volant, bruissant derrière elles à toute volée. Le faucon en a trouvé une, abandonnée de cette troupe. Il l'a frappée, il l'a heurtée si fort qu'elle s'en est abattue. Perceval arrive trop tard sans pouvoir s'en saisir encore. Sans tarder, il pique des deux vers l'endroit où il vit le vol. Cette oie était blessée au col d'où coulaient trois gouttes de sang répandues parmi tout le blanc. Mais l'oiseau n'a peine ou douleur qui la tienne gisante à terre. Avant qu'il soit arrivé là, l'oiseau s'est déjà envolé ! Et Perceval voit à ses pieds la neige où elle s'est posée et le sang encore apparent. Et il s'appuie dessus sa lance afin de contempler l'aspect, du sang et de la neige ensemble. Cette fraîche couleur lui semble celle qui est sur le visage de son amie. Il oublie tout tant il y pense car c'est bien ainsi qu'il voyait sur le visage de sa mie, le vermeil posé sur le blanc comme les trois gouttes de sang qui sur la neige paraissaient.

Avant que le roi ne s'éveille, devant le pavillon royal les écuyers rencontrèrent Sagremor qui pour ses colères subites était aussi appelé Sagremor le Déréglé.

Il crie aux écuyers.

« Eh, vous ! Dites-moi ! Pourquoi venir si tôt ici ?

— C'est que, répondent-ils, là-bas loin de nos lignes nous avons vu un chevalier qui dort debout sur sa monture.

— Porte-t-il des armes ?

— Il en porte.

— Je vais lui parler. À la cour le ramènerai. »

Vite Sagremor se rend dans le pavillon du roi. Il l'éveille et lui dit : « Sire, là-dehors sur la lande il y a un chevalier sommeillant droit sur son cheval. »

Le roi commande à Sagremor d'amener le chevalier, sans faute. Et Sagremor fait au plus tôt. On lui présente son cheval et puis ses armes. Et bientôt le voici armé pour rejoindre le chevalier.

Il s'approche de lui. Il dit : « Sire, il vous faut venir à la cour ! »

Mais l'autre ne bouge en rien, ne paraît avoir entendu. À même question, même silence. Alors Sagremor est colère : « Par saint Pierre l'apôtre ! Je vous dis que vous y viendrez en cette cour, par gré ou force. Pourquoi vous en avoir prié ? Je n'y ai que perdu mon temps comme j'ai perdu mes paroles. »

Alors il déploie son enseigne ; il court au loin et de là lance son cheval tout en criant à Perceval : « Garde-toi ! Je vais t'attaquer ! »

Perceval regarde enfin de ce côté et voit Sagremor qui galope. Le voici hors de ses pensées et déjà lancé contre l'autre. Le choc est rude. Et la lance de Sagremor se rompt. Non point celle de Perceval, qui ne se brise ni ne plie. Mais si fort heurte Sagremor qu'il l'abat au milieu du champ. Le cheval du vaincu s'enfuit, tête haute, vers le lieu où sont les tentes. Et tout soudain vient déboucher devant les gens qui se levaient. Beaucoup en furent peu contents. Ce ne fut pas le cas de Keu, qui jamais n'a pu retenir sur ses lèvres méchantes paroles. Keu se moque disant au roi : « Beau Sire, vraiment s'en revient Sagremor en fière mine ! Voyez comme il tient le chevalier de par le frein et l'amène ici devant vous qu'il veuille ou non. »

Le Roi lui répond :

« Sénéchal, il n'est pas bon de moquer ainsi le courage ! Allez-y donc et nous verrons bien si vous ferez mieux que l'autre !

— Sire, dit Keu, j'ai grande joie à y aller puisqu'il vous plaît m'en requérir ! Croyez-moi, je l'amènerai de vive force, qu'il le veuille ou ne veuille pas ! Et il faudra bien que ce chevalier nous avoue quel nom il a. »

Il se fait armer et il monte. Puis il part vers le chevalier, si perdu dans ses pensées devant les trois gouttes de sang qu'il ne connaît plus rien au monde.

Arrivant, de loin, Keu lui crie : « Vassal, vassal, venez au roi ! Je vous jure que vous viendrez. Sinon vous me le paierez ! »

Perceval l'entend menacer. Vers lui se tourne et pique des deux sa monture. Les chevaliers l'un et l'autre veulent l'emporter. À plein choc se heurtent, de droit-fil.

Keu frappe à très grands coups, si fort qu'il en brise sa lance, qui vole comme écorce en miettes. Mais Perceval lui répond bien, frappe Keu d'un grand coup sur le haut de son bouclier et rudement l'abat dessus un roc tant qu'il lui déboîte la clavicule et, entre le coude et l'aisselle, il lui brise l'os du bras droit tout comme un éclat de bois sec. Lors Keu se pâme de douleur. Son cheval seul court vers les tentes.

Les Bretons le voient qui revient seul ainsi. Alors des jeunes gens sautent en selle et courent grand trot devant chevaliers et dames. On trouve Keu gisant pâmé. On le croit mort et tous le pleurent.

Mais Perceval ne quittant des yeux les trois gouttes encore s'appuie sur sa lance. Triste est le roi de voir ainsi blessé son sénéchal, mais tous les gens autour le réconfortent lui assurant que Keu guérira bien. Alors le roi, qui aime son sénéchal, lui envoie un médecin très avisé ; comme aussi trois pucelles, instruites par ses soins qui raboutent la clavicule et les fragments de l'os du bras qu'elles ne manquent pas de bander. On transporte le sénéchal dans le pavillon du roi. On le console lui recommandant d'être patient. Il guérira.

Messire Gauvain dit au roi : « Sire, ainsi que vous l'avez jugé vous-même et proclamé, il n'est pas juste qu'un chevalier comme ces deux-là, ose arracher à ses pensées un autre chevalier. Lequel porta les premiers torts, je ne le sais, mais il est sûr que cela ne leur donna chance. Le chevalier songeait peut-être à quelque perte ; ou bien songeait à son amie qui lui avait été ravie et en éprouvait grand-douleur. Si tel était votre plaisir, j'irais voir comme il répondrait s'il était hors de sa rêverie, qu'il veuille bien venir à vous je le prierais. »

Ces mots mettent Keu en colère. « Je vous dis, messire Gauvain, que vous l'amènerez par la main, qu'il veuille ou non. Qu'il vous demeure en bonne prise si on vous laisse aller à lui. Ce sera bien. Vous en avez conquis plus d'un, faisant ainsi. Quand un chevalier se sent las d'avoir longuement combattu, pour un prudhomme c'est bon moment de l'achever, qu'il reçoive un don plein de gloire ! Ah, Gauvain, que je sois maudit si vous êtes devenu si fou qu'on n'ait à apprendre de vous ! Ne donnez-vous pas pour comptant vos paroles pleines de miel ? On croira peut-être que vous lui aurez crié dures paroles très hautaines et qui savent blesser un homme. Qui le croira sera bien sot. Mais moi je sais bien qu'un bliaut de belle soie vous suffira pour mener pareille bataille. Point besoin de tirer l'épée ! Non plus de briser une lance. Que votre langue parvienne à dire : "Sire, que Dieu vous garde ! Qu'il vous donne joie et santé !" Et il passera sans périr où vous voudrez ! Je n'ai leçons à vous donner. Vous saurez bien l'amadouer, comme on fait caresse à un chat, lui passant la main sur le dos. Tous les gens n'en diront pas moins : "En ce moment Gauvain engage un fier combat !" »

Mais Gauvain sitôt lui répond : « Ah, messire Keu, vous pourriez parler avec un peu de gentillesse ! Dessus moi voulez-vous venger votre colère ? Sur ma foi, beau doux ami, je vous dis : je ramènerai le chevalier, si telle chose est en mon pouvoir, sachez-le bien. Il ne m'en coûtera, je vous dis, ni bras cassé ni clavicule. Cet argent-là je ne le prise ! »

Le roi dit : « Lors, beau neveu, allez-y donc ! Vous avez su parler en courtois chevalier. Prenez vos armes ! Je ne veux pas que vous tombiez en la merci de quiconque. »

Le bon et généreux Gauvain prend ses armes, monte

sur un cheval aussi alerte que robuste et s'en va vers le chevalier toujours appuyé sur sa lance, ne paraissant point se lasser d'un rêve auquel il se complaît. Mais à cette heure-là déjà le soleil brillant a fait fondre deux des trois gouttes de beau sang qui avaient fait rouge la neige. Et la troisième pâlissait.

Perceval sort de son penser. C'est lors que messire Gauvain met à l'amble son cheval et s'approche très doucement de Perceval comme un homme bien loin de chercher querelle. Il dit :

« Sire, je vous aurais salué si je connaissais votre nom comme je connais le mien. Mais tout au moins je puis vous dire que je suis messager du roi ; que de sa part je vous demande et vous prie que vous veniez à sa cour pour lui parler.

— Deux hommes sont déjà venus. Et tous deux me prenaient ma joie et ils voulaient m'emmener, me traitant comme prisonnier. Ils ne faisaient pas pour mon bien. Car devant moi, en cet endroit je voyais trois gouttes de sang illuminer la neige blanche. Je les contemplais. Je croyais que c'était la fraîche couleur du visage de mon amie. Voilà pourquoi je ne pouvais m'en éloigner.

— Certes, sire, vous ne pensiez comme un vilain mais comme un doux et noble cœur. C'était bien rude folie que vouloir vous en déprendre. Mais plus encore que je peux dire, j'aimerais savoir ce que vous comptez faire. S'il ne vous déplaisait, volontiers je vous mènerais au roi Arthur.

— Beau sire, dites-moi vraiment si Keu le sénéchal est à la cour.

— Il est à la cour et sachez que c'est celui qui a combattu avec vous. Le combat lui a coûté car vous lui avez fracassé le bras droit et déboîté la clavicule.

— Elle a donc été bien vengée, la pucelle qu'avait giflée le sénéchal ! »

Que messire Gauvain a de joie en entendant ces paroles ! Il en frémit ! « Ah, sire, dit-il, c'est vous que le roi cherche ! »

Du haut d'un tertre les valets les ont vus tous deux si gais que sitôt portent la nouvelle au roi Arthur. « Sire, sire, c'est messire Gauvain qui revient et avec lui le chevalier. Ainsi s'en viennent très joyeux. »

Il n'est personne à les entendre qui ne bondisse hors de sa tente, vite leur allant au-devant.

Keu dit au roi :

« C'est donc ainsi : Gauvain, votre neveu, a remporté le prix. Dur combat et plein de dangers mais point trop car il s'en revient aussi sain comme il est parti. Nul ne lui a porté de coup ni senti le poids de son bras. »

Perceval, étonné, demande le nom du chevalier.

« Sire, en baptême j'ai nom Gauvain.

— Gauvain ?

— Oui, beau Sire. »

Lors Perceval, joyeux, s'écrie :

« Sire votre nom je l'ai entendu en bien des lieux ! Si je ne craignais vous déplaire, votre accointance je souhaiterais.

— Mon plaisir serait plus grand que le vôtre !

— Je vous suivrai donc où vous me mènerez. C'est justice et plus fier encore en serai puisque vous êtes mon ami. »

Ils courent l'un vers l'autre et s'accolent. Ils délacent heaume et ventaille, de la coiffe rabattent les mailles et dans la joie tous deux s'en vont. De dire autrement, il s'en garde. Honneur à lui et toute louange ! Les autres diront : « Regardez ! Il l'a emporté là où deux hommes avaient échoué, très vaillants et très redoutables. »

C'est ainsi qu'en toute occasion messire Keu laisse courir sa langue.

Perceval n'ira à la cour sous le harnois de combattant. Messire Gauvain y veille. Il le mène à sa tente, lui fait ôter ses armes. Un valet a sorti d'un coffre une cotte et un beau manteau et l'on en revêt Perceval qui sait fort bien les porter. Puis c'est se tenant par la main que tous deux s'approchent du roi sur sa chaise devant sa tente.

Gauvain dit au roi : « Sire, sire, j'amène un homme devant vous que, depuis quinze jours au moins, vous auriez vu volontiers. Celui-là dont tant vous parliez, pour qui vous êtes tant fâché. En personne le voici donc. Je le remets entre vos mains. »

Le roi s'est levé de sa chaise pour faire accueil à Perceval. À Gauvain il dit : « Beau neveu, à vous grand merci ! »

À Perceval il dit : « Beau Sire, soyez ici le bienvenu !

Apprenez-moi de quel nom je dois vous nommer. »

Perceval répond :

« Sur ma foi, beau sire roi, mon nom je ne vous cacherai pas, c'est Perceval le Gallois.

— Ah Perceval, beau doux ami, répond le roi, puisque vous voici en ma cour, s'il ne tient qu'à moi, je vous dis, non, vous ne la quitterez plus ! Quel grand regret j'ai eu d'abord, la première fois que je vous vis, de n'avoir alors deviné les exploits que Dieu réservait à votre bras. Toutes les oreilles de la cour les avaient entendu prédire. Tous vos exploits je les ai sus. »

Alors s'est approchée la reine qui avait appris la nouvelle. Avec elle venait aussi la pucelle qui si bien riait. Sitôt que Perceval a vu la reine (car c'est bien elle, on lui a dit), vers elle il vient à sa rencontre et dit :

« Que Dieu donne joie et honneur à la plus belle et la meilleure de toutes les dames au monde ! C'est selon ces mots que tous ceux qui la voient et ceux qui l'ont vue parlent d'elle, la célébrant.

— Soyez le bienvenu, dit la reine. À tous vous avez donné preuve de très grande et rare vaillance. »

Perceval salue la pucelle dont il se souvient qu'elle riait, puis il lui dit : « S'il vous en était besoin, belle, le chevalier je serais bien dont l'aide ne vous manquerait. »

Et la pucelle remercie.

Ce même soir, le roi, la reine et les barons font grande fête à Perceval qu'ils conduisent à Carlion. Toute la nuit c'est fête, encore le lendemain. Puis, le troisième jour, devant eux voient venir une pucelle allant sur une mule jaune, tenant en sa main droite, deux tresses noires sur le dos. Jamais vit-on être aussi laid, même en enfer ! Jamais vit-on métal si terne que cette couleur de son cou ou de ses mains. Mais autre chose était bien pire : ses deux yeux n'étaient que deux trous, pas plus gros que des yeux de rat. Son nez était un nez de chat, ses lèvres d'âne ou bien de bœuf, ses dents jaunes comme jaune d'œuf. Sa barbe était celle d'un bouc. Sa poitrine toute bossue, son échine toute tordue. Reins et épaules très bien faits pour mener le bal ! Une autre bosse dans le dos, jambes tordues comme verge d'osier très convenables aussi pour la danse.

La pucelle pousse sa mule jusque devant le roi Arthur. Avait-on jamais vu déjà pareille fille en cour du roi ? Elle le salue et les barons tous ensemble sauf Perceval et, sans descendre de sa mule, elle lui dit : « Ah, Perceval, si Fortune a cheveux devant, elle est bien chauve par-derrière ! Qu'il soit maudit qui te salue ou qui te souhaite quelque bien ! Fortune tu n'as su saisir quand elle passa près de toi ! Chez le Roi Pêcheur tu entras et tu vis la lance qui saigne. C'eût été pour toi telle peine d'ouvrir la bouche, sortir un son, que non, tu n'as pu demander pourquoi cette goutte de sang qui coule du bout de la lance. Le Graal tu l'as vu, mais jamais à quiconque tu ne demandas quel riche homme on en servait. Qui voit le temps si beau, si clair, si favorable et attend plus beau ciel encore, il faut le plaindre ! C'est pour toi que je dis cela. Ce fut ton cas. C'était temps et lieu de parler. Tu restas muet. Nul loisir ne t'a manqué. Ton silence nous fut un malheur. Il fallait poser la question : le Roi Pêcheur à triste vie eût été guéri de sa plaie ; posséderait en paix sa terre dont plus jamais il ne tiendra même un lambeau. Sais-tu bien ce qu'il en sera ? Les femmes perdront leurs maris, les terres seront dévastées, et les pucelles sans secours ne pourront plus qu'être orphelines et maint chevalier mourra. Tous ces maux-là viendront de toi. »

Puis elle se tourne vers le roi : « Je m'en vais, ne vous en déplaise. Mon logis est bien loin d'ici. Avez-vous jamais ouï parler du Château Orgueilleux ? En ce lieu je serai ce soir. On y trouve les chevaliers les plus choisis, cinq cents et plus. Et il n'en est aucun parmi qui n'ait avec lui son amie, très nobles dames courtoises et belles. Et sachez que nul ne s'y rend sans y trouver joute ou bataille. Qui veut faire chevalerie y aille donc ! Il y trouvera son dessein. Mais s'il veut remporter le prix dessus tous autres chevaliers je connais la pièce de terre où il pourra le conquérir s'il se montre assez hardi. C'est sur la colline en un lieu que domine Montesclaire. En ce château est assiégée une demoiselle. Celui qui, en levant le siège, délivrera la demoiselle en trouvera suprême honneur. Et plus encore celui à qui Dieu accordera la victoire pourra sans crainte ceindre l'épée qui possède étranges attaches. »

Ayant parlé comme elle voulait, la demoiselle se tait et part, sans plus rien faire ni dire. D'un bond maître Gauvain se dresse et c'est bien haut que devant tous, annonce qu'il va secourir la pucelle ainsi assiégée. Gifflès, fils de Do, proclame bientôt à son tour que, Dieu aidant, il s'en ira devant le Château Orgueilleux.

« J'irai sur le Mont Douloureux, dit Kahedin, sans m'arrêter auparavant. »

Mais Perceval parle autrement. Aussi longtemps qu'il le faudra deux nuits de suite ne couchera en même hôtel, ni n'entendra parler d'un pas hasardeux qu'il ne tente de le franchir. Qu'il ne trouve chevalier, ni un ni deux, qu'il n'aille le provoquer. Nulle peine il n'épargnera jusqu'à ce temps qu'il sache enfin quel homme se nourrit du Graal ; quelle est cette lance qui saigne et sache aussi pourquoi elle saigne.

Cinquante chevaliers se lèvent et tous se jurent l'un à l'autre que jamais joute ou aventure ne connaîtront qu'ils ne courent pour s'y jeter, même dans la plus ténébreuse et la plus noire des contrées.

Parlaient ainsi, quand tout à coup ils voient entrer Guingambrésil, un écu d'or à bande d'azur à son bras. Vers le roi tout droit il s'en va, le connaissant et le salue. Mais Gauvain il ne salue point et il le traite de félon et pour un combat il l'appelle, seul à seul : « Gauvain, tu as tué mon père. Tu l'as attaqué sans le défier. À toi le blâme et déshonneur ! Traître tu es ! Ta trahison tu en répondras devant moi. Que tous les barons sachent ici que jamais je n'en ai menti ! »

Tout honteux, Gauvain s'est levé. D'un coup se dresse auprès de lui Engrevain l'Orgueilleux, son frère, disant, le tirant par le bras : « Beau sire, pour l'amour de Dieu, ne laissez pas honnir votre lignage ! Vraiment je saurai vous défendre de cette insulte qu'on vous fait, oui, je le jure ! »

Gauvain arrête ses paroles : « Nul homme ne me défendra, sire, si ce n'est moi ! Je suis le seul qu'il ait nommé. Si je me sentais fautif pour le moindre dommage envers lui, sitôt je lui demanderais la paix et je lui offrirais tel prix que mes amis comme les siens jugeraient juste. Celui-là a parlé sans frein et je suis prêt à me défendre par les armes en ce lieu ou en tel autre qu'il voudra. Voici mon gage. »

Alors Guingambrésil s'écrie qu'après quarante jours de délai il saura bien lui faire avouer sa très vilaine trahison devant le roi d'Escavalon.

Mais Gauvain s'engage aussitôt : « Sans nul retard je te suivrai en ce lieu-là que tu me nommes, et nous saurons bien reconnaître de quel côté sera le droit ! »

Guingambrésil s'est éloigné et Gauvain s'apprête à partir. Qui a bon écu, bonne lance, bon heaume et vaillante épée les lui offre, mais il ne veut rien emporter qui lui vienne des mains d'un autre. Avec lui vont un écuyer, sept destriers. Il prend deux écus. À peine a-t-il quitté la cour qu'on l'y regrette amèrement. Les gens se frappent la poitrine, s'arrachent les cheveux, se griffent le visage. Il n'y a dame si sensée qui devant tous les gens ne laisse éclater sa douleur. Ils sont maints et maintes à pleurer.

Et messire Gauvain s'en va. Maintenant je vous conterai ses aventures.

C'est sur la lande qu'il rencontre une troupe de chevaliers et derrière eux un écuyer, tout seul, l'écu au cou menant par la bride un cheval d'Espagne.

Il l'appelle :

« Écuyer, dis-moi qui sont ces gens qui passent ?

— Sire ce sont ceux de Mélian de Lis, chevalier vaillant et hardi.

— Es-tu à lui ?

— Non, sire. Mon seigneur, tout aussi vaillant se nomme Traé d'Anet.

— Par ma foi, je l'ai bien connu ! Où va-t-il ? Ne me cache rien !

— Sire, il s'en va à un tournoi où Mélian de Lis doit jouter contre Thibaut de Tintagel. Je souhaite que vous y alliez combattre avec ceux du château contre les autres chevaliers.

— Dieu ! dit monseigneur Gauvain, Mélian de Lis ne fut-il pas nourri dans la maison de Thibaut ?

— Oui, sire, que Dieu me sauve ! Le père de Mélian aimait sire Thibaut de bonne amitié et de si bonne foi qu'étendu sur son lit de mort, il lui recommanda son fils. Le seigneur Thibaut le garda et le nourrit aussi chèrement qu'il put, si bien que Mélian pria et requit d'amour la fille aînée de son hôte, mais elle lui répondit que jamais elle ne lui donnerait son amour tant qu'il resterait écuyer. Or il en avait tel désir qu'il fut bientôt fait chevalier, et il revint à sa prière. "Non sera, en nulle manière, répondit-elle, par ma foi, tant que vous n'aurez devant moi tant fait d'armes et tant jouté que mon cœur vous aura coûté. Car les choses qu'on a pour rien ne sont si douces ni si bien que celles dont la quête est chère. Prenez un tournoi à mon père si vous voulez avoir ma main, car je veux sans faute savoir si ma foi sera bien logée quand je vous l'aurai accordée." Le tournoi fut pris et il l'eut, ainsi qu'elle l'avait voulu, car l'amour a si grand empire sur ceux qu'il tient et qu'il inspire, qu'ils n'oseraient rien refuser de ce qui leur est ordonné. Sire, je crois que vous feriez bien d'aider contre eux ceux du château, car ils en auraient grand besoin.

— Frère, dit Gauvain au valet, suis ton maître, tu feras bien, et garde pour toi ton discours. »

L'écuyer s'en va et messire Gauvain se dirige vers Tintagel, ne pouvant passer par ailleurs.

Thibaut avait fait rassembler tous ses parents et ses cousins. Il a mandé tous ses voisins, et tous y sont bientôt venus, grands, petits, jeunes et chenus. Sire Thibaut n'a pas trouvé d'accord en son conseil privé pour jouter contre son seigneur, car chacun d'eux avait trop peur qu'il les fît ensuite détruire.

Il a fait murer et enclore toutes les entrées de son château, et chaque porte fut murée de pierre dure et de mortier, qu'il n'y faille d'autre portier. Sauf une petite poterne, mais plus solide que le verre, qu'il a laissée libre. Elle était faite pour durer, de cuivre renforcé de fers. Elle en contient autant qu'en pourrait porter une charrette. Sire Gauvain va vers la porte, son bagage derrière lui. Il lui fallait passer par là ou bien retourner en arrière, sans autre chemin ni charrière, jusqu'à sept grandes lieues de là. Il voit que la porte est fermée. Il entre en un pré, sous la tour, qui était clos de palissades. Il va s'installer sous un chêne où il a pendu ses écus. Les gens le voient du château, dont beaucoup étaient mécontents que le tournoi fût constamment repoussé. Il y avait là un vieux vavasseur, conseiller redouté et sage, riche de terre et de lignage ; jamais rien de ce qu'il disait, quel qu'en fût enfin le succès, n'était tenu en doute.

Il a considéré les arrivants qu'on lui montre de loin quand ils entrent dans le pré clos, et il va parler à Thibaut.

Il lui dit : « Sire, Dieu me sauve ! Je suis bien sûr d'avoir vu là des chevaliers du roi Arthur, dans ces chevaliers qui nous viennent. Deux bons guerriers font du travail, plus que d'autres dans un tournoi, et je propose, selon moi, que nous engagions dès maintenant l'épreuve de ce tournoiement. Vous avez de bons chevaliers, de bons sergents, de bons archers. Ceux-ci leur tueront leurs chevaux, quand ils viendront, comme je le crois, tournoyer devant cette porte. Mais si leur orgueil les y porte, c'est nous qui en aurons le gain, et eux la peine et le malheur. »

Par ce conseil qu'il lui donna, Thibaut ordonna à ses gens de s'armer et de sortir sur les lices, sitôt armés. Les chevaliers en ont grande joie, les écuyers courent aux armes et mettent la selle aux chevaux. Les dames et les demoiselles vont s'asseoir dans le haut des tours pour assister à la bataille. Elles voient l'équipage de messire Gauvain dans le pré au-dessous. Elles croient d'abord qu'il y a deux chevaliers, puisque deux boucliers étaient pendus à l'arbre, et elles sont contentes de pouvoir regarder ces chevaliers s'armer devant elles.

Elles devisaient, et plusieurs, parmi, se disaient : « Dieu ! Doux Seigneur ! Ce chevalier a des harnais, des destriers, autant qu'il suffirait pour deux, et il n'a pas de compagnon ! Que fera-t-il de deux écus ? Aucun chevalier ne fut vu qui portât deux écus ensemble ! » Et grande merveille leur semble de ce chevalier qui est seul avec des boucliers pour deux.

Pendant que ces dames parlaient, tous les chevaliers s'assemblaient. La fille aînée de sire Thibaut qui fit prendre cette rencontre, est montée à la tour, en même temps que sa sœur cadette qui s'habillait si gentiment qu'on l'appelait communément la Pucelle aux Manches Petites, tant ses manches gainaient ses bras. Et avec les filles du sire, sont montées toutes les dames du château. Voici que le tournoi s'assemble devant le château maintenant, et nul n'y est si avenant que Mélian de Lis. Témoin sa fiancée qui dit aux dames auprès d'elle : « Dames, nul n'est plus beau parmi ces chevaliers qui joutent, que le sire Mélian de Lis. Pourquoi mentirais-je ? J'éprouve joie et délices à voir un si beau cavalier ! Voyez comme il est bien en selle ! Comme il porte son écu et sa lance ! Qui donc montre plus d'élégance ? »

Mais sa sœur, assise à côté, lui dit qu'il y avait plus beau, ce qui la fit mettre en colère. Elle se lève pour la frapper, mais les dames s'interposent et l'empêchent de la toucher, dont s'accroît encore sa fureur. Le tournoi maintenant commence. Il y est brisé maintes lances, et maint coup d'épée assené, et maint chevalier démonté. Mais sachez qu'il en coûte cher d'attaquer Mélian de Lis ! Personne ne dure devant sa lance. Nul qui ne soit désarçonné ! Et quand enfin sa lance éclate, qu'à grands coups d'épée il se batte ! C'est le meilleur des combattants, qu'ils soient de l'un ou l'autre camp. Son amie en a si grande joie qu'elle ne peut la garder pour soi. Elle dit : « Dames, voyez merveilles ! Vous n'en vîtes jamais de pareilles ni n'en entendîtes parler ! Voici le meilleur gentilhomme que vous puissiez voir de vos yeux ! Il est le plus beau et fait mieux que tous ceux qui sont au tournoi ! »

Mais sa petite sœur répond : « Je vois qui, possible, est meilleur que lui. »

La grande sœur revient contre elle, et dit, bouillante

de colère : « Vous, gamine, êtes trop hardie qui, pour votre malheur, osez critiquer la personne que je proclame belle et bonne ! Payez-vous-en par cette gifle, et parlez mieux une autre fois ! »

Elle a tant frappé que ses doigts se sont marqués sur le visage. Les dames qui sont là blâment la sœur aînée et se détournent d'elle, puis se remettent à jaser de monseigneur Gauvain. « Dieu ! dit une des demoiselles, ce chevalier, là, sous ce charme, à quoi muse-t-il qu'il ne s'arme ? » Une autre dame plus futée leur dit : « Il a juré la paix ! » Et une autre redit après : « C'est un marchand ! Ne croyez pas qu'il entende rien aux tournois. Il mène des chevaux à vendre !

— C'est un changeur, dit une quatrième ! Il ne désire que vendre aux pauvres chevaliers sa marchandise. Ne croyez pas que je vous mente : ses malles sont pleines de monnaies et de vaisselle d'argent.

— Vraiment, c'est mal parler et vous avez grand tort, dit la petite. Croyez-vous qu'un marchand transporterait une aussi grosse lance que la sienne ? Certes, vous me feriez mourir à dire vos diableries ! Foi que je dois au Saint-Esprit, il a mieux l'air d'un tournoyeur que d'un marchand ou d'un changeur, et il semble bien chevalier. »

Mais les dames, toutes ensemble, lui disent : « Parce qu'il vous semble bon chevalier, ne l'est-il pas ? Il fait tout pour y ressembler, pour plus facilement voler harnais et bourses et péages ! Mais c'est un fou qui se croit sage, car à ce coup il sera pris, en voleur atteint et surpris en pillage vilain et fol, et il mourra, la corde au col. »

Messire Gauvain clairement entend l'insulte, et il comprend ce que là-haut on dit de lui, et il en a honte et ennui. Mais il pense (et il a raison !) qu'on l'appelle de trahison, que pour s'en défendre il faut qu'il y aille, car s'il n'était à la bataille, ainsi qu'il en est convenu, il serait pour couard reconnu et son lignage méprisé. Et comme il peut bien redouter d'y être pris ou bien blessé, il doit s'abstenir du tournoi. Il en a pourtant grande envie, car il voit aller ce tournoi, et prendre force et intérêt. Mélian de Lis réclame de grosses lances pour frapper, toute la journée jusqu'au soir. Le jeu se fait devant la porte. Qui fait une prise l'emporte, là où elle est en sûreté.

Les dames, en ce moment, s'amusent à voir un valet chauve qui tenait un bout de lance et qui portait une têtière autour du col, débris qu'il glanait pour revendre. Or l'une d'elles à l'esprit fol, va l'interpellant et lui dit : « Sire écuyer, Dieu m'aide, qui allez comme fol décoiffé, et qui, dans la foule, happez ces fers de lances, ces têtières, et ces débris, et ces croupières, vous faites un pauvre métier dont vous aurez petit loyer ; alors que je vois près de vous, en ce pré-là qui est sous nous, un trésor sans garde ou défense ! À son profit, fol qui ne pense quand il a beau jeu de le faire. Vous avez le plus débonnaire chevalier qui fût jamais né, et même vous lui plumeriez les moustaches qu'il ne bougerait pas. Dédaignez vos petits profits et prenez-lui, vous ferez bien, tous ses chevaux et tout son bien. Personne ne vous en empêchera. »

Le valet entre dans le pré et caresse l'un des chevaux avec un bout de hampe et dit :

« Vassal ! Êtes-vous en bonne santé que vous restiez à regarder, et ne fassiez rien du tout, ni trouer l'écu, ni briser de lances ?

— Qu'as-tu à dire et que t'importe que je reste ici sans bouger ? Peut-être que tu le sauras, mais non par moi, qui n'ai rien à te dire. Retire-toi et va ta route faire ta besogne ! »

Le valet maintenant détale. Nulle alors dans la tour n'ose parler de rien qui le blessât...

Voici que le tournoi s'arrête. Bien des chevaliers sont blessés, et beaucoup de chevaux sont tués. Ceux du dehors en ont le prix, mais ceux du château, le profit. Ils se séparent mais conviennent de recommencer le lendemain à tournoyer sur le terrain. On se quitte pour la nuit, et tous ceux qui étaient sortis du château le matin y rentrèrent.

Monseigneur Gauvain y alla et y entra en même temps que la troupe. Il rencontra le vavasseur devant la porte : c'était celui qui avait donné au seigneur Thibaut le conseil de commencer le tournoi. Il pria Gauvain de loger volontiers chez lui.

« Sire, dit-il, en mon hôtel est préparé votre séjour ; veuillez l'accepter s'il vous plaît, car vous ne trouveriez pas d'abri si vous alliez plus avant. Restez chez moi, je vous en prie.

— J'accepte et je vous en remercie, dit monseigneur Gauvain, beau sire. J'ai entendu, ce jour, trop médire de moi. »

Le vavasseur l'emmène à sa maison en parlant de choses et d'autres. Il lui demande par quelle obligation il n'avait pas jouté ce jour, et porté les armes au tournoi, et Gauvain lui a dit pourquoi : on l'appelle de trahison et il ne veut pas risquer prison, ni blessure qui l'empêcherait d'être à ce rendez-vous. Il en mériterait un blâme pour lui et pour tous ses amis, s'il ne se présentait pas à la bataille pour l'heure convenue. Le vavasseur l'approuve et lui dit qu'il avait bien agi en délaissant le tournoi pour cette cause. Ils s'en vont jusqu'à la maison où ils descendent de leurs chevaux.

Cependant, les gens du château le dénoncent très durement et tiennent un grand parlement pour que leur seigneur l'envoie prendre. Et la fille aînée y travaille comme elle peut et comme elle sait, contre cette sœur qu'elle hait. « Sire, dit-elle à son père, je sais bien qu'aujourd'hui vous ne perdez rien, mais peut-être avez-vous gagné un peu plus que vous le croyez, et je vais vous dire comment. Il vous suffira seulement de commander qu'on aille prendre cet homme. Il n'osera point le défendre, celui qui l'a fait entrer dans la ville. C'est un homme de tromperie : il voyage avec écus et lances, et avec des chevaux de main, afin d'éviter les péages en passant pour un chevalier. Ainsi passe-t-il en franchise, lui-même avec sa marchandise. Donnez-lui belle récompense. Il est chez Garin, fils de Berthe, qui l'a logé en son hôtel. J'ai vu qu'il l'emmenait par là, tout à l'instant, quand il passa. »

C'est ainsi qu'elle s'efforçait pour faire à Gauvain grande honte. Thibaut prend son cheval et monte pour y aller voir par lui-même, et va tout droit à la maison où l'on avait logé Gauvain.

Quand la petite fille voit de quoi va s'occuper son père, elle sort par une porte derrière, en se cachant qu'on ne la voie, et elle court en droite voie jusqu'à l'hôtel où est Gauvain. Chez le fils de Berthe, Garin, il était deux filles très belles. Quand apprennent ces demoiselles que leur petite dame est là, elles l'accueillent à belle joie, et de bon cœur, et sans feintise. Chacune par la main l'a prise, et elles l'emmènent en riant, ses yeux et sa bouche baisant. Or Garin remonte à cheval (il n'était ni pauvre ni ladre), emmenant son fils avec lui. Les voilà qui vont tous les deux à la cour comme d'habitude, quand ils voulaient parler à leur seigneur. Ils le rencontrent sur le chemin, et le vavasseur le salue et lui demande où il s'en va. Le seigneur lui répond qu'il va se réjouir justement chez lui.

« Ma foi, je n'en suis pas fâché, dit Garin, ni mécontent. Justement, vous y pourrez voir le plus beau chevalier du monde.

— Pourtant, je ne l'embrasserai pas, dit le sire, mais je le ferai prendre. C'est un marchand qui mène vendre ses chevaux et se dit chevalier.

— Seigneur, c'est trop laide parole ! Je suis votre homme et vous êtes mon seigneur, mais je vous rendrai votre hommage, pour moi et pour tout mon lignage, et vous défie dès maintenant, plutôt que nul désagrément ne blesse mon hôte chez moi.

— Allons ! Je n'en ai pas envie, dit le seigneur, et que Dieu m'aide ! Ni votre hôte, ni votre hôtel n'aura déshonneur par mon fait, mais ce n'est pas, croyez-le bien, faute d'en avoir été admonesté et conseillé !

— Grand merci, dit le vavasseur. Vous me faites beaucoup d'honneur à venir visiter mon hôte. »

Ils cheminent donc côte à côte, et ils vont jusqu'à la maison, où messire Gauvain est logé. Quand messire Gauvain les voit, il se lève courtoisement et dit : « Soyez les bienvenus ! » Ils le saluent tous deux et ils s'assoient à son côté. Alors, le seigneur demande à Gauvain pourquoi il s'est tenu à l'écart du tournoi, sans même essayer de combattre. Gauvain ne lui a pas caché qu'il n'y eut ni laideur ni honte, et tout aussitôt il lui conte qu'un chevalier l'appelait de trahison, et qu'il allait s'en défendre devant une cour royale.

« Dans ce cas, vous fûtes loyal, dit le sire, sans aucun doute. Mais où sera cette bataille ?

— Sire, dit-il, je suis appelé devant le roi d'Escavalon, et je pense être sur la bonne route.

— Oui, dit le sire. Je vous donnerai une escorte qui vous y guidera, parce que vous devez passer par une bien pauvre contrée. Je vous pourvoirai de vivres et de chevaux pour les porter. »

Messire Gauvain lui répond qu'il n'a nul besoin de rien prendre, car s'il peut y trouver à vendre, il aura toute la vitaille, et tous logements, où qu'il aille, et tant qu'il en aura besoin. Il ne veut donc accepter rien. Alors, le seigneur prend congé. Il voit au moment de partir sa petite fille venir qui, prenant la jambe de Gauvain dans ses deux bras, lui dit : « Beau sire, écoutez ça ! Je suis venue me plaindre à vous de ma grande sœur qui me bat. Faites-moi mon droit, s'il vous plaît ! »

D'abord, sire Gauvain se tait, car il ne sait à qui elle croit parler, mais il lui caresse la tête. Or, la demoiselle l'arrête, et dit :

« À vous, je parle, sire ! À vous, je me plains de ma sœur, je ne l'aime pas, je la déteste. C'est à votre sujet qu'elle m'a frappée aujourd'hui.

— À mon sujet ! Qu'ai-je à y faire ? Et en quel droit vous remettrai-je ? »

Le sire qui devait partir entend la plainte de sa fille et dit :

« Fille, qui vous envoie vous plaindre aux chevaliers ?

— Sire, est-ce votre fillette ? demande Gauvain.

— Oui, répond-il, mais ne vous occupez pas de ce qu'elle dit : c'est une enfant naïve et folle.

— Certes, fait messire Gauvain, mais je serais par trop vilain si je n'écoutais sa prière ! Dites-moi, ma petite fille, enfant si douce et si gentille, comment je peux vous faire droit de votre grande sœur ?

— Messire, demain seulement, s'il vous plaît, par amour de moi, vous vous mêlerez au tournoi.

— Or dites-moi, ma belle chère, si vous faites même prière à chevalier, pour d'autres cas ?

— Non, sire !

— Ne l'écoutez pas, fait le seigneur, quoi qu'elle dise, car c'est folie et mignardise. »

Et messire Gauvain lui dit :

« Sire, que le Seigneur Dieu m'aide ! La chose est trop gentiment dite, pour demoiselle si petite, et je ne lui refuse pas. Je serai demain, pour lui plaire, son chevalier pour cette fois !

— Merci à vous, beau cavalier », fait-elle, et elle a tant de joie qu'elle s'incline jusqu'à terre !

Puis, s'en allant sans plus rien dire, le père emporte sa fillette sur le col de son palefroi. En route, il veut savoir pourquoi était venue cette querelle. Elle lui raconte très bien la vérité de bout en bout, disant :

« Sire, je ne pouvais pas supporter d'entendre clamer par ma sœur que son Mélian de Lis est meilleur et plus beau que tous, alors qu'on voyait dessous nous, dans notre pré, ce chevalier. Et je n'ai pas pu m'empêcher de la rabattre en lui disant que je savais plus beau que lui. Et, pour cela, elle m'injurie, m'appelle folle garce et me bat ! Maudit qui l'approuverait ! Je me laisserais couper les deux tresses jusqu'au ras du cou, ce qui m'enlaidirait beaucoup, pour que mon chevalier demain mette son Mélian par terre ! Alors cesseraient les louanges que madame ma sœur en dit ! Elle en a tant fait aujourd'hui, qu'elle en ennuie toutes les dames ! Mais grand vent tombe à peu de pluie !

— Chère fille, dit le seigneur, je vous conseille et vous permets, parce que ce serait courtoisie, que vous lui fassiez porter quelque gentillesse, comme une guimpe ou une manche.

— Je ferais bien ce que vous dites, mais j'ai des manches si petites, que je n'ose les lui offrir, répondit la naïve enfant. Peut-être, si je les lui donne, méprisera-t-il mon cadeau.

— Fille, laissez-moi y penser, fait le sire, et n'en parlez plus, mais sachez que j'en suis heureux. »

Ainsi dit-il. Entre ses bras, il l'emporte et il est content de la tenir et cajoler. Il arrive devant son palais, mais quand l'aînée les voit venir, le père cajolant sa sœur, elle a grand ennui dans son cœur. Elle dit :

« Sire, d'où vient ma sœur, la Pucelle aux Manches Petites ? Elle est très forte en manigances et s'y est très vite entraînée. Mais d'où l'avez-vous amenée ?

— Et vous, que voulez-vous en faire ? Vous devriez plutôt vous taire ! Elle vaut mieux que vous ne valez. Vous lui avez tiré les tresses, et battue. Je ne le veux pas. Vous n'avez pas été courtoise. »

La fille fut fort dépitée de ce que le père lui eût fait ce reproche et cet affront. Le sire fit tirer de ses coffres une pièce de soie vermeille dans laquelle on tailla une manche fort longue et large. Alors il appela sa cadette. « Fille, dit-il, vous vous lèverez de bonne heure demain matin, et vous irez voir votre chevalier avant qu'il sorte de chez lui. Vous lui donnerez cette manche neuve pour qu'il la porte, en gage d'amour, quand il sera dans le tournoi. »

Et elle répond à son père qu'elle veut être réveillée, et lavée et tout habillée dès que paraîtra l'aube claire. Le père la quitte à ces mots, et la petite, bien contente, dit à ses compagnes suivantes qu'elles ne la laissent pas dormir plus longtemps qu'il ne faut, mais qu'elles l'éveillent aussitôt qu'elles verront venir le jour, si elles veulent avoir s'amour. Et toutes et très bien le firent : dès la minute qu'elles virent au matinet l'aube crever, la firent lever et laver.

La pucelle, de bon matin, courut toute seule à l'hôtel de sire Gauvain. Mais ce n'était pas assez tôt, car Gauvain était au moutier entendre la messe chanter. La demoiselle, tant l'attendit chez le vavasseur qu'ils purent longuement prier, et écouter aussi longtemps que dura le sermon. La pucelle sauta contre Gauvain dès qu'il fut revenu du moutier et lui dit :

« Dieu vous sauve ! Qu'il vous donne honneur en ce jour, mais portez pour la mienne amour cette manche que je vous donne.

— Volontiers ! Je vous remercie, fit messire Gauvain, amie ! »

Ensuite ne tardèrent guère les chevaliers qu'ils ne s'armèrent. Ils se rassemblent hors des murs, et les demoiselles remontent à leurs fenêtres tout en haut. Elles voient s'assembler les troupes des chevaliers forts et hardis. Devant tous, Mélian de Lis sort des rangs impétueusement, laissant ses compagnons à plus de cent toises derrière lui.

Quand l'amie a vu son ami, elle ne peut retenir sa

langue. Elle dit : « Voyez venir celui qui, de chevalerie, a le prix et la seigneurie ! »

Or messire Gauvain s'élance, tant que son cheval peut aller, vers Mélian qui n'en a pas peur. Mais Gauvain lui brise sa lance et le combat si vivement qu'il l'éprouve très violemment et qu'il le jette sur le sol. Ensuite il retient le cheval qu'il tient au frein, et il le donne à un valet, disant qu'il aille à celle pour qui il bataille et fasse don du premier gain de sa journée.

Et le valet, avec la selle, mène le cheval à la pucelle. Depuis sa tour, elle a bien vu Mélian de Lis abattu. Elle dit : « Sœur, vous pouvez voir votre Mélian de Lis gisant, que vous alliez si fort prisant. Qui sait qui l'on doit admirer ? Et, comme je vous le disais hier, on voit bien, que Dieu me protège ! que d'autres valent mieux que lui. »

À bon escient le disait-elle, voulant contrarier sa sœur et la pousser hors de ses sens. Celle-ci, furieuse, lui dit :

« Garce, tais-toi ! Si je t'entends encore parler, j'irai telle gifle donner que tu ne tiendras plus sur tes jambes !

— Pitié, ma sœur ! Pensez à Dieu ! fait la petite demoiselle ! Vous ne devez pas me frapper parce que je dis la vérité. J'ai bien vu Mélian s'abattre, et vous l'avez vu comme moi, et, m'est avis, je ne crois pas qu'il puisse se relever seul ! Même en devriez-vous crever, je dirai toutefois, ma sœur, que toutes les dames le voient s'agiter tout à plat par terre. »

Elle aurait reçu un soufflet si les dames n'avaient pas retenu sa grande sœur, quand elles voient venir l'écuyer qui menait le cheval pris. Il trouve la pucelle assise à une fenêtre et lui présente l'animal. Elle lui en rend plus de soixante mercis, fait prendre la monture, et le valet retourne vers son maître lui rendre les remerciements. Gauvain semble être de tout le tournoi sire et maître. Il n'y a vaillant chevalier qui ne vide les étriers dès qu'il pointe vers lui sa lance.

Jamais Gauvain ne gagna tant de chevaux. Il en a pris quatre en peu de temps, capturés de main ferme. Il en a envoyé le premier à la petite demoiselle, le deuxième pour remercier la femme du vavasseur pour son hospitalité ; les deux autres chevaux furent pour chacune des filles du vavasseur Garin.

Le tournoi est enfin terminé, et l'on s'en revient vers la porte. Messire Gauvain en remporte indiscutablement le prix. Il n'était pas encore midi quand on quitta le champ.

En revenant, messire Gauvain fut entouré de tant de chevaliers que toute la ville en fut pleine. Tous ceux qui étaient là voulaient savoir qui il était, de quelle terre ?

Il a revu la petite demoiselle, tout juste devant son hôtel. Et elle ne fit rien de plus que de saisir son étrier, de le saluer et lui dire : « Cinq cent mille mercis, beau sire ! »

Il sait bien ce qu'elle veut dire et il lui répond franchement :

« Avant d'être chenu et blanc, à vous, pucelle, je

m'engage de vous servir où que je sois. Je ne serai jamais si loin, que si j'apprends votre besoin, et qu'aucun ennui ne me tienne, qu'à votre aide je ne vienne.

— Grand merci », fait la demoiselle.

Cependant qu'ils parlaient ainsi, le seigneur vint à leur rencontre et, de tout son pouvoir, s'efforce à retenir sire Gauvain, pour cette nuit dans sa maison, et il lui demande son nom.

Messire Gauvain s'excusa de ne pouvoir rester, et dit : « Messire, on m'appelle Gauvain ; je n'ai jamais caché mon nom partout où on le demanda ; mais je ne me fais pas connaître à qui n'en est pas curieux. »

Quand le seigneur connut ce nom, son cœur fut tout rempli de joie. Il lui dit : « Monseigneur, restez, et servez-vous de mon hôtel. Je ne vous ai pas servi hier, et je n'ai jamais rencontré chevalier, je puis le jurer, que tant je voulusse honorer. »

De mille façons il le pria, mais sire Gauvain s'excusa de ne pas se rendre à sa prière. Or la petite demoiselle, qui n'est ni folle ni mauvaise, lui prend le pied et le lui baise, en le recommandant à Dieu. Messire Gauvain veut savoir pourquoi elle agit de la sorte, et elle lui répond que, si elle a baisé son pied, c'est avec l'intention qu'il se souvienne d'elle en quelque lieu qu'il soit.

Et il lui dit : « N'en doutez pas ! Si Dieu m'aide, ma belle amie, je ne vous oublierai jamais quand je serai loin d'ici. »

Alors il part et prend congé de son hôte et de tout le monde. Et tous à Dieu le recommandent.

Messire Gauvain coucha cette nuit-là dans un monastère.

Le lendemain, de bon matin, il chevauchait par le chemin, si bien qu'il vit des bêtes forestières qui paissaient à l'orée d'un bois. Il fit arrêter Yvonet qui conduisait en main son meilleur cheval, et portait une lance raide et solide. Il prit sa lance, lui fit resangler son cheval de main qu'il monta, et lui fit garder son palefroi.

Le valet s'est empressé à lui donner cheval et lance.

Gauvain s'en va après les biches. Il leur fait tant de tours et d'embûches qu'il surprend une femelle blanche et lui passe sa lance à travers le garrot. Mais la biche saute comme un cerf et lui échappe ; il court après et fait si bien qu'il l'arrête et va la tenir. Mais juste à ce moment, son cheval se déferre d'un pied de devant. Messire Gauvain revient vers son bagage, inquiet de sentir son cheval ployer sous lui. Mais il ne sait pourquoi il boite. Peut-être a-t-il heurté quelque bûche ?

Il dit à Yvonet de mettre pied à terre et de vérifier les pieds de son cheval. Yvonet soulève les pieds du cheval et dit : « Sire, il lui manque un fer. Nous n'avons qu'à aller doucement jusqu'à trouver un forgeron qui puisse le referrer. »

Ils allèrent tant qu'ils virent des gens qui sortaient d'un château et s'en venaient à plein chemin. Devant la troupe allaient des valets court vêtus, garçons à pied, menant les chiens, et les veneurs allaient ensuite, armés d'arcs et de flèches. Et puis après, les chevaliers. Derrière toute la chevalerie venaient deux seigneurs sur deux destriers. L'un était un tout jeune homme, plus que tous avenant et beau.

C'est lui qui salua Gauvain, le prit par la main, lui disant : « Sire, je vous retiens. Allez à l'endroit d'où je viens ; vous descendrez dans ma maison, car il est temps pour la saison de chercher un hôtel, s'il ne vous ennuie. Ma sœur est très avenante et vous accueillera avec plaisir. Mon compagnon, ici présent, vous conduira. »

Il dit alors : « Sire, vous conduirez ce seigneur auprès de ma sœur. Saluez-la d'abord et dites-lui que je la prie, pour l'amour et la foi que nous nous devons, si jamais elle estima chevalier, qu'elle accueille celui-ci et le tienne pour cher. Qu'elle fasse pour lui ce qu'elle ferait pour moi qui suis son frère. Qu'elle lui donne belle compagnie et lui épargne tout souci, jusqu'à notre retour. Quand elle le retiendra près d'elle, rejoignez-nous bien vite, et moi, je reviendrai tout aussi tôt que je pourrai. »

Le chevalier conduit messire Gauvain là où tout le monde le hait mortellement, mais on n'y connaît pas son visage car il n'y est jamais venu, et il ne pense pas qu'il puisse avoir à s'y garder.

Il examine l'assiette du château qui est situé sur un bras de mer. Il voit que ses murs et sa tour sont si forts qu'ils ne redoutent aucune attaque.

Il admire cette ville toute peuplée d'heureuses gens, et les changeurs d'or et d'argent aux tréteaux couverts de monnaies diverses. Il voit ces places et ces rues pleines de bons ouvriers occupés à tous leurs métiers. Tous ces métiers sont différents ; l'un fait des heaumes et l'autre des hauberts, celui-ci des harnachements, l'autre des boucliers armoriés ; celui-ci fait des mors, l'autre des éperons. Ceux-ci fourbissent des épées, et ceux plus loin foulent des draps ; ceux-ci les tissent, ceux-là les peignent, d'autres les tondent.

Certains sont fondeurs de métaux, d'argent et d'or, ou font des œuvres riches et belles, des coupes, des hanaps, des écuelles, des joyaux ouvrés à émaux, des anneaux, des ceintures, des fermails. On pourrait bien penser et croire qu'en cette ville c'est toujours la foire, pleine qu'elle est de tant de richesses, de cire, de poivre, d'épices, de fourrures bigarrées ou grises, toutes sortes de marchandises.

Regardant toutes ces choses, et de place en place admirant, tant sont allés qu'à la tour furent. En sortent valets qui reçurent les chevaux avec le bagage.

Le chevalier entre en la tour, seul avec monseigneur Gauvain, et il l'emmène par la main jusqu'à la chambre de la jeune fille. Et il lui dit : « Belle amie, votre frère vous envoie son salut ; il vous prie d'honorer et servir ce seigneur, non pas de mauvais gré, mais de tel cœur que vous auriez si vous étiez sa sœur, et que s'il était votre frère. Surtout ne soyez pas avare de tout faire à sa volonté, en largesse, franchise et débonnaireté. Pensez-y. Je m'en vais joindre nos gens au bois. »

Elle répond joyeusement : « Je bénis celui qui m'envoie telle compagnie que celle-ci. Qui me prête un si beau compagnon ne me hait pas ! Qu'il en ait mon merci. Beau sire, dit-elle à Gauvain, venez vous asseoir près de moi. Pour telle allure et la noblesse où je vous vois, et pour mon frère qui m'en prie, vous aurez bonne compagnie. »

Alors, le chevalier s'en retourna, et les laissa tous deux ensemble.

Messire Gauvain reste avec la demoiselle et ne s'en plaint pas. Elle est gracieuse et jolie, et elle est si bien dans son rôle qu'elle ne voit rien d'étrange à être seule avec lui.

Ils se mettent à parler d'amour, mais s'ils avaient parlé d'autres choses, quelles sottises auraient-ils dites ! Messire Gauvain la prie d'amour et dit qu'il restera son chevalier toute sa vie. Elle ne le refuse pas et l'accepte bien volontiers.

À ce moment, un vavasseur entre où ils sont. Et c'est malheur, car il reconnaît bien Gauvain. Il les voit comme ils s'embrassaient et de bon cœur se caressaient.

Et dès lors qu'il vit cette joie, il ne peut rester bouche close, mais il s'écrie : « Femme, sois couverte de honte ! Que Dieu te détruise et confonde ! Car tu te laisses réjouir par l'homme que tu dois haïr le plus au monde ! Or il te caresse et t'embrasse ! Femme perdue et inconsciente, comme tu fais bien ton métier ! Tu devrais lui arracher le cœur du corps, mais non en lui baisant la bouche ! Tes baisers lui touchent le cœur pour l'attirer à toi, alors que tu devrais le lui arracher avec les mains ! Si la femme est incapable d'honnêteté, celle-là n'est pas femme qui déteste le mal et aime le bien. Qui l'appelle femme se trompe, car elle en perd le nom si elle aime la vertu. Mais toi, je le vois, tu es femme, car celui qui est assis là près de toi a tué ton père, et tu l'aimes ! Quand une femme voit son plaisir, rien au surplus ne lui importe ! »

Ayant ainsi crié, cet homme se sauva, avant que messire Gauvain pût lui dire la moindre parole.

La jeune fille tombe sur le pavé et reste longuement pâmée. Messire Gauvain la relève, bien soucieux de la peur qu'il lui a vue.

Revenant à elle, elle dit : « Nous sommes morts ! À cause de vous, je vais mourir à tort, et vous, je pense, à cause de moi. La commune de cette ville va s'assembler autour de nous. Ils seront là plus de dix mille, amassés devant cette tour. Mais il y a assez d'armes ici ; je vous en armerai. Un homme vaillant pourrait défendre cette salle basse contre toute une armée. »

La jeune fille court chercher des armes pour leur sûreté.

Elle et messire Gauvain se sentent plus tranquilles quand elle l'a revêtu d'une bonne armure et bien armé. Mais ils ont une déconvenue en ne trouvant de bouclier. Il en fait un d'un échiquier et dit qu'il n'en veut point d'autre.

Il verse à terre les pièces d'échecs. Elles étaient en ivoire, très dures, et bien dix fois plus grosses que les échecs habituels.

Désormais, quoi qu'il arrive, Gauvain pense qu'il tiendra bien la porte et la chicane d'entrée. Il porte

Escalibour à sa ceinture qui est bien la meilleure épée qui soit, tranchant le fer comme du bois.

En sortant de la tour, le vavasseur trouva, assis ensemble sur la place, un rassemblement de vilains, dont le maire, les échevins et beaucoup d'autres bourgeois, tous exempts de remèdes et bien portants.

Le vavasseur courut, criant :

« Vite aux armes, seigneurs ! Le traître Gauvain est ici, qui tua jadis notre roi. Allons le prendre !

— Où est-il ? Où est-il ? crient les gens.

— Je l'ai trouvé, dans cette tour ! Il s'amuse près de notre demoiselle qu'il embrasse et caresse ! Elle ne s'en défend pas, mais elle semble s'y plaire ! Venez vite : nous le prendrons ! Si vous le livrez à notre sire, il vous en saura gré. Le traître a mérité d'être maltraité à sa honte. Cependant, prenons-le vivant : messire l'aimera mieux vif que mort, à juste raison : c'est que chair morte ne craint rien ! Ameutez la ville ! Faites votre devoir ! »

Aussitôt le maire se lève, et ses échevins comme lui. Alors, vous eussiez vu les vilains en colère, saisir des haches, des hallebardes, n'importe quoi. Celui-ci prend un bouclier sans courroie, l'autre une porte dégondée, l'autre un van. Le crieur crie le ban, tout le peuple s'assemble ; on sonne la cloche communale, que personne ne reste chez soi ! Il n'est si lâche qu'il ne saisisse fourche ou fléau, ou pic, ou masse.

Jamais pour tuer la limace, ne fut tel bruit en Lombardie !

Il n'est si poltron qu'il n'y aille avec une arme.

Messire Gauvain est en péril de mort si Dieu ne le conseille.

La demoiselle s'apprête à le seconder hardiment. Elle crie aux communiers par une archère : « Hou ! hou ! bande de vilains ! Chiens enragés et mauvais serfs ! Quel diable vous envoie ici ? Que cherchez-vous ? Que voulez-vous ? Dieu vous maudisse ! Si Dieu m'aide, vous n'aurez pas le chevalier, mais bien des vôtres y laisseront les membres ou la vie ! Celui qui est ici n'y est pas venu par les airs, ni par un souterrain secret. Il me fut envoyé comme un hôte par mon frère, qui m'a priée de le traiter comme je le traiterais lui-même. Me tiendriez-vous pour vilaine pour l'avoir bien reçu comme il me l'était demandé ? Le croira qui veut, s'il m'écoute, ce n'est pas pour lui que je fus aimable, et je ne pensais pas à folie. Je vous en veux de cet affront que vous me faites, en tirant vos épées contre moi, à l'entrée de ma chambre, sans trop savoir pourquoi vous agissez ainsi. Et si même vous le savez, c'est à moi qu'il fallait le dire, au lieu de m'outrager ! »

Pendant qu'elle parlait, ceux du dehors brisaient la porte à coups de hache, et l'ont bientôt fendue en deux. Mais le portier qu'ils y trouvèrent leur en a interdit l'entrée. Le premier qui s'y présenta a si bien payé son audace que les suivants s'en sont émus, et que nul n'ose plus aller. Chacun prend garde à sa santé et craint d'aller perdre la tête. Nul n'est si hardi d'approcher de ce portier si redoutable, qui n'en touchera plus un seul, et n'en verra plus devant lui.

Pendant ce temps, la demoiselle, qui s'est retroussée et serrée, lapide à coups d'échecs qu'elle ramasse par terre, ceux qui sont dans la rue, jurant dans sa colère qu'elle les fera mourir, si elle le peut, avant d'y passer elle-même.

Les vilains se retirent. Ils crient qu'ils abattront la tour si le chevalier ne se rend. Ils se défendent à qui mieux mieux, à coups d'échecs qu'ils leur envoient. Plusieurs s'enfuient, ne pouvant souffrir leur assaut, puis se mettent à saper la tour à coups de pic, à sa base, dans l'espoir de l'abattre, car ils n'osent assaillir la porte qui leur est trop bien interdite.

Croyez-moi s'il vous plaît : cette porte était si basse et si étroite, que deux hommes n'y pouvaient entrer ensemble à moins de grande peine, et un preux suffisait à la défendre. Pour égorger entre les dents ou pour décerveler des assaillants sans casques, point de meilleur huissier que messire Gauvain !

De tout cela, ne savait rien celui qui l'avait accueilli, mais il s'en revint dès qu'il put du bois où il était allé chasser.

Pendant que les vilains sapaient la tour à coups de pioche, voilà le sire Guingambrésil, ignorant tout de l'aventure, qui s'en revient à grande allure, et se trouve fort étonné du bruit que mènent les vilains.

De ce que messire Gauvain soit au château, il n'en sait rien, mais quand il advint qu'il le sut, il défendit que nul ne soit si hardi, si son corps lui est cher, d'oser ébranler une seule pierre.

Mais ils lui répondent qu'ils ne cesseront pas leur travail pour ce qu'il leur a dit, et abattraient plutôt la tour sur lui, s'il se trouvait à l'intérieur.

Voyant que sa défense n'y vaut rien, Guingambrésil pense qu'il ira vers le roi qui chasse, et qu'il l'amènera voir la folie de ses bourgeois. Mais le roi revenait déjà.

Il lui dit quand il le rencontre : « Sire, vos gens vous font grand-honte : votre maire et vos échevins assaillent depuis ce matin contre votre tour, et l'abattent. S'ils ne paient leur faute et s'ils n'achètent leur pardon, je vous en saurai mauvais gré : j'avais appelé Gauvain de trahison, vous le savez. Or c'est Gauvain que vous avez hébergé dans votre maison, et il est de droite raison, puisque vous en fîtes votre hôte, qu'il n'y trouve honte ni outrage. »

Le roi dit à Guingambrésil : « Maître, il sera respecté dès que nous serons arrivés. Quoique cette aventure m'ennuie et me gêne beaucoup, je ne puis m'étonner que mes gens le haïssent à mort, mais je dois, si je le puis, le garder de prison et de blessure, lui donnant l'hospitalité. »

Il trouve ses gens autour de lui, qui mènent grand tapage. Il dit au maire de s'en aller, à chacun de rentrer chez soi. Tout le monde s'en va sans résister, puisque cela plaît à leur maire.

Il y avait là un vavasseur, natif du pays, qui conseillait les gens car il avait beaucoup de sens. « Sire, dit-il, nous vous devons notre foi et le bon conseil. Il n'est pas étonnant que celui qui tua votre père en trahison ait été assailli par nos gens, car il en est haï de mort, et à bon droit, vous le savez. Parce que vous l'avez hébergé, il est garanti de mort comme de prison. Mais il faut aussi garantir le droit du sire Guingambrésil, ici présent, car c'est lui qui fut appelant de sa trahison chez le roi Arthur. On ne doit pas cacher non plus que Gauvain est venu pour se défendre en votre cour. C'est pourquoi je propose un répit pour cette bataille jusqu'à un an. D'ici là, que Gauvain s'en aille chercher la lance dont le fer saigne, jamais si sec qu'une goutte de sang n'y pende. Ou il vous donnera cette lance, ou se remettra sous votre main, en prison, comme il est ici. Vous aurez alors meilleure occasion de l'y maintenir, que vous ne l'avez à présent. Je ne crois pas que vous puissiez lui imposer plus lourde peine, que pourtant il puisse accepter. Il est bon de charger le plus possible ceux que l'on hait. Je ne connais pas meilleur conseil pour tourmenter votre ennemi. »

Le roi se range à cet avis. Il va vers sa sœur, dans la tour, et la trouve fort en colère. Elle vient à lui toute dressée, accompagnant messire Gauvain, lequel ne pâlit ni ne tremble, malgré l'angoisse qui le tient.

Guingambrésil s'avance vers eux et d'abord salue la jeune fille, toute rouge dans sa fureur, puis il dit à Gauvain de dures paroles : « Sire Gauvain, sire Gauvain ! Je vous avais pris à ma charge, mais tout en vous avertissant que vous ne soyez si hardi de pénétrer dans nos châteaux, ni dans les villes du royaume, et vous ne m'avez écouté. De ce qu'ici l'on vous a fait, ne convient pas tenir procès. »

Alors le sage vavasseur parle :

« Sire, si le seigneur Dieu m'aide, tout ceci peut bien s'arranger. Ne peut-on rien en demander si les vilains l'ont assailli ? La dispute en continuerait jusqu'au Jugement dernier ! Mais je dirai, suivant l'avis de mon seigneur roi qui m'entend, et selon qu'il m'a commandé : Qu'il ne déplaise à vous ni lui que l'un et l'autre repoussiez jusqu'à un an cette bataille ! Que messire Gauvain s'en aille, pourvu qu'il nous fasse serment de nous donner d'ici un an la lance dont la pointe pleure le beau sang tout clair qu'elle sue. Car c'est écrit qu'il adviendra que tout le royaume de Nogres sera détruit par cette lance. Par ce serment, de votre foi, veut s'assurer mon seigneur roi.

— Certes, dit messire Gauvain, j'accepterais plutôt de mourir ou languir sept ans dans vos prisons, que d'engager ma foi dans cette promesse. Je n'ai pas si peur de la mort que je ne préfère l'endurer que vivre à honte et parjurer.

— Beau sire, fait le vavasseur, vous n'aurez pas de déshonneur dans le sens que je vais vous dire, et vous n'en vaudrez jamais moins. Vous jurerez de tout tenter pour conquérir ladite lance, mais, si vous ne nous l'apportez, vous reviendrez dans cette tour et serez quitte du serment.

— De la façon que vous le dites, je suis prêt à faire le serment. »

On lui a présenté un précieux reliquaire, sur quoi il a juré de chercher la lance qui saigne en y mettant toute sa peine.

Ainsi la bataille est laissée et jusqu'à un an repoussée entre lui et Guingambrésil. En sortant de cet embarras, Gauvain échappe à un grand péril.

Il prend congé de la demoiselle avant de sortir de la tour, puis il commande à ses valets de s'en retourner à sa terre, en y remmenant ses chevaux, sauf le seul Gringalet. Ainsi s'en vont les écuyers, et il n'y a plus rien à dire, ni d'eux ni du chagrin qu'ils ont à se séparer de leur seigneur.

À cet endroit le conte se tait de messire Gauvain, et reparle de Perceval.

L'histoire nous dit que Perceval a tellement perdu la mémoire de Dieu, qu'il ne s'en souvient pas.

Avril et mai passent cinq fois, ce qui fait cinq ans tout entiers, sans qu'il entre dans un moutier, sans adorer Dieu sur sa croix.

Il passa cinq années ainsi, mais pour autant ne délaissa à courir la chevalerie. Il cherchait les pires aventures, les plus cruelles et les plus dures, et s'il est vrai qu'il en trouva, il y fit de belles prouesses. Il n'en entreprit aucune si périlleuse qu'il n'en vînt à bout à son gré.

Pendant ces cinq années, il envoya au roi Arthur en prisonniers soixante chevaliers renommés.

Il employa donc ces cinq ans sans aucun souvenir de Dieu, mais au bout de ces cinq années, comme il allait par un désert, cheminant habituellement, garni de toutes ses armes, il rencontra trois chevaliers qui faisaient escorte à dix dames. Ils étaient tous coiffés de chaperons, mais ils allaient à pied, déchaussés et en chemises de crin.

Les dames furent étonnées de le voir à cheval et en armes, pendant qu'elles-mêmes et leurs compagnons marchaient à pied, faisant pénitence de leurs péchés.

L'un des trois chevaliers arrête Perceval et lui dit : « Bel ami cher, ne croyez-vous donc pas en Jésus-Christ qui écrivit la nouvelle loi et la donna aux chrétiens ? Il n'est ni bon ni raisonnable de s'armer, vous en avez tort, le jour où Jésus-Christ fut mort ! »

Et celui qui n'avait aucune idée du jour, de l'heure, ni du temps, tant il avait de vide au cœur, répond :

« Quel jour sommes-nous donc ?

— Quel jour ? Ne le savez-vous pas !

— C'est le Vendredi adoré, où l'on doit pleurer ses péchés et adorer la croix, car ce même jour fut crucifié, et vendu pour trente deniers, Celui qui fut pur de péchés. Il vit les péchés dont le monde est entravé et sali, et à cause d'eux se fit homme. C'est vérité qu'il fut Dieu et homme, que la Vierge enfanta un fils conçu par le Saint-Esprit. Dieu en reçut notre sang et notre chair. Ainsi sa divinité fut recouverte de chair d'homme. Qui ainsi ne le cherchera, jamais en face ne le verra. Il est né de Dame la Vierge, et prit la forme et l'âme d'un homme, avec Sa sainte divinité. Et en tel jour, par vérité, fut mis en croix et sortit ses amis de l'Enfer. Cette mort fut très sainte qui sauva les vifs et les morts, en les faisant passer de mort à vie. Les mauvais juifs, dans leur haine (on devrait les tuer comme des chiens) firent leur mal et notre bien quand ils le mirent sur la croix. Ils se perdirent et nous sauvèrent. Tous ceux qui croient en Dieu doivent faire aujourd'hui pénitence, et aucun chrétien ne devrait porter d'armes, par champs ni chemins.

— D'où arrivez-vous maintenant ? demanda Perceval.

— Sire, nous venons de tout près d'ici, où loge un saint ermite, dans cette forêt, où il ne vit que pour la gloire de Dieu, tant il est saint.

— Et là, seigneurs, que fîtes-vous ? Que vouliez-vous ? Que cherchiez-vous ?

— Quoi, seigneur ? dit une des dames. Nous lui avons demandé conseil pour nos péchés et nous nous sommes confessés, faisant ainsi le plus utile ouvrage que puissent faire des chrétiens pour aller vivre auprès de Dieu. »

Perceval, écoutant, pleura et il voulut aller parler au prudhomme.

« J'irais bien, leur dit-il, si je connaissais le chemin.

— Sire, pour qui veut y aller, qu'il suive ce chemin tout droit, par où nous sommes venus ! Par le bois épais ou par les clairières, qu'il prenne garde aux rameaux que nous y avons disposés quand nous y allâmes. Nous y avons mis ces repères que nul ne s'égare en chemin. »

Ils ne se demandent rien de plus, et s'entre-recommandent à Dieu.

Perceval entre dans le chemin. Son cœur soupire parce qu'il se remémore ses péchés, et s'en repent de tout son cœur. Il traverse les bois en pleurant et il arrive à l'ermitage. Il met pied à terre, se désarme. Il attache son cheval à un charme, et il entre chez l'ermite. Il le trouve dans une petite chapelle, en compagnie d'un prêtre et d'un petit clerc, qui commençaient par vérité le plus haut service et le plus doux qui se puisse en la sainte Église.

Perceval se met à genoux dès qu'il entre dans la chapelle. Le saint homme l'appelle à lui, le voyant si humble. Il pleurait tant que ses larmes coulaient jusque sur son menton.

Perceval se sentait si coupable envers Dieu qu'il se prosterna aux pieds de l'ermite et à mains jointes il le pria le conseiller, car il en avait grand besoin.

Le saint homme lui dit de se confesser car il n'aurait aucun pardon s'il n'avouait et regrettait ses fautes.

« Sire, dit Perceval, depuis cinq ans, où que je sois, quoi que je fasse, j'ai oublié Dieu et ma foi, et je n'ai rien fait que le mal.

— Hé, bel ami, dit le prudhomme, dis-moi pourquoi tu fis ainsi, et prie Dieu qu'il ait merci de ton âme pécheresse.

— Sire, je fus un jour chez le Roi Pêcheur, et je vis la lance dont le fer saigne sans nulle cesse, et je n'ai rien cherché à savoir de cette goutte de sang qui coule de la pointe d'acier. Je n'ai pas mieux fait par la suite, et du Saint Vase que je vis, je ne sais qui en sont servis. Depuis, j'en ai eu tel dépit que j'en ai désiré mourir, oubliant Dieu. Je n'ai pas demandé pardon, et je n'ai rien fait que je sache, pour être pardonné.

— Hé, bel ami, lui dit l'ermite, dis-moi ton nom ! »

Il lui dit : « Perceval, beau sire. »

Le prudhomme, à ce nom soupire, car il l'a reconnu. Il lui dit :

« Frère, ce qui t'a nui, c'est un péché que tu ignores. C'est la douleur que tu fis à ta mère au moment où tu l'as quittée. Elle en tomba, pâmée, à terre, à l'entrée du pont, devant sa porte, et c'est ainsi qu'elle mourut. C'est pour ce péché que tu fis que tu ne demandas rien, ni de la lance, ni du Graal. Il t'en est arrivé bien des mésaventures, et tu y fusses anéanti, si elle n'eût prié pour toi. Mais sa prière eut telle force que, pour elle, Dieu t'a gardé de la prison et de la mort. Ton péché t'a glacé la langue quand le fer que nul n'essuya saigna devant tes yeux. Ta raison ne s'éveilla pas et c'est par ta folie que tu ne pus savoir qui use de ce Graal. Celui qu'on en sert est mon frère ; ma sœur et la sienne fut ta mère. Et sache que le Roi Pêcheur est le fils de ce roi qui se nourrit du Saint Graal. Pourtant ne crois pas qu'il y trouve brochet ni lamproie ni saumon, mais seulement de l'hostie qu'on lui apporte dans ce Graal. Cette hostie soutient et conforte sa vie, tant elle est sainte, et lui-même est tellement saint que rien ne le fait vivre, que cette hostie dans le Saint Graal. Voici douze ans qu'il vit ainsi, que de sa chambre il ne sortit, où tu vis entrer le Graal. Maintenant, je te donnerai pénitence pour ton péché.

— Bel oncle, ainsi je le veux, dit Perceval de tout son cœur. Si ma mère fut votre sœur, appelez-moi votre neveu, et je vous appellerai mon oncle, pour mieux vous en aimer.

— C'est vrai, beau neveu, mais écoute : si tu as pitié de ton âme, si tu as un vrai repentir, tu iras, pour ta pénitence, à l'église tous les matins, et avant toute autre chose. Ne l'oublie pour nulle raison : tu y gagneras. S'il y a un monastère, une chapelle, une paroisse où tu te trouves, vas-y dès que la cloche sonne, ou mieux, aussitôt ton réveil. Tu ne t'en repentiras jamais, et ton âme en sera plus forte. Si la messe est commencée, restes-y tant que le prêtre aura tout dit et tout chanté. Si tu fais cela de ton gré, ta valeur en augmentera, gagnant ensemble honneur et paradis. Aime Dieu, crois en Dieu et l'adore ; prudhomme et prudefemme honore ; lève-toi devant un prêtre. Ce sont des égards peu coûteux, mais Dieu les aime parce qu'ils viennent d'humilité. Si une fille t'appelle à l'aide, une veuve ou une orpheline, secours-la, il t'en ira mieux. C'est une aumône parfaite : aide-les et tu feras bien, et ne t'en relâche pour rien. Si tu veux être en grâce, comme tu le fus autrefois, je te dirai ce qu'il faut faire pour tes péchés. Dis-moi si tu le désires.

— Oui, sire, et bien volontiers !

— Je voudrais que tu restes pendant deux jours auprès de moi, et que tu prennes en pénitence la même nourriture que j'ai. »

Perceval accepte tout. Alors, l'ermite, en grand secret, lui apprend une certaine prière qu'il lui répète jusqu'à ce qu'il la sache, et cette prière contenait beaucoup des noms du Seigneur Dieu, parmi les plus puissants, et que nulle bouche humaine ne doit prononcer.

Quand la prière fut apprise, il lui interdit de redire ces noms à moins de grand péril. « Non, sire, je ne le ferai pas », dit Perceval.

Il resta donc et il entendit la messe dans la joie de son cœur. Après la messe, il pleura ses péchés et il adora la Croix. Il se repentit sincèrement, et il fut ainsi dans la paix.

Il eut, cette nuit, à manger ce qu'il plut à l'ermite, mais rien plus que betteraves, cerfeuil, laitue et cresson, sinon du millet et du pain fait d'orge et d'avoine, et puis de l'eau de la fontaine. Mais son cheval eut bonne litière de paille et un plein bassin d'orge, bien établé dans une bonne écurie.

Perceval prit ici conscience de la Passion et de la Mort que Dieu souffrit ce vendredi, et il communia à Pâques fort pieusement.

Ici le conte ne parle plus de Perceval, mais maintenant rapporte l'histoire de Gauvain.

Tant chevaucha messire Gauvain quand il s'échappa de la tour où la commune l'avait assailli, qu'à la fin d'une matinée, il arriva près d'une redoute où poussait un gros chêne de bel ombrage. Un écu pendait à ce chêne, à côté d'une lance appuyée sur le tronc. Il s'en approche et voit sous les rameaux un petit palefroi de robe noire. Il s'en étonna car il n'est pas habituel de voir ensemble des armes et un cheval de dame. Si c'eût été un destrier, il eût pensé qu'un chevalier, errant par le pays pour acquérir honneur et prix, eût installé cette bastille.

Mais il voit que, dessous le chêne, était assise une jeune femme qui aurait été belle si elle eût été heureuse, mais elle s'arrachait les cheveux, ses doigts fourrageaient dans ses tresses et elle pleurait dans son malheur. Elle pleurait pour un chevalier qu'elle baisait éperdument sur les yeux, le front et la bouche.

Gauvain arrive. Il voit le chevalier blessé, dont le visage est entaillé, et porte une large plaie, comme un coup d'épée à la tête et, de deux endroits sur les flancs, coulaient des ruisselets de sang. Le chevalier s'était pâmé de la douleur de ses blessures, mais il reposait pour l'instant. Messire Gauvain ne savait pas, à première vue, s'il était mort ou vif.

Il demande à la demoiselle : « Que pensez-vous de ce chevalier que vous tenez ? »

Elle répond : « Vous pouvez voir que ses blessures sont cruelles, car la moindre pourrait le tuer. »

Gauvain lui dit :

« Ma belle amie, éveillez-le-moi s'il vous plaît. Je veux lui demander des nouvelles de la contrée.

— Sire, plutôt que l'éveiller, je me laisserais écorcher vive ! Jamais homme ne me fut si cher, et le sera tant que je vivrai ! Je serais folle et méprisable, quand je le vois se reposer, si je faisais rien dont il pût se plaindre de moi.

— Ma foi donc, je l'éveillerai, dit monseigneur Gauvain. J'y tiens. »

Alors, il frappe le talon de sa lance contre son éperon, et le chevalier s'éveille sans colère, car l'éperon tinta si doucement qu'il n'en reçut aucun mal, bien au contraire, car il remercia et dit :

« Je vous donne cinq cents mercis pour m'avoir éveillé si doucement que je n'en ai pas souffert. Mais, pour vous-même, je vous prie de ne pas aller plus avant : ce serait faire une folie. Retournez, si vous m'en croyez.

— Et pourquoi m'en retournerais-je ?

— Par ma foi, je vous le dirai si vous voulez bien m'écouter. Aucun chevalier n'en revient, qu'il aille par champs ou par voie : c'est la frontière de Galvoie que personne ne peut passer avec l'espoir d'en retourner. Nul n'en est encore revenu, excepté moi, mais si blessé, que je n'y survivrai pas jusqu'à la nuit. J'y rencontrai un chevalier preux et hardi, et fort, et fier. Je n'en vis jamais de plus vaillant, ni n'en combattis de plus terrible. Mieux vaudrait vous éloigner que dépasser ce fortin. Le retour en est trop douloureux.

— Ma foi, dit messire Gauvain, je ne viens pas pour

m'en aller. On pourrait me le reprocher comme trop plate lâcheté. On n'entre pas dans une voie si l'on n'y va pas jusqu'au bout. J'irai tant que je sache et voie pourquoi l'on n'en peut revenir.

— Je vois bien que vous le ferez, dit le blessé. Vous irez parce que vous voulez accroître votre renommée et votre valeur. Mais, si vous n'en êtes pas gêné, je voudrais vous prier de revenir jusqu'ici, pour le cas où Dieu vous ferait cet honneur, que nul n'obtint encore et que je ne pense pas que nul puisse obtenir, pour aucune raison. Vous verrez en votre pitié si je serai mort ou vivant, et s'il m'en sera mieux ou pire. Si je suis mort, par charité, et pour la Sainte-Trinité, je vous prie que vous preniez soin de cette jeune femme qui m'accompagne, qu'elle n'ait ni honte ni mésaise. Et pour que vous l'ayez à gré, sachez que Dieu ne fit et ne veut faire femme plus franche et débonnaire, plus courtoise et mieux élevée. Or je la vois épouvantée à cause de moi, et elle n'a pas tort de craindre ma mort prochaine. »

Messire Gauvain lui promet, s'il ne survient nul empêchement, ou prison ou autre embarras, qu'il s'en reviendra par le même chemin, et donnera à la pucelle le meilleur conseil qu'il pourra.

Il les laisse ainsi et il chevauche longuement par plaines et bois. Si bien qu'il vit un fort château que, d'une part, baignait un port plein de navires, et qui semblait presque aussi noble et riche que Pavie.

D'autre part étaient les vignobles et de grandes belles forêts, magnifiques et bien assises, avec le grand fleuve dessous, qui baignait tout le tour des murs et portait ses eaux dans la mer. Ainsi, le château et le bourg étaient entièrement fermés.

Monseigneur Gauvain est entré par le pont du château, et quand il fut sur le coteau, au plus élevé de l'esplanade, il voit sous un orme, en un pré, une demoiselle seulette qui, plus blanche que neige fraîche, mirait sa figure dans l'eau.

D'un diadème bordé d'orfroi, elle faisait une couronne. Messire Gauvain éperonne vers cette belle à grande allure, mais elle lui crie :

« Doucement ! Doucement, sire, et posément, car votre course est plutôt folle ! Il ne faut pas tant vous hâter, et galoper et tout gâter ! Bien fol est qui pour rien s'emploie !

— Que le Seigneur Dieu vous bénisse, dit messire Gauvain. Or dites-moi, ma belle amie, ce que vous pensiez en criant "doucement !" sans savoir pourquoi ?

— Si fait, chevalier, par ma foi ! Je sais bien ce que vous vouliez.

— Et quoi ? fait-il.

— C'était me prendre et m'emporter dans la campagne sur le col de votre cheval.

— Vous avez dit vrai, demoiselle !

— Je le savais, répondit-elle, mais maudit soit qui y pensa ! Garde-toi d'espérer jamais que sur ton cheval tu m'emmènes ! Je ne suis pas la fille vaine dont certains chevaliers s'amusent, les emportant sur l'encolure, quand ils vont en chevalerie ! Tu ne m'y emporteras pas ! Et cependant si tu l'oses, peut-être m'emmèneras-tu : si tu voulais prendre la peine d'aller chercher et m'amener mon palefroi qui est dans ce jardin, je te suivrais, jusqu'à ce qu'il t'advienne en ma compagnie une bien cruelle aventure de deuil, de honte et déchéance.

— Belle dame, y faudra-t-il plus que du courage ? lui demanda-t-il.

— Non, vassal, je ne le crois pas.

— Hé, demoiselle, mon cheval, qui le gardera si j'y vais ? Car il ne pourra pas traverser l'eau en passant par cette planchette.

— C'est vrai, chevalier. Donnez-le-moi. Allez à pied. Je garderai votre cheval, tant que je le pourrai tenir. Mais hâtez-vous de revenir car je serais bien empêtrée s'il ne se tenait pas en paix, ou si on l'enlevait par force, avant que vous ne reveniez.

— Vous avez raison, lui dit-il. Si on vous le prend soyez quitte, et s'il vous échappe, aussi bien : je ne vous en dirai jamais rien. »

Il lui donne son cheval en garde et il s'en va. Il emporte avec lui ses armes, au cas où quelqu'un au verger l'empêcherait d'emmener le palefroi, sans dispute et sans bataille.

Voici donc, la planche passée, qu'il trouve une foule amassée de gens qui le regardent anxieusement, et disent : « Que cent diables te brûlent, fille qui fait tant de malheurs ! Que ton corps ait malaventure, toi qui n'aimas nul chevalier ! Tu as fait trancher tant de têtes d'honnêtes gens que c'est grand deuil ! Et toi chevalier qui veux emmener le cheval de la demoiselle, tu ne connais pas les souffrances qui te viendront si tu le touches de la main ! Chevalier, pourquoi t'approcher ? Vraiment, tu n'avancerais pas si tu savais quels outrages, quels maux, quelles souffrances te sont promis si tu l'emmènes ! »

Ainsi lui parlent tous et toutes, pour l'effrayer et qu'il n'allât au cheval, et s'en retournât.

Il les entend et comprend bien, mais ne veut pas abandonner. Il avance et salue les gens, et toutes et tous lui répondent bien tristement, si bien qu'il semble qu'ils ressentent pour lui ensemble grande angoisse et grande détresse. Et messire Gauvain s'approche du palefroi et tend la main. Il veut le prendre par le frein, car ni frein ni selle n'y manque.

Un grand chevalier se tenait sous un olivier verdoyant et lui adresse la parole :

« Chevalier, c'est par vanité que tu viens à ce palefroi. D'y tendre et le toucher du doigt, il ne t'en viendra que l'orgueil. Pourtant je n'ai pas l'intention d'y contredire, ni de t'empêcher de le prendre si tu en as si grand désir. Mais je te presse de partir, pour que le dommage ne t'en vienne d'ailleurs.

— Pourtant, je ne le laisserai pas, dit monseigneur Gauvain, beau sire, car la pucelle qui se mire, sous l'orme, là-bas, m'y envoie. Si je ne le prenais pas, que serais-je ici venu faire ? J'en serais humilié sur terre, comme vaincu, lâche et failli.

— C'est de quoi te viendra malheur, dit le grand chevalier, beau frère ! Car, par Dieu, le Souverain Père à qui je veux rendre mon âme, aucun chevalier jamais fit ce que tu veux, toi, faire ici, à qui n'en arrivât malheur, car il eut la tête tranchée, et c'est le destin qui t'attend ! Si je te mets ainsi en garde, je ne veux en rien te fâcher. Si tu y tiens, prends le cheval ; rien n'en sera changé pour moi, ni pour la honte qui te guette si tu l'emmènes. Je ne puis t'approuver d'aller là où tu en perdras la tête. »

Ces paroles ne font pas céder messire Gauvain. Il fait, devant lui, passer la planche au palefroi, dont la tête était d'un côté noire, de l'autre blanche. Il passa la planche comme l'ayant déjà passée, très bien et très adroitement.

Puis messire Gauvain le prit par ses rênes faites de soie, et vint droitement jusqu'à l'orme où la pucelle se mirait. Elle avait quitté son manteau ainsi que son voile de tête pour admirer plus librement son visage et sa silhouette.

Messire Gauvain lui amène le palefroi avec sa selle, et lui dit :

« Venez çà, pucelle, pour que je vous aide à monter.

— Ne te permets pas de conter, lui dit-elle, par Dieu, à la Cour où tu vas, que tu m'aies eue entre tes bras ! Si tu avais jamais touché, senti, palpé de ta main nue, quoi que ce soit qui fût sur moi, je m'en croirais déshonorée ! J'aurais trop de honte, s'il était cru et raconté que tu eusses touché mon corps ! J'aimerais mieux qu'on me tranchât à cet endroit, le cuir et la chair jusqu'à l'os, et je le dis ! Tôt laissez-moi ce palefroi : je le monterai toute seule ; ne te demande de m'aider. Que Dieu me donne en ce jour, de te voir bien honteux comme je souhaite, avant la nuit. Promène-moi où tu voudras ; mais ni mon corps ni mes habits ne toucheras-tu de plus près. Je te serai toujours après, jusqu'à ce que, de moi, t'advienne quelque dure déconvenue, très honteuse et très douloureuse. Je suis bien sûre, et tu n'y échapperas pas, de te faire maltraiter à mort. »

Messire Gauvain écoute ce que lui dit l'orgueilleuse demoiselle et ne lui répond rien, mais il lui donne son palefroi et elle lui laisse son cheval.

Monseigneur Gauvain se courbe pour ramasser son manteau par terre et le lui donner, mais la demoiselle le toise, violemment agressive et l'outrage honteusement. « Vassal, lui dit-elle, que t'importent mon manteau et ma guimpe ? Par Dieu ! De moitié, je ne suis pas si sotte que tu le crois ! Je ne désire pas ton service : tes mains ne sont pas assez propres pour tenir mon manteau ni mon voile de tête. Qui te pousse à palper ces lignes qui touchent à mon corps, à ma bouche, à ma tête ou à mes cheveux ? Que Dieu me garde d'avoir un jour besoin de tes services ! »

La pucelle s'est mise à cheval, a pris son voile et s'est vêtue de son manteau, puis elle dit : « Chevalier, allez où vous voulez ! Je vous suivrai par tous chemins, afin de goûter votre honte, dès aujourd'hui s'il plaît à Dieu. »

Et messire Gauvain se tait, et ne répond pas un seul mot. Tout penaud, il monte. Ils s'en vont. Il reprend, tout pensif, la route, vers le chêne où il a laissé la pucelle et le chevalier dont les plaies auraient eu besoin d'un médecin.

Or messire Gauvain savait mieux que personne guérir les plaies. Il voit dans une haie une herbe très efficace contre les douleurs de blessures, et il va la cueillir. L'ayant prise, il poursuit sa route jusqu'à retrouver la pucelle qui pleure toujours sous le chêne. Elle lui dit : « Beau sire, je crois bien que mon chevalier est mort car il ne m'entend plus. »

Sire Gauvain met pied à terre. Il trouve que le pouls du blessé est bon, que sa bouche et sa joue ne sont pas trop froides.

« Ce chevalier, demoiselle, est vivant, soyez-en certaine : il a bon pouls et bonne haleine, et ses plaies ne le tueront pas. J'ai apporté une herbe dont il se trouvera bien, je crois, qui diminuera ses douleurs, aussitôt qu'il l'aura sentie. Il n'y a pas de meilleure herbe à panser les plaies. On dit même qu'elle a tant de force que la lierait-on sur l'écorce d'un très vieil arbre, mais non encore tout desséché, les racines en reprendraient vie, et l'arbre si sain deviendrait qu'il serait tôt couvert de feuillage et de fleurs. Votre ami ne craindra plus la mort dès que nous l'aurons pansé avec cette herbe bien liée. Mais j'aurais besoin d'un voile fin pour le bander convenablement.

— Je vous donnerai tout de suite celui que j'ai sur ma tête, dit la pucelle, gentiment ; je n'en ai pas apporté d'autre. »

Elle a ôté son voile de tête qui est fin et blanc, et messire Gauvain le découpe comme il lui est utile. Et de cette herbe qu'il avait, il panse toutes les plaies avec l'aide de la jeune fille, et sa bonne volonté. Messire Gauvain s'applique jusqu'au premier soupir du chevalier qui se met à parler : « Dieu conserve celui qui me rend la parole, car j'ai eu grande peur de mourir sans confession ! Les diables, en procession, étaient venus chercher mon âme ! Je voudrais être confessé avant d'être mis dans la terre. Je sais qu'un prêtre est près d'ici. Si j'avais de quoi chevaucher, j'irais lui dire et raconter mes péchés en confession, et communierais. Confessé et communié, je n'aurais plus peur de mourir. Mais rendez-moi service, s'il ne vous ennuie pas : donnez-moi le mauvais cheval de cet écuyer qui vient au trot. »

Quand messire Gauvain l'entend, il se retourne et voit venir l'écuyer de mauvaise allure. Quelle allure ? Je vais vous le dire : ses cheveux roux sont emmêlés, raides et hirsutes comme à porc-épic en colère. Ses sourcils sont de même sorte et lui couvrent tout le visage, et tout le nez jusqu'aux moustaches, qu'il porte longues et tordues. Il a sa bouche bien fendue, large barbe fourchue et crêpée. Court est son cou et sa poitrine est remontée d'une bosse.

Messire Gauvain marche vers lui, pour savoir s'il veut bien lui donner sa monture, mais avant dit au chevalier : « Sire, que le Seigneur Dieu m'entende ! Je ne sais pas qui est cet écuyer, mais si je le savais, j'aimerais mieux vous donner sept chevaux que ce méchant bidet qu'il monte !

— Sire, répond le chevalier, sachez aussi que cet homme ne recherche que votre malheur. »

Messire Gauvain aborde l'écuyer et lui demande où il va. L'autre, d'un ton méprisant lui répond : « Vassal, qu'as-tu besoin de savoir où je vais, et d'où je viens ? Mais quelque chemin que tu suives, que ton corps ait cruel destin ! »

Messire Gauvain lui paie aussitôt récompense de sa rudesse en le frappant à main ouverte avec son gantelet de fer, et si heureux de le frapper qu'il le renverse de sa selle.

L'écuyer cherche à se relever, mais il chancelle et retombe par sept fois ou davantage, en moins d'espace qu'on en couvrirait avec un moulinet de lance.

Enfin, quand il s'est raffermi sur ses jambes, il crie : « Vassal ! Vous m'avez frappé !

— Oui, dit Gauvain, je t'ai frappé, mais sans beaucoup t'endommager. Je suis mécontent toutefois de l'avoir fait. Mais, Dieu me voit, tu me parlais si sottement !

— Encore ne laisserai-je à dire la récompense que vous en aurez. Je perdrais la main et le bras à donner des coups comme vous faites ! Vous n'en aurez point le pardon ! »

Cependant qu'ils parlaient ainsi, le cœur qui s'était affaibli revint au chevalier blessé, qui dit à monseigneur Gauvain : « Laissez cet écuyer, beau sire ! Jamais vous ne l'entendrez dire telle chose qui vous fasse honneur. Oui, laissez-le, vous serez sage et amenez-moi son cheval. Occupez-vous de cette demoiselle que vous voyez m'accompagner. Resanglez-lui son palefroi et l'aidez à se mettre en selle. Je ne veux plus rester ici. Je chevaucherai si je puis sur le roussin et chercherai où je pourrai me confesser, car je ne voudrais pas mourir sans recevoir l'extrême-onction : confession et communion. »

Alors, pendant que messire Gauvain prend le roussin et qu'il le donne au chevalier, celui-ci dont la vue s'éclaircit et revient, regarde son sauveur et il le reconnaît.

Messire Gauvain a pris la demoiselle et l'a assise sur le palefroi norvégien, comme noble et courtois doit faire. Mais, pendant qu'il l'y asseyait, le chevalier enfourche son destrier, le monte et commence à le faire sauter çà et là. Monseigneur Gauvain le regarde qui galope sur l'esplanade. Il s'en étonne, puis en rit, et, tout en riant, il lui dit : « Sire chevalier, par ma foi, vous faites folie, je le vois, à faire sauter mon cheval ! Descendez et rendez-le-moi, car vous en pourriez aggraver vos plaies et les faire crever. »

L'autre répond :

« Gauvain, tais-toi ! Prends le bidet, tu feras bien, car tu as perdu ton cheval. C'est à mon gré qu'il a sauté, et je l'emmène comme à moi.

— Que dis-tu ? Je viens pour ton bien, et tu me ferais du mal ! Ne me prends pas mon cheval, ce serait une trahison !

— Gauvain ! au prix d'une telle faute, et quoi qu'il m'en doive advenir, je voudrais t'arracher le cœur de ton ventre avec mes deux mains !

— Or j'entends, répondit Gauvain, un proverbe que l'on répète et qui dit : "Pour ton aide, on te tranche le cou !" Mais j'aimerais savoir pourquoi tu voudrais m'arracher le cœur, tout en me volant mon cheval. Je ne t'ai jamais fait de mal, ni ne t'en ai fait de ma vie. Je ne t'ai jamais rencontré, c'est pourquoi je ne pense pas t'avoir jamais nui.

— Si fait, Gauvain ! Tu m'as connu dans un lieu où tu fis ma honte ! Ne te souvient-il de celui à qui tu fis un tel supplice que de l'obliger malgré lui à manger avec les chiens pendant un mois, les mains liées derrière le dos ? Tu as fait alors la sottise dont la honte revient sur toi.

— Serais-tu ce Gréoréas qui efforça une pucelle et en fit son plaisir ? Pourtant tu savais bien qu'au royaume du roi Arthur, les pucelles sont protégées. Le roi leur donne son secours : il les garde et il les assure. Je ne peux ni penser ni croire que tu me haïsses pour cette rigueur, et que tu m'en demandes vengeance. J'ai agi par loyale justice, qui est établie et respectée par toute la terre du roi.

— Gauvain ! Tu m'as appliqué ta justice, il m'en souvient bien ! Et maintenant, qu'il te convienne de souffrir ce que je voudrai. Ne pouvant actuellement davantage, je t'emmène ton Gringalet. Remplace-le par le bidet que tu montais quand tu as frappé l'écuyer. Tu n'en auras pas d'autre échange. »

Alors, Gréoréas le laisse et va rejoindre son amie qui s'éloignait à belle allure, et il la suit au grand galop.

Or la mauvaise fille a ri au nez de Gauvain et lui dit : « Vassal ! vassal ! Qu'allez-vous faire ? À présent, on peut dire de vous que le roi des sots n'est pas mort !

Certes ! C'est bel amusement que vous suivre, Dieu me regarde ! Vers quelque endroit que vous tourniez, bien volontiers je vous suivrai ! Je voudrais que ce mauvais cheval que vous avez volé à son écuyer, au lieu de cheval fût jument, pour qu'il vous en vienne plus de honte ! »

Cependant sire Gauvain monte sur le roussin sec et stupide, puisqu'il ne peut faire autrement.

L'animal est fort laide bête, grêle encolure et grosse tête, les oreilles longues et pendantes ; la vieillesse lui allonge les dents, tant que la bouche reste ouverte de la distance d'un bon doigt.

Les yeux sont troubles et obscurs, les pieds croûteux, les flancs calleux, tout déchirés par l'éperon. La bête a le corps maigre et long, croupe osseuse, échine tordue. Les rênes et la têtière du frein sont faites d'une ficelle. La selle n'a pas de couverture, et depuis longtemps n'est pas neuve. Gauvain trouve les étriers si faibles et si courts qu'il n'ose même pas s'y appuyer.

« Ah, certes ! Tout est bien, s'écrie la demoiselle exaspérante ! Je serai contente et joyeuse d'aller partout où vous voudrez. C'est pour moi chose raisonnable que vous suivre bien volontiers, huit jours, ou quinze tout entiers, ou trois semaines ou un mois ! Vous êtes fort bien équipé ; vous chevauchez un bon cheval, et paraissez beau cavalier, propre à conduire une pucelle. Tout d'abord, que je me réjouisse à vous contempler malheureux ! Allons ! pressez votre cheval ! Éperonnez ! Éprouvez-le ! Et surtout restez sans émoi s'il est impétueux et rapide ! Je vous suis, comme c'est convenu, et je ne vous quitterai pas tant que la honte vous couvrira, et véritablement vous en aurez ! »

Il lui répond :

« Ma douce amie, vous parlez comme il vous plaît, mais il ne convient guère à une jeune femme d'être blessante et injurieuse si elle a dépassé dix ans. Elle doit être, bien enseignée et courtoise et bien élevée, si elle est capable de bien comprendre.

— Comment ! Prétendez-vous m'apprendre, chevalier de malheur ? Je ne veux pas de vos leçons. Allez toujours et taisez-vous ! Je vous vois tout aussi à l'aise que je l'espérais. »

Ainsi, se taisant tous les deux, ils chevauchèrent jusqu'au soir. Il va et elle le suit toujours. Il ne sait comment se servir de son bidet dont il ne tire trot ni galop quoi qu'il en fasse. Qu'il le veuille ou non c'est le pas. S'il la frappe de l'éperon, la bête l'emmène sur les pierres et le secoue si péniblement qu'il préfère n'aller qu'au pas, quoi qu'il en soit.

Ainsi chevauche le roussin par les grandes forêts désertes, puis on arrive en terrain plat, près d'une rivière profonde, et si large que nulle fronde, nul mangonneau, nulle pierrière n'eût lancé outre la rivière ni trait d'arbalète ni plomb.

De l'autre côté de l'eau s'élève un beau château de majestueuse ordonnance, et d'apparence forte et riche.

Pour ne pas mentir, ce château est muré si fortement sur sa falaise que jamais telle forteresse ne frappa les yeux des vivants. Dans ce château, un grand palais est bâti sur le rocher brut, et tout construit de marbre gris. Il offre bien cinq cents fenêtres ouvertes, qui sont toutes garnies de dames et de demoiselles, en train de regarder devant leurs yeux les prés et les vergers fleuris. Beaucoup d'entre elles sont vêtues de soie sergée, de bliauts de belles couleurs, et des étoffes de soie qui les vêtent, plusieurs sont brodées d'or.

Ainsi se tiennent aux fenêtres les demoiselles. En les regardant du dehors, on voit leurs chevelures brillantes et leurs corps depuis la ceinture et plus haut.

Celle qui menait messire Gauvain, la plus méchante fille du monde, vient à la rivière tout droit. Elle s'arrête, elle descend du petit palefroi pommelé, et vient au rivage jusqu'à une nef enchaînée à une grosse pierre et cadenassée d'une clé. Sur le rocher était la clé de quoi la nef était fixée, et il y avait un aviron dans le bateau.

La demoiselle s'est embarquée, le cœur empli de trahison, elle attire son palefroi comme elle l'a fait maintes fois.

« Vassal, dit-elle, descendez, et embarquez-vous avec moi, sans oublier votre roussin qui est plus maigre qu'un poussin. Vous détacherez ce chaland. Si vous ne passez la rivière, on devra vous enterrer, ou vous jeter à l'eau.

— Vraiment, demoiselle, pourquoi ?

— Si vous voyiez venir ce chevalier que j'aperçois, vous vous enfuiriez vite ! »

Alors messire Gauvain tourne les yeux, et voit venir un chevalier parmi la lande, fort bien armé, et il demande :

« Amie, dit-il, ne vous déplaise, dites-moi qui chevauche ainsi mon bon cheval que m'a volé le faux traître que j'ai guéri ce matin de ses blessures ?

— Je te le dirai, par saint Martin ! dit la pucelle avec gaieté ! Mais sache bien en vérité que je ne te le dirais pas si c'était à ton avantage. Mais au contraire je suis sûre qu'il vient pour ta mésaventure. Je ne te cacherai donc pas que c'est le neveu de Gréoréas. Il l'a envoyé après toi, et je vais te dire pourquoi puisque tu me l'as demandé : son oncle lui a commandé de te suivre et de te tuer, et de lui apporter ta tête. Je t'encourage donc à descendre, à moins que tu ne veuilles mourir. Entre vite avec moi et sauve ta tête !

— Certes, je ne m'en irai pas, demoiselle, mais je l'attendrai.

— Eh bien ! Je ne t'en empêcherai pas, dit la pucelle, et je m'en tais. Quelles belles charges et quels beaux chocs feras-tu devant ces pucelles qui t'admirent, gentes et belles, appuyées sur leurs balcons ! Comme ces lieux sont embellis quand tant de beautés vous contemplent ! Frappez ! Elles seront contentes. Vous avez un fort beau cheval, et vous semblez bien chevalier qui doit combattre contre un autre !

— Quoi qu'il m'en doive coûter je ne fuirai pas, mais j'irai pour le rencontrer, car si je pouvais lui reprendre mon cheval, j'en serais joyeux. »

Alors il tourne la tête de son roussin devers la lande, car son assaillant éperonne son coursier sur le sable de la plage.

Messire Gauvain l'attend. Il s'appuie sur ses étriers mais si fortement qu'il a cassé celui de gauche. Il déchausse son étrier droit et attend ainsi l'adversaire. Car son roussin ne bouge pas : à force l'éperonnerait-il sans qu'il le fasse remuer.

« Hélas, être si mal à l'aise sur cette bête, quand j'aurais tant besoin de toute mon adresse contre ce chevalier ! »

Le chevalier lance à toute allure son cheval qui ne boite pas, et il frappe Gauvain de sa lance, si fortement qu'elle ploie et se casse près du fer qui reste dans le bouclier. Mais monseigneur Gauvain l'atteint au sommet de l'écu, qu'il enfonce tant qu'il le traverse, avec le haubert tout au plein, et qu'il l'abat sur le sablon. En même temps, il tend la main et retient son cheval, puis saute en selle !

L'aventure lui paraît belle. Il a tant de joie dans son cœur, que jamais, de toute sa vie, il ne fut si joyeux de rien.

Il revient à la pucelle qui s'était embarquée, mais il ne la retrouve pas, ni elle ni son bateau. Et il est tout désappointé qu'elle soit ainsi disparue, sans savoir ce qu'est devenue.

Comme il pensait à la jeune femme, il voit venir un bateau, monté par un nautonier, qui arrivait du château. Cet homme, quand il fut au port, lui dit : « Sire, je vous apporte le salut de ces demoiselles ; et en même temps elles vous demandent de ne pas retenir mon bien. Rendez-le-moi donc, s'il vous plaît. »

Gauvain répond :

« Que Dieu te bénisse ! et en même temps la compagnie de ces demoiselles ! Je ne te ferai jamais perdre ce que tu me réclameras avec justice. Je ne veux pas te faire tort, mais quel bien me demandes-tu ?

— Sire, vous avez abattu devant moi un chevalier de qui le cheval me revient. Vous me rendrez ce destrier si vous ne voulez pas me nuire.

— Ami, ce bien-là, dit Gauvain, me serait trop pénible à rendre, car je devrais aller à pied.

— Hélas, chevalier ! Désormais, ces demoiselles que vous voyez vont vous tenir pour déloyal. En conservant ce qui m'appartient, vous vous conduisez mal ! Jamais n'advint ni ne fut dit qu'en cet endroit un chevalier fut abattu dessous mes yeux dont je n'ai eu le cheval. Eh, du moins, sinon le cheval, délivrez-moi le cavalier. »

Alors, messire Gauvain lui dit :

« Ami, prenez sans contredit le cavalier. Je vous le donne.

— Sire, ce don n'en est pas un, dit le nautonier, par ma foi ! Et vous-même, à ce que je crois, auriez fort à faire à le prendre pourvu qu'il veuille se défendre ! Mais, si telle est votre valeur, allez le prendre et donnez-le-moi. Vous serez quitte de mon cheval.

— Ami, si je mets pied à terre, puis-je en confiance vous laisser mon cheval en garde ?

— Oui, répond-il, assurément ! Je vous le garderai

loyalement et vous le rendrai volontiers. De ma vie, je ne vous nuirai, soyez-en sûr.

— Et moi, dit Gauvain, je te crois sur ta promesse et sur ta foi. »

Alors il descend de son cheval et le lui donne. Le nautonier le prend et dit qu'il le gardera de bonne foi.

Messire Gauvain s'en va, l'épée en main, vers le blessé qui n'a pas envie de nouvelles blessures. Il a une telle plaie au flanc qu'il en a perdu bien du sang, et messire Gauvain s'approche.

« Sire, je ne puis vous cacher, fait le pauvre tout effrayé, que je suis durement blessé. J'en ai saigné plus d'un septier et je n'en veux pas davantage. Je me mets en votre merci !

— Alors, relevez-vous d'ici ! »

L'autre se relève avec peine, et messire Gauvain l'emmène au nautonier qui lui rend grâces.

Gauvain demande au nautonier s'il sait quelque chose de la jeune femme qui est arrivée avec lui, et s'il peut dire où elle est allée.

Il lui répond : « Peu vous importe cette fille, et où qu'elle puisse aller. D'abord elle n'est pas pucelle, mais elle est pire que Satan ! Ici même elle a fait trancher la tête de maints chevaliers. Si vous voulez m'en croire, vous vous logerez aujourd'hui à tel hôtel comme le mien. Ce ne serait pas votre bien que de rester sur ce rivage car c'est une terre sauvage où se passent des choses étranges.

— Ami, si tel est votre avis, je me range à votre conseil, quoi qu'il en puisse m'arriver ! »

Il suit le nautonier qui lui a rendu son cheval ; ils s'embarquent et nagent vers l'autre rive.

La maison du nautonier était au bord de l'eau, et telle qu'un comte eût pu y descendre et s'y trouver bien. Le nautonier y accueille son hôte et son prisonnier. Il leur fait fête comme il peut.

Messire Gauvain y fut servi de tout ce qui convient à prudhomme : des pluviers, faisans et perdrix lui sont offerts ainsi que des venaisons. Et les vins étaient forts et clairs, blancs et rouges, nouveaux et vieux.

Le nautonier était joyeux, de son prisonnier et de son hôte. Quand ils eurent mangé, on leur ôta la table et ils se lavèrent les mains.

Toute la nuit, messire Gauvain eut bon logis et son hôte à sa dévotion et fut enchanté du service de cet homme qui lui plut.

Le lendemain, dès qu'il put voir que le jour était apparu, il se leva comme il avait accoutumé de le faire ; et le nautonier aussi se leva pour lui faire plaisir, et ils allèrent s'appuyer tous les deux à la fenêtre d'une tourelle.

Messire Gauvain admirait la contrée ; il vit les forêts et les plaines, et le château sur sa falaise. « Hôte, dit-il, ne vous déplaise, laissez-moi vous le demander : qui est seigneur de cette terre et de ce château que voici ? »

L'hôte répondit aussitôt :

« Sire, je ne sais !

— Vous ne savez ! Ce que vous dites est surprenant. Vous êtes sergent de ce château, avec des rentes importantes, et vous ne savez pas qui est votre seigneur !

— Vraiment, dit-il, je puis vous affirmer que je ne le sais pas et ne le sus jamais.

— Bel hôte, alors dites-moi qui défend le château et le garde ?

— Sire, il est très bien gardé. Cinq cents arcs ou arbalètes sont toujours prêts à tirer. Si quelqu'un tentait l'escalade, ces armes ne cesseraient pas de tirer et elles n'en seraient jamais lasses, car elles sont installées dans ce but. Je peux vous dire que nous avons une reine, très haute dame, riche et sage, et de très noble famille. Cette reine avec ses trésors (elle est riche d'argent et d'or) vint demeurer dans ce pays, et y a bâti ce fort manoir que vous voyez. Elle amena une dame qu'elle aime beaucoup, qui est reine comme elle, et qu'elle appelle sa fille. Cette dame a aussi une fille qui n'abaisse pas sa famille et ne lui cause aucune honte car je ne crois pas qu'il en existe de plus belle et mieux élevée. La grande salle est garantie par art et par enchantement dont je vais vous entretenir s'il vous plaît que je vous le dise. Un clerc savant d'astronomie que la reine y amena, a installé dans ce palais de si merveilleuses machines que jamais vous n'en vîtes de pareilles. Nul chevalier n'y peut entrer, et y rester sain et vivant plus de temps qu'il n'en faut pour galoper une lieue, s'il est cupide ou s'il a tel vilain défaut comme tromperie et lésine. Ni lâche ni traître n'y dure, et non plus félon ni parjure.

Ils y meurent soudainement sans pouvoir retenir leur vie. Nous avons beaucoup d'écuyers rassemblés de divers pays, qui servent ici au métier d'armes, et j'en compte plus de cinq cents. Les uns sont barbus, d'autres glabres. Cent n'ont ni barbe ni moustaches, cent autres peignent leurs barbes, cent les rasent une fois la semaine. Ils sont cent plus blancs que laine, et cent seulement grisonnants. Nous avons des dames âgées qui n'ont ni maris ni seigneurs. Elles furent chassées par injustice de leurs terres et de leurs honneurs, parce que leurs maris sont morts. Et nous avons des orphelines qui suivent les deux reines, lesquelles les tiennent à grand honneur. Tous ceux qui vont et viennent dans le palais s'attendent à un grand miracle qui n'adviendra sûrement pas. Ils espèrent l'arrivée d'un chevalier qui les protégera, qui remettra les dames dans leurs honneurs, donnera des maris aux filles et chevalerie aux écuyers. Mais la mer se prendrait en glace plutôt qu'un chevalier entre au palais qui serait tel qu'on l'exige : beau et sage et sans convoitise, preux et hardi, franc et loyal, sans vilenie ni aucun mal. Si tel il nous en arrivait, il pourrait tenir ce château, il rendrait aux dames leurs terres, éteindrait de mortelles guerres. Les jeunes filles il marierait, et les garçons adouberait. Il éteindrait sans rémission les enchantements du palais. »

Ces paroles plaisent à monseigneur Gauvain.

« Hôte, dit-il, descendons ! Faites-moi rendre mes armes et mon cheval : je ne veux plus attendre pour y aller.

— Sire, où iriez-vous ? Restez chez moi, Dieu vous protège ! aujourd'hui et demain, et davantage.

— Hôte, ce ne sera pas une heure ! Que votre maison soit bénie ! mais je veux aller (que Dieu m'aide !) voir ces pucelles dans le fort, et les merveilles que vous dites.

— Taisez-vous sire ! S'il plaît à Dieu, vous ne ferez pas cette folie. Croyez-moi, restez avec nous !

— Taisez-vous, hôte ! Vous me prenez pour lâche et poltron ! Et maintenant, que Dieu m'oublie si je cherche un nouveau conseil !

— Ma foi, sire, je me tairai, car ce serait perdre ma peine. Puisqu'il vous plaît tant, vous irez, quoique je m'en afflige. C'est moi qui vous y conduirai, car nul autre guide, sachez-le, ne vous vaudrait mieux que moi. Sire, je voudrais un don de vous.

— Hôte, quel don ? Puis-je savoir ?

— Vous me l'avez déjà promis.

— Bel hôte, à votre volonté je ferai, mais que je n'y aie pas de honte ! »

Il commande que l'on sorte son cheval de l'écurie, tout équipé pour chevaucher. Il réclame en même temps ses armes qui sont aussitôt apportées. Il s'arme et monte et prend la voie. Le nautonier rassemble ses rênes et monte sur son palefroi pour le conduire de bonne foi, là où il le mène contre son gré.

Ils arrivent au pied du perron du palais. Il y avait là un homme n'ayant qu'une jambe, assis tout seul sur un fagot de joncs. Il avait une jambe d'argent, ou bien d'un métal argenté, liée de bandes serties d'or et de pierres précieuses. Le mutilé tenait un petit couteau dont il taillait un bâton de frêne.

Il ne leur dit pas un mot quand ils passèrent devant lui, et ils ne lui adressèrent pas la parole. Le nautonier dit à part à monseigneur Gauvain :

« Sire, que dites-vous de cet infirme ?

— Ma foi, dit sire Gauvain, son échasse n'est pas de bois blanc, mais elle est belle à mon avis.

— Par Dieu, reprend le nautonier, cet homme est riche de grandes et belles rentes. Mais si je ne vous avais tenu compagnie, vous auriez entendu des mots qui vous auraient fort irrité. »

Ainsi passent-ils tous les deux et ils arrivent au palais dont l'entrée était très haute, et les portes riches et belles. Même les gonds et les charnières étaient d'or fin, nous disent les histoires ! L'une des portes était d'ivoire, bien ciselé sur sa surface ; l'autre porte de bois d'ébène, de la même façon ornée. Chacune bien enluminée d'or et de pierres précieuses. Le pavé du palais était de diverses couleurs : vert, rouge, bleu et violet, bien ajusté et bien poli. Au milieu de la salle, un lit, dont aucun endroit n'est de bois, mais rien moins que tout or, excepté seulement les cordes qui étaient faites en argent. De ce lit (je ne fais de fable), à chaque entrecroisement des cordes était pendue une clochette. Sur ce lit était étendue une courtepointe de soie, et chacun des piliers du lit portait une escarboucle qui rendait plus de clarté que quatre cierges bien épris. Les pieds du lit étaient en forme de chiens qui grimaçaient bizarrement. Ces chiens cachaient quatre roulettes si mobiles et rapides que d'un seul doigt on promenait le lit d'un bout à l'autre de la pièce, si peu qu'on le poussât.

Tel fut ce lit, dont je dis la vérité. Jamais pareil n'en fut fait ni n'en sera jamais fait pour roi ni comte. Il était au milieu de la salle.

Du palais (je veux qu'on me croie) rien n'y fut bâti de tuffeau, mais les murs en étaient de marbre. Le plafond était une verrière si claire qu'en regardant bien, on voyait à travers ce verre tous ceux qui entraient au palais, et dès qu'ils en passaient la porte.

Les murs étaient peints de couleurs les plus chères et les meilleures que l'on sache broyer et faire. Mais je ne peux pas tout dire ni dépeindre toutes ces merveilles.

Le palais avait cent fenêtres ouvertes, et quatre cents autres fermées.

Très assuré, messire Gauvain allait partout, regardait tout, en haut, en bas et çà et là.

Quand il eut partout regardé, il appela le nautonier, et dit :

« Bel hôte, je ne vois nulle raison ici pourquoi je dois redouter ce palais, au point de n'y pas entrer. Qu'en dites-vous ? Qu'entendiez-vous pour me défendre si fort même d'y venir voir ? Je tiens à m'asseoir sur ce lit et m'y reposer un petit. Jamais je n'en vis d'aussi riche !

— Que Dieu, beau sire, vous en garde ! N'en approchez pas, s'il vous plaît, car vous mourriez de la pire mort dont jamais chevalier mourût !

— Hôte, que ferai-je donc ?

— Quoi ? Sire, je vous le dirai, puisque je vous vois disposé à prendre garde à votre vie. Quand vous avez décidé de venir ici, je vous demandai un don, à mon hôtel, mais vous ne sûtes pas lequel. Or le don que je vous demande, c'est de rejoindre votre terre. Et vous direz à vos amis et aux gens de votre pays, que vous avez vu un palais si magnifique qu'il n'en est aucun pareil que vous sachiez, ni vous ni d'autres.

— Je dirai donc que Dieu me hait, et que je suis déshonoré ! Toutefois, mon hôte, il me semble que vous le dites pour mon bien. Mais je n'abandonnerai pas, et j'irai m'asseoir sur ce lit, et je verrai les demoiselles qui s'étaient hier appuyées aux fenêtres. Je vous le jure ! »

Celui qui recule pour mieux frapper répond :

« Vous n'en verrez pas une, de ces pucelles que vous dites ! Allez-vous-en comme vous êtes, car vous êtes venu pour rien ! Pour voir ces dames à votre aise, aucun effort n'y suffira. Mais elles, elles vous verront bien au travers de cette verrière, les jeunes filles et les reines, et les dames (que Dieu me garde !) qui sont logées de l'autre part !

— Ma foi, dit messire Gauvain, si je ne vois pas les pucelles, au moins m'assoirai-je sur le lit ! Car vous ne me ferez pas croire qu'on ait fabriqué un tel lit pour que personne ne s'y couche, ou gentilhomme ou noble dame. Par mon âme, je vais m'y mettre, quoi qu'il m'en puisse advenir ! »

Puisqu'il ne peut le retenir, le nautonier se tait, mais il ne veut pas rester là pour le voir s'asseoir sur le lit. Il va s'en aller et lui dit : « Sire, je suis fort malheureux de votre mort, car jamais un chevalier ne s'assit sur ce lit pour en sortir vivant, car c'est le Lit de la Merveille, où nul ne dort ni ne sommeille, ni ne s'y repose et s'assied car jamais vif ne s'en relève. Je trouve qu'il est grand dommage que vous y laissiez votre vie, sans profit, rachat ni rançon. Puisque, par amour ni raison, je ne puis vous en préserver, Dieu prenne votre âme en pitié ! Mais mon cœur ne pourrait souffrir que je vous regarde mourir. »

Le nautonier sort du palais, et messire Gauvain vient s'asseoir sur le lit, armé comme il est, avec son écu au collet.

Dès qu'il se fut assis, les cordes firent un grand bruit : toutes les clochettes sonnèrent, à travers le palais tonnèrent ! Aussitôt, les fenêtres s'ouvrent et les merveilles se découvrent ! Et les enchantements paraissent ! Par les fenêtres s'éjectèrent carreaux d'arbalètes et flèches, dont plus de sept cents vinrent frapper messire Gauvain sur son bouclier. Il ne savait qui le frappait. Car l'enchantement était tel que personne ne pouvait voir de quel endroit venait le tir ni où se cachaient les archers.

On comprend facilement le fracas que fit la détente

des arbalètes et des arcs ! Messire Gauvain à cette heure eût voulu se trouver ailleurs, dût-il en débourser mille marcs !

Soudain les fenêtres se refermèrent d'elles-mêmes. Messire Gauvain se mit à retirer les flèches qui s'étaient fichées sur son écu, et dont plusieurs l'avaient blessé en plusieurs endroits d'où le sang s'épanchait. Mais, avant qu'il les eût ôtées, il soutint un autre combat. L'un des pieds du lit heurta une porte qui s'ouvrit, et un lion affamé, fort et cruel, grand et terrible, sauta d'un coup et attaqua Gauvain, avec une rage de colère. Il enfonça ses griffes dans le bouclier comme s'il eût été de la cire, et pesa tant que Gauvain dut s'agenouiller. Pourtant, il se dégagea et tira son épée du fourreau et il frappa si fort qu'il coupa la tête du lion et les deux pattes prises dans son bouclier !

Il a grand plaisir à voir les pieds rester pendus par leurs griffes à son écu, dont l'un pendait par le dedans et l'autre par-dehors. Il souffle alors et retourne s'asseoir sur le lit. Son hôte, qui était revenu sur ses pas, par inquiétude, est plein de joie de le revoir ainsi et il le félicite : « Sire, je proclame que vous n'avez eu peur de rien. Ôtez maintenant votre armure car les enchantements du palais sont épuisés à tout jamais à cause de vous ! Ici (que Dieu soit adoré !), vous serez servi, honoré par les jeunes et par les vieux ! »

Des écuyers viennent en foule, tous habillés de manteaux courts. Ils se mettent à genoux et disent :

« Beau, cher et doux seigneur ! Nous vous présentons

nos services, comme celui que nous avons tant attendu et désiré !

— Et je suis resté trop longtemps à votre gré, je vois ! »

Ils commencent à le désarmer, et d'autres vont établer son cheval qui était resté dehors.

Or, pendant qu'ils le désarmaient, entra dans la salle une jeune fille belle et avenante. Ses cheveux étaient cerclés d'or, et ils étaient dorés autant que l'or et davantage. Son visage était blanc et la nature l'enluminait d'une couleur vermeille et pure. Belle et bien faite, longue et droite, on la voyait fine et adroite.

Des jeunes filles la suivaient, presque aussi belles et gracieuses, et un jeune garçon, tout seul, tenait par le col une robe, et cotte et surcot et manteau.

Ce manteau était doublé d'une zibeline plus noire que mûre, et l'étoffe était d'écarlate rouge vermeil.

Messire Gauvain s'émerveille des demoiselles qu'il voit venir et il ne peut se retenir de se mettre debout pour elles, disant : « Soyez les bienvenues ! »

La première demoiselle s'incline alors et dit : « Ma Dame la reine, beau et cher seigneur, vous salue. Elle commande ses serviteurs de vous tenir pour leur seigneur, et de vous donner leurs services. Je viens vous présenter le mien, la toute première et sans feinte. Toutes ces jeunes filles qui m'accompagnent vous tiennent pour leur seigneur depuis bien longtemps désiré. Elles sont heureuses de voir en vous le meilleur de tous les prudhommes. Sire, j'ai fini, et nous voici toutes prêtes à vous servir. »

Elles sont agenouillées toutes, et se sont inclinées vers lui, comme celles qui se destinent à le servir et l'honorer. Il les fait vite relever et les prie de s'asseoir ; il est plein de joie à les voir, parce qu'elles sont jolies, qu'elles font de lui leur seigneur et leur prince. Jamais il ne fut si heureux que de cet honneur fait par Dieu.

La même jeune fille s'avance pour lui dire : « Ma Dame vous envoie de quoi vous vêtir avant qu'elle vous voie. Prenez cette robe car elle pense, comme femme pleine de bon sens, que vous avez eu grand travail, grande peine et grande chaleur. Mettez la robe et l'essayez pour voir si elle est à votre mesure. Après le chaud il n'est que sage de se garder du froid qui trouble le sang et le gèle. Pour cela, ma Dame la reine choisit une robe d'hermine qui vous garantira du froid. Quand on tremble après avoir eu chaud, le sang se coagule et caille comme l'eau qui se prend en glace. »

Et messire Gauvain répond, comme le plus courtois du monde :

« Que le Seigneur en qui nul bien ne manque sauve ma Dame la reine, et vous aussi, la bien parlante et la courtoise et l'avenante ! Je crois que ma Dame est très sage quand si courtois est son message ! Elle sait ce dont a besoin le cavalier, et lui convient, quand elle m'envoie de sa grâce cette riche robe à vêtir. Remerciez-la de ma part.

— Je vous le promets volontiers, lui dit-elle. Maintenant habillez-vous bien, et vous pourrez aller voir notre pays par les fenêtres ; ou bien, s'il vous plaît de monter en notre tour, vous admirerez les plaines, les forêts et les rivières, jusqu'à mon retour près de vous. »

Alors, la jeune fille s'en va et messire Gauvain s'habille de la robe qu'il trouve riche, en agrafant son col d'une broche qui pend à l'encolure.

Il lui prend l'envie d'aller voir le paysage du haut de la tour.

Il monte avec le nautonier par l'escalier à vis sous voûte, et ils arrivent au sommet. Ils voient le pays d'alentour, plus beau qu'on ne pourrait le dire. Là messire Gauvain admire la rivière et le plat pays, les grandes forêts giboyeuses. Il regarde son hôte et dit :

« Hôte, par Dieu, comme il me plaira d'être ici, d'aller chasser, tirer à l'arc par ces forêts que nous voyons.

— Sire, répond le nautonier, sur ce sujet, mieux vaut se taire, car il est dit et répété que celui que Dieu aimerait assez pour le faire acclamer ici maître, seigneur et défenseur, ne pourrait sortir des murs, soit à tort soit à raison. Par conséquent, ne parlez pas d'aller chasser ou de tirer, car ici est votre séjour dont vous ne sortirez nul jour.

— Hôte, dit Gauvain, taisez-vous ! Vous me mettriez hors de sens en me répétant vos paroles ! Sachez bien que je ne pourrais vivre jusqu'à sept jours ici, et non plus que cent quarante ans, si je n'en pouvais pas sortir chaque fois que je le voudrais. »

Il descend et rentre au palais. Tout en colère et tout

pensif, il reste assis dessus le lit, la figure triste et peinée. Et la jeune fille revient, qui lui avait déjà parlé.

Gauvain la voit et il se lève devant elle, comme s'il était furieux, et c'est ainsi qu'il la salue. Elle voit bien qu'il a changé de parole et de contenance. Elle s'aperçoit qu'il est fâché, mais elle feint de ne pas le voir.

Elle dit : « Sire, quand il vous plaira, ma Dame viendra vous saluer. Votre repas est apprêté. Vous mangerez quand vous voudrez, ici, où vous êtes, ou là-haut. »

Messire Gauvain lui répond : « Belle, je n'ai pas envie de manger. Je me vois en sotte aventure. À manger, je n'aurais de joie, à moins qu'il ne me vienne des nouvelles dont j'aurais sujet de me réjouir. J'en aurais grand besoin ! »

La demoiselle s'en retourne, émue. La reine l'appelle auprès d'elle et lui demande ce qu'elle a.

« Belle nièce, dit-elle, comment avez-vous trouvé le bon seigneur que Dieu nous accorde ?

— Ah, ma Dame ! Reine honorée ! De deuil je suis morte, écœurée ! De ce bon et noble seigneur, on ne peut tirer un seul mot qui ne soit de grande colère ! Je ne sais pas pourquoi et il ne m'a rien dit, parce que je n'ai pas osé le lui demander. Ce que je peux vous dire de lui, c'est qu'à l'abord, aujourd'hui, je le trouvai si gracieux, si disert et si joyeux, qu'on ne pouvait se rassasier de l'écouter parler et contempler sa joie. Et puis, il est d'autre manière. On croirait qu'il voudrait mourir et qu'il n'est rien qui ne l'ennuie.

— Nièce, ne soyez pas si triste car bientôt reviendra sa paix, en même temps qu'il me verra. Il n'aura jamais tant de colère qu'il ne l'oublie et ne la remplace par la joie. »

La reine s'est alors levée et elle est venue au palais. Elle est accompagnée de l'autre reine, à qui il plaît bien d'y aller, et elles emmènent avec elles deux cent cinquante demoiselles et au moins autant de garçons.

Quand Gauvain voit venir la reine, qui tenait l'autre par la main, son cœur (souvent le cœur devine !) lui dit que c'est là cette reine dont il a entendu parler. Et c'était bien à deviner, à ce qu'elle eût des tresses blanches qui lui descendent sur les hanches. Elle était vêtue d'une étoffe de soie blanche à fleurs d'or, finement tissée.

Messire Gauvain s'empresse vers elle et la salue.

Elle lui dit :

« Sire, je suis dame après vous de ce palais. Je vous en laisse seigneurie car vous l'avez bien méritée. Dites-moi : n'êtes-vous pas de la maison du roi Arthur ?

— Dame, oui vraiment.

— Êtes-vous, je voudrais savoir, parmi les chevaliers du guet qui, dit-on, font maintes prouesses ?

— Dame, non.

— Je vous en crois. Mais seriez-vous, dites-le-moi, compagnon de la Table Ronde, parmi les plus prisés du monde ?

— Dame, dit-il, je n'oserais dire que je sois des

plus prisés. Je ne me crois pas des meilleurs, mais ne suis pas non plus des pires. »

Elle lui répond :

« Beau sire, nobles propos vous entends dire, que vous vous refusez le prix du mieux et le blâme du pis. Mais parlez-nous du roi Loth. Combien eut-il de fils de sa femme ?

— Dame, quatre.

— Nommez-les-moi.

— Dame, Gauvain qui fut l'aîné ; le deuxième fut Engrevain ; Gaheriés et Gueréhés, tels sont les noms des deux derniers. »

Alors, la reine lui redit :

« Sire ! Que le Seigneur Dieu m'aide ! Tels sont bien leurs noms, ce me semble, mais plût à Dieu que tous ensemble ils fussent ici avec nous ! Mais, dites-moi, connaissez-vous le roi Urien ?

— Dame, oui.

— Et n'a-t-il à la Cour nul fils ?

— Dame, deux de grand renom. L'un d'eux s'appelle Yvain, le courtois, le bien éduqué. Chaque jour, je suis plus heureux quand j'ai pu le voir le matin. Si calme et si vaillant est-il ! Et l'autre aussi s'appelle Yvain, mais n'est pas son frère germain, c'est pourquoi on l'appelle l'Avoutre. Il démonte tous les chevaliers qui se mesurent avec lui. Ils sont à la Cour tous les deux, très vaillants, loyaux et courtois.

— Beau sire, fait-elle, et le roi Arthur, comment se porte-t-il ?

— Dame, mieux qu'il ne fut jamais, plus sain, plus agile et plus fort.

— Ma foi, il n'était pas tordu, étant enfant, le roi Arthur ! S'il a cent ans, il n'a pas plus, et ne peut avoir davantage. Mais je voudrais encore savoir de vous, s'il ne vous ennuie pas, comment se maintient la reine ?

— Vraiment, Dame, elle est si courtoise, elle est si belle et si sage, que Dieu ne fit aucun pays où l'on trouve aussi gente femme ! Depuis que Dieu a formé la première femme de la côte d'Adam, nulle ne fut plus renommée ! Elle le mérite. Elle éduque les petits enfants tout aussi bien qu'un savant maître. En effet, ma Dame la reine enseigne et apprend à chacun. D'elle descendent tous les biens. Tout vient d'elle, tout y prend vie. Personne ne la quitte découragé. Elle sait ce que chacun vaut, et ce qu'elle peut pour chacun, et de quelle façon lui plaire. Nul homme ne fait honneur ou bien qu'il ne l'ait appris de ma dame, et nul, si malheureux soit-il, qui la quitte avec sa colère.

— Comme vous, sire, en me quittant.

— Dame, dit-il, je vous en crois, car avant que je ne vous voie, tout me venait indifférent, tant j'avais de colère et de peine. Mais à présent je suis heureux, plus que je pourrai jamais l'être.

— Sire, par Dieu qui me fit naître, lui dit la reine aux cheveux blancs, encore doubleront vos plaisirs et croîtra votre joie qui ne vous manquera jamais. Et puisque à présent, vous voilà joyeux, et que votre repas est prêt, vous mangerez quand vous voudrez, en quelque lieu qui vous plaira. S'il vous plaît, ce sera là-haut, ou ici s'il vous agrée davantage.

— Dame, je ne veux pas changer ce palais pour aucune chambre, car on m'a dit que jamais chevalier n'y mangea ni ne s'assit.

— Non, sire, et qui s'en sortit, ni qui vivant y demeura, le temps d'un galop d'une lieue, ou même d'une demi-lieue.

— Dame, j'y mangerai donc si vous me le permettez.

— Je vous l'accorde volontiers. Vous serez donc le chevalier qui premier y mangea jamais. »

La reine s'en alla alors, et laissa, de ses demoiselles, deux cent cinquante des plus belles qui mangèrent avec Gauvain. Elles le servirent et l'amusèrent à son plaisir.

Les écuyers servirent aussi joyeusement ce repas. Plusieurs d'entre eux étaient tout blancs, d'autres grisonnaient, d'autres non. Plusieurs n'avaient ni barbes ni moustaches, et de ceux-ci, deux furent à genoux devant leur sire, l'un qui taillait les aliments, et l'autre qui servait à boire.

Messire Gauvain avait fait asseoir son hôte auprès de lui.

Le repas ne fut pas court ; il dura plus que l'un des jours d'alentour de la Trinité. La nuit était dehors laide et obscure, mais beaucoup de torches furent brûlées avant la fin de ce repas. En mangeant on parla beaucoup et l'on dansa force rondes et caroles.

Enfin, las de se trémousser pour leur seigneur très aimé, après manger ils se couchèrent.

Gauvain voulut dormir aussi et se coucha au Lit de la Merveille. Une pucelle lui passa un oreiller sous son oreille, qui lui fit faire un bon sommeil.

Le lendemain, à son réveil, on lui fit apprêter une robe d'hermine et de soie.

Le nautonier vint au matin, le fit lever et s'habiller et se laver les mains. À son lever fut Clarissan, la sage, la belle et la vaillante, la prudente en bonnes paroles, qui, ensuite se présenta dans la chambre de la reine, son aïeule. Elle lui posa cette question :

« Nièce, par la foi qui m'est due, votre sire est-il réveillé ?

— Oui, Dame, il y a longtemps.

— Et où est-il, ma douce nièce ?

— Dame, il alla dans la tourelle. Je ne sais s'il en est descendu.

— Nièce, je veux y aller le voir, et s'il plaît à Dieu aujourd'hui, il n'aura que bonheur et joie. »

À l'instant, la reine se dresse, désirant voir le chevalier, et elle le retrouva là-haut à la fenêtre d'une tour.

Il regardait une jeune femme et un chevalier tout armé qui allaient là-bas, dans le pré.

Il voit que de l'autre côté, les deux reines étaient ensemble. Elles ont vu Gauvain et son hôte à deux fenêtres plus loin.

« Sire, bien soyez-vous levé ! Que ce jour vous soit profitable et joyeux, font les deux reines, par le don du glorieux Père qui de sa fille fit sa mère !

— Grande joie, Dames, vous donne-t-il, qui envoya son Fils sur terre, pour exalter la chrétienté ! Mais, si vous le voulez bien, venez jusqu'à cette fenêtre, et vous me direz qui peut être la demoiselle qui vient là, accompagnée d'un chevalier qui porte un écu à quartier ?

— Je vous répondrai sans retard, dit la reine qui le regarde. C'est celle (que le diable la brûle !) qui vint avec vous hier soir. Mais ne vous occupez pas d'elle : elle est trop méchante et vilaine ! Du chevalier qu'elle accompagne, ne vous occupez pas non plus ! Il est, sachez-le sans erreur, courageux comme les meilleurs. Sa bataille n'est pas un jeu. Il a mis à mort sous nos yeux maints chevaliers sur ce rivage.

— Dame, dit-il, je veux aller à la demoiselle parler. Je vous en demande congé.

— Sire, à Dieu ne plaise que je vous laisse aller à votre malheur. La demoiselle est malfaisante, qu'elle aille seule à sa besogne ! S'il plaît à Dieu, vous ne sortirez pas du palais pour une telle bonne à rien ! Vous ne devriez jamais sortir des murs si vous ne voulez notre tort.

— Hélas ! Ô reine débonnaire ! À ce coup, vous m'effrayez fort ! Je me tiendrai pour mal payé si je ne puis jamais sortir ! Qu'il ne plaise à Dieu que j'y sois aussi longuement prisonnier.

— Ma Dame, fait le nautonier, laissez-le faire ce qu'il veut : si vous le serrez malgré lui, il pourrait mourir de chagrin.

— Je le laisserai donc sortir, dit la reine, mais à

condition que, si Dieu le garde de mourir, il nous reviendra cette nuit.

— Dame, dit-il, soyez tranquille, je reviendrai si je le peux. Pourtant, je vous demande une grâce : ordonnez, s'il vous plaît, que mon nom ne me soit demandé avant sept jours, s'il ne vous fâche.

— Sire, puisque ainsi vous convient, je le souffrirai, dit la reine, pour ne mériter votre haine. C'eût été la première chose que je vous eusse demandée, si vous ne l'eussiez défendu, que de connaître votre nom. »

Gauvain descendit de la tourelle et les valets s'empressèrent à lui rendre ses armes pour garantir son corps. Ils ont fait sortir son cheval de l'écurie, et il y monte tout armé. Il s'en est allé jusqu'au port, accompagné du nautonier. Ils ont embarqué tous les deux. Les rameurs quittent cette rive, et rament pour que l'autre arrive.

Et messire Gauvain débarque.

Alors, l'autre chevalier dit à sa terrible compagne : « Amie, connaissez-vous ce chevalier qui vient sur nous avec ses armes ? » Et la demoiselle dit : « Non. Mais je sais bien que c'est celui que j'ai amené jusqu'ici. » Et il répond : « Que Dieu me garde ! Je ne cherche d'autre que lui ! J'ai eu grand-peur qu'il ne m'ait échappé : aucun chevalier né de mère ne passe les ports de Galvoie s'il se trouve que je le voie, et qu'à ma main je le rencontre ! Pour qu'il puisse ailleurs se vanter d'être venu dans mon pays. Celui-ci sera pris et tenu puisque Dieu me le donne. »

Sur ce, le chevalier s'élance, sans aucun défi ni menace. Il pique son cheval, étreint son bouclier.

Messire Gauvain arrive sur lui : il le frappe, il le blesse durement au flanc et au bras. Pourtant, il n'est pas à la mort car le haubert a si bien résisté que le fer n'est entré qu'un peu de la longueur d'un doigt.

Il est tombé à terre, puis il s'est relevé, et il a vu couler son sang par-dessus son haubert, de son bras et de son côté. Il attaque pourtant l'épée haute, mais en peu de temps s'est lassé, si bien qu'il ne pouvait tenir et il dut se rendre à merci.

Sire Gauvain prend son serment et il le donne au nautonier qui attendait.

Or la mauvaise femme était descendue de son palefroi. Sire Gauvain s'approche et la salue, disant :

« Remontez, belle amie ! Je ne vous laisserai pas ici, mais je vous emmène avec moi sur l'autre rive où je passerai.

— Ah ! ah ! fait-elle ! Comme vous êtes fier, chevalier ! Vous auriez perdu la bataille si mon ami n'eût été affaibli par ses vieilles blessures. Vous tairiez vos sottises et vous seriez fort peu bavard, et plus honteux qu'échec et mat ! Or, vous l'admettrez comme moi : croyez-vous valoir mieux que lui parce que vous l'avez abattu ? Pourtant, vous avez souvent vu un plus faible abattre un plus fort. Si vous vouliez quitter ce lieu et vous en venir avec moi sous cet arbre ; et si vous faisiez la même chose que l'ami que vous avez fait embarquer (il faisait pour moi à mon gré), alors, vrai, je témoignerai que vous valez autant que lui, et ne vous tiendrai plus pour vil.

— Pour mériter ce témoignage, pucelle, je n'arrêterai pas que je ne fasse votre volonté. »

Et elle dit : « À Dieu ne plaise que je vous en voie revenir ! »

Ils se mettent donc en route, elle devant et lui après.

Les demoiselles et les dames du palais se tirent les cheveux, se les arrachent, se déchirent et elles pleurent : « Hélas, pauvrettes ! Hélas, pourquoi donc vivons-nous, quand nous voyons Notre Seigneur s'en aller à mort et malheur ! La mauvaise femme le conduit et l'entraîne, la méprisable, là d'où nul vaillant ne revient ! Hélas ! sommes-nous malheureuses, après avoir eu tant d'honneur ! Car Dieu nous avait envoyé l'homme de tous biens à qui rien ne manquait, de hardiesse ni de courtoisie ! »

Ainsi elles se lamentaient en voyant leur seigneur partir avec la créature.

Tous les deux arrivent sous l'arbre, et quand ils y sont arrivés, messire Gauvain lui parle : « Belle, à présent, dites-moi donc si je puis être dégagé, ou si je dois plus faire encore, afin d'obtenir votre grâce ? Je le ferai si je le peux. »

Elle lui répond alors :

« Voyez-vous là ce gué profond dont les rives sont escarpées ? Mon ami le passait souvent. Quand je le voulais, il m'allait cueillir ces fleurs que vous voyez parmi ces arbres, dans ces prés.

— Comment y passait-il, ma belle ? Je ne vois pas où est ce gué. L'eau est profonde, je le crains, et la falaise haute partout, si bien qu'on n'y peut pas descendre.

— Vous n'oseriez pas vous y mettre, lui répond-elle, je le sais. Jamais certes, je ne pensai que vous auriez assez de cœur pour en oser la tentative. Ici est le Gué Périlleux, que nul s'il n'est trop téméraire, n'ose essayer pour nulle affaire ! »

Gauvain mène son cheval au bord de la falaise ; il voit l'eau profonde courir, et l'autre rive haute et abrupte. Mais la rivière est très étroite.

Quand Gauvain s'en est rendu compte, il a pensé que son cheval a sauté des fossés plus larges. Il sait avoir entendu dire par plusieurs personnes que celui qui saurait passer l'eau profonde du Gué Périlleux aurait le prix sur tout le monde.

Alors, il s'éloigne de l'eau, puis y revient au grand galop pour sauter outre, mais il manque ! Il a mal engagé le saut, et il tombe au milieu du gué !

Or son cheval a tant nagé, qu'il prend terre des quatre pieds, et qu'il s'efforce pour sauter. Il s'élance si bien qu'il saute sur la rive pourtant très haute.

Arrivé là-haut sur la rive, le cheval se tient immobile, incapable de remuer. Monseigneur Gauvain met pied à terre et voit son cheval épuisé. Il le débarrasse de sa selle qu'il retourne pour l'essuyer. Il enlève la couverture pour assécher l'eau des côtés, et sur les jambes et le dos. Puis il le resselle et remonte, et il s'en va le petit pas. Là il rencontre un chevalier seul qui chassait à l'épervier, et près de lui dans un verger, il y avait deux petits chiens à oiseaux. Ce chevalier était plus beau que la bouche ne pourrait dire.

Messire Gauvain l'aborde et lui dit : « Beau sire, Dieu qui vous fit si beau parmi les créatures, vous donne joie et belle aventure ! »

L'autre de répondre aussitôt :

« Toi, tu es bon, vaillant et beau. Mais dis-moi, s'il ne te déplaît, comment as-tu laissé toute seule cette méchante femme qui était avec toi ? Et où est donc son compagnon ?

— Sire, dit-il, un chevalier qui porte un écu en quartiers l'accompagnait quand je les vis.

— Et qu'en fis-tu ?

— Je l'outrai d'armes.

— Qu'est-il devenu ?

— Je l'ai donné au nautonier qui disait qu'il devait l'avoir.

— Certes, mon frère, il a dit vrai. Cette femme fut mon amie, quoiqu'elle ne le voulût pas. Jamais elle ne daigna m'aimer, ni me dire son ami. Je ne l'embrassai jamais que par force, ni ne lui donnai de baiser. Jamais je n'en fis mon plaisir, mais je l'aimais malgré elle. Je l'enlevai à son amant, avec qui elle espérait vivre, et je le tuai, puis je l'ai prise. J'ai mis ma peine à la servir, mais ce fut vainement car elle s'enfuit au plus tôt qu'elle en eut trouvé l'occasion. Elle fit alors son ami de celui que tu viens d'abattre. Il n'est pas chevalier pour rire, car il est vaillant, que Dieu m'aide ! Pourtant, il ne l'est pas assez pour oser venir où il pourrait me rencontrer. Ami, tu viens de faire une prouesse qu'aucun chevalier n'osa faire. Puisque tu l'as osée, tu seras prisé et loué par le monde, comme tout courage l'a mérité. C'est montrer une belle hardiesse que sauter le Gué Périlleux, car sache bien véritablement que nul chevalier n'en sortit.

— Donc, sire, elle m'aurait menti la demoiselle qui me dit, et qui vraiment me le fit croire, que souvent, de jour, son ami le sautait par amour pour elle.

— Elle t'a dit cela, la perfide ? Je voudrais qu'elle s'y noyât ! Pour t'avoir fait un tel mensonge, elle est pleine de diablerie. Elle te hait, c'est évident, et pensait que tu te noierais dans cette eau rapide et profonde, la diablesse que Dieu confonde ! Ami, accorde-moi ta foi, et engageons-nous toi et moi : quoi que tu me demanderas, pour ma joie ou pour mon chagrin, je ne t'en cacherai rien, si je connais la vérité. Et toi aussi, tu me diras, et pour rien ne me mentiras, si tu connais la vérité. »

Tous deux ont pris l'engagement, et messire Gauvain commence à demander premièrement :

« Sire, quelle est la cité que j'aperçois ? Quel est son nom ? À qui est-elle ?

— Ami, dit-il, de la cité je te dirai la vérité : elle est si sûrement à moi qu'il n'est personne à qui j'en doive rien. Je n'en tiens rien que de Dieu même, et son nom est Orqueneselle.

— Et vous, comment ?

— Guiromelan.

— Sire ! Vous êtes sage et très vaillant. Très souvent je l'ai entendu dire : vous êtes le seigneur d'un très grand domaine. Comment s'appelle la demoiselle dont on n'entend nul compliment, comme vous en témoignez vous-même ?

— J'en puis bien témoigner, dit-il, car elle est redoutable, tant elle est méchante et arrogante. On l'appelle l'Orgueilleuse dc Nogres où elle est née. Elle vint ici toute enfant.

— Et comment se nomme son ami qui est allé de gré ou non dans la prison du nautonier ?

— Ami, sachez de lui qu'il est excellent chevalier et que son nom est l'Orgueilleux du Passage à l'Étroite Voie ; il garde l'abord de Galvoie.

— Et quel est le nom du château, si bien bâti, si haut et beau, outre rivière d'où je viens, et où, hier soir, je mangeai et je bus ? »

Guiromelan à ces paroles se détourne comme en colère et va comme pour s'en aller. Gauvain cependant le rappelle : « Sire ! Sire, répondez-moi ! Rappelez-vous votre promesse ! »

Sire Guiromelan s'arrête et le regarde de travers, disant :

« L'heure où je t'ai parlé et où je me suis engagé soit la mauvaise et la maudite ! Va-t'en ! Je te rends ta promesse et je reprends la mienne ! Je voulais des nouvelles des pays outre la rivière, mais tu en sais autant que de la lune et de ce château, j'en suis sûr !

— Sire, dit Gauvain, j'y fus cette nuit. J'ai couché au Lit de la Merveille, à quoi nul lit ne s'appareille, et que nul semblable ne vit.

— Par Dieu, dit l'autre, je m'étonne des nouvelles que tu me donnes ! J'ai contentement et plaisir à t'écouter si bien mentir ! J'en aurais autant à entendre un conteur de fables que toi. Je vois que tu n'es qu'un jongleur alors que je te croyais être un chevalier plein de prouesses. Cependant, pour rire, apprends-moi quelle fut là-bas ta vaillance, et tout au moins ce que tu vis. »

Et messire Gauvain lui dit : « Ne croyez pas que je vous mente. Sire, quand je m'assis sur le lit, il se fit soudain un grand bruit. Les cordes du châlit crièrent, et les clochettes en sonnèrent. Lors, les fenêtres qui étaient closes s'ouvrirent, et des flèches et des carreaux d'arbalète me frappèrent sur mon bouclier. Ceci sont les griffes restées d'un grand lion féroce qui avait une grosse crinière. Il était resté enchaîné longtemps dans un souterrain voûté, et il me fut adressé par un vilain qui le délia. Il s'élança sur moi si fort qu'il enfonça ses ongles dans mon bouclier, si profond qu'ils y sont restés. Si vous n'en croyez que ce qu'il en paraît, voyez encore ici ces griffes ! Pour sa tête, merci à Dieu ! je la tranchai avec les pattes. Que dites-vous de ces preuves-là ? »

Guiromelan en entendant ces mots, sauta à terre vivement ; il s'y agenouilla, joignit ses mains et pria messire Gauvain de lui pardonner sa bévue. Gauvain lui dit : « Soyez-en quitte ! Mais remontez ! » Guiromelan remonte, mais de sa sottise a grand-honte. Il dit :

« Sire, que Dieu me garde ! Je ne croyais pas qu'il pût vivre, ni près ni loin, d'aucune part, un chevalier qui méritât l'honneur qui vous est advenu. Mais dites-moi si vous avez vu la reine aux cheveux blancs, et si vous lui avez demandé qui elle est et d'où elle vint ?

— Cette idée ne m'est pas venue, mais je la vis et lui parlai.

— Eh bien moi, je te le dirai ! C'est la mère du roi Arthur.

— Foi que je dois à Dieu Puissant, le roi Arthur, à mon avis, n'a plus, depuis longtemps, sa mère. Il a bien soixante ans passés, à ce que je crois, et davantage.

— Elle est sa mère, vraiment, sire. Quand Uterpandragon, son père, fut enterré, la reine Ygerne vint ici, en apportant tout son trésor. Elle bâtit ce château sur cette riche terre, et le palais que je vous ai entendu dire. Vous vîtes, je le suppose, l'autre reine, l'autre dame, la grande, la belle, qui fut femme du roi Loth ? Et mère de celui (qu'en chemin de malheur il aille !) qu'on appelle Gauvain...

— Gauvain, beau sire, je le connais bien ! J'ose dire que ce Gauvain n'a plus sa mère depuis vingt ans passés au moins.

— Pourtant, sire, n'en doutez pas ! Près de sa mère elle resta, étant chargée de vif enfant. Et c'est la très belle, la grande demoiselle qui est m'amie et sœur (je ne le cache pas) de ce Gauvain que Dieu veuille accabler de honte ! Celui-ci, vraiment, il ne sauverait pas sa tête, si je le tenais comme je te vois devant moi ! Mais je lui arracherais le cœur hors de son corps avec mes mains, tant je le hais !

—Vous n'aimez pas comme je fais, dit messire Gauvain. Sur mon âme, si j'aimais demoiselle ou dame, pour son amour j'accolerais ses parents et les servirais.

— Je sais que vous avez raison, mais quand je pense à ce Gauvain dont le père tua le mien, je ne peux lui vouloir du bien. Et lui-même, de ses mains, tua l'un de mes cousins germains, un chevalier vaillant et preux. Depuis, je cherche l'occasion de le venger comme je veux. Or, je vous demande en service, quand vous irez dans ce château, que vous emportiez cet anneau pour le donner à mon amie. Vous le lui donnerez de ma part, en lui disant que je me fie et crois en son amour. Je sais qu'elle aimerait mieux que son frère meure de mort amère, plutôt que de me voir blessé au plus petit doigt de mon pied. Vous la saluerez donc et lui donnerez cet anneau de la part de son ami. »

Gauvain a passé l'anneau à son petit doigt. Et il dit : « Sire, foi que je vous dois, votre amie est sage et courtoise, elle est de très haute famille, et bonne et avenante et belle si elle envisage l'affaire, telle que vous me l'avez dite. »

Guiromelan lui dit :

« Vous me ferez grande bonté je vous l'assure, si vous offrez cet anneau en présent de ma part à mon amie très chère, car je l'aime beaucoup. Je vous en récompenserai en vous disant, comme vous me l'avez demandé, le nom de cette ville forte qui est à moi. Elle s'appelle la Roche Canguin. On y vend et l'on y achète de riches draps rouges et verts qu'on y tisse en bel écarlate. Je vous ai répondu à toutes vos questions sans en avoir menti d'un mot, ainsi qu'il était convenu. Voulez-vous savoir davantage ?

— Non, messire, et je vous demande congé.

— Sire, votre nom, s'il vous plaît, avant de vous laisser partir. »

Alors Gauvain lui dit :

« Sire, que le Seigneur Dieu m'aide ! Je ne vous cacherai pas mon nom. Je suis celui que vous haïssez tant. Je suis Gauvain.

— Es-tu Gauvain ?

— Vraiment, le neveu du roi Arthur.

— Tu es, par ma foi, trop hardi, ou trop fat de me dire ton nom quand tu te sais haï à mort ! Or, tu me vois embarrassé de n'avoir mon heaume lacé, et mon écu pendu au col. Si j'étais armé comme toi, sache bien que je te trancherais la tête et que rien ne m'en empêcherait. Si tu osais m'attendre, j'irais chercher mes armes et je reviendrais te combattre. J'amènerais trois ou quatre témoins pour regarder notre bataille. Si tu veux qu'il en aille autrement, nous attendrons jusqu'à sept jours, et le septième jour nous viendrons ici avec nos armes. Tu y auras mandé le roi et la reine, et toute la cour, et moi, j'aurai la compagnie de tout mon royaume assemblé. Notre bataille ne sera pas cachée et tous ceux qui le voudront la verront. Quand se battent tels prudhommes, comme l'on dit que nous le sommes, on ne se bat pas à la dérobée, mais au contraire on y invite des dames et des chevaliers, pour que l'on connaisse le vaincu, et que tout le monde l'apprenne. Le victorieux en recevra mille fois plus d'honneurs que s'il était le seul témoin de sa victoire.

— Sire, dit messire Gauvain, je me contenterais de moins, s'il pouvait se faire et vous plût qu'il n'y eût pas de bataille. S'il est vrai que je vous ai nui, je l'amenderais volontiers par vos amis et par les miens, tant qu'il sera raison et bien. »

L'autre dit : « Je ne veux savoir quelle raison tu peux avoir pour ne pas oser me combattre. Je t'ai offert deux solutions entre lesquelles tu choisiras : ou que j'aille chercher mes armes, ou bien que tu fasses venir tous tes amis dans les sept jours. Cette Pentecôte est la cour du roi Arthur en Orcanie. J'en ai entendu la nouvelle, il n'y a pas deux jours encore. Le roi et toute l'assemblée pourront y trouver ton message. Envoies-y, tu feras sagement : délai d'un jour vaut cent sous d'or. »

Gauvain répond : « Que Dieu me sauve ! Là se trouve la cour, sans doute. Vous dites la vérité et je vous engage ma main que j'y enverrai dès demain, ou même avant que je m'endorme. »

Guiromelan propose alors : « Je vais te conduire au meilleur pont du monde. Rapide y est l'eau trop profonde. Rien qui vive n'y peut passer, ni sauter jusqu'à l'autre rive. »

Et sire Gauvain lui répond : « Je n'y cherche ni gué ni pont, quoi qu'il me puisse en advenir, car la demoiselle félone m'accuserait de couardise. Je vérifierai sa promesse et m'en irai tout droit vers elle. »

Il pique, et le destrier saute ! Il franchit l'eau facilement et il n'y eut pas d'incident.

Quand elle le vit sauter vers elle, celle qui l'avait si fort malmené de paroles attache son cheval par les rênes à la branche d'un arbre, et elle accourt vers lui à pied, son humeur et son cœur changés.

Elle le salue humblement et lui dit qu'elle est accourue chercher son pardon en coupable, car elle souffre de sa conduite.

« Beau sire, lui dit-elle, écoute pourquoi j'ai été si mauvaise contre les chevaliers qui m'ont emmenée avec eux. Je te dirai, s'il ne t'ennuie, comment celui (Dieu le maudisse !) qui te parlait sur l'autre rive employa si mal son amour. Il m'aima et je le hais, car il me causa une grande douleur en tuant celui de qui j'étais l'amie, cela je ne veux le cacher. Ensuite, il me fit tant d'honneurs qu'il crut m'amener à l'aimer, mais il n'en profita de rien, et je m'enfuis loin de lui dès que j'en trouvai l'occasion. Alors, je pris pour compagnon celui que tu m'as abattu ce matin, mais il ne m'est pas plus qu'une baie d'alise ! Quand la mort me sépara de mon premier ami, bien au contraire, on crut que j'en resterais folle ! J'ai fait l'orgueilleuse en paroles, et si méchante et si hagarde, que je ne prenais jamais garde de qui j'allais provoquant. Moi je le faisais tout exprès en espérant trouver enfin un si coléreux qu'il éclate, et qu'il veuille m'en châtier, mais qu'il me rompe et mette en pièces, parce que je voulais mourir. Beau sire, faites-moi telle justice que nulle femme en ayant nouvelle ose outrager nul chevalier !

— Belle, dit Gauvain, que m'importe que vous soyez punie ou non ? Qu'au Fils du Seigneur Dieu ne plaise que je vous cause aucun ennui ! Mais remontez en selle, et sans attendre, nous irons à ce château fort, Le nautonier attend au port et il nous fera passer l'eau.

— Je ferai votre volonté quelle qu'elle soit », dit la demoiselle.

Alors elle s'est remise en selle sur son petit cheval à belle crinière, et ils vont jusqu'au nautonier qui leur fait passer la rivière sans en ressentir nulle peine.

Les dames qui les voient venir, et les jeunes filles qui avaient si fort pleuré de son départ, et tous les hommes du palais, dont les cœurs étaient accablés, ont soudain une telle joie que jamais joie ne fut si grande !

La reine s'est assise à l'attendre devant le palais. Elle fait former des rondes où les jeunes filles se prennent par la main joyeusement. Devant Gauvain, les jeux commencent, et l'on chante, carole et danse, et il entre au milieu des gens. Les dames et les demoiselles comme les deux reines l'accolent, et l'on parle et l'on rit beaucoup. Puis on le désarme à grande fête, jambes et bras, poitrine et tête.

On fait un chaleureux accueil à celle qu'il a amenée, et tous s'empressent à la servir. (C'est égard pour lui, non pour elle.)

Tout le monde rentre au palais et s'y installe.

Or, messire Gauvain a pris à part sa sœur et il s'assied auprès d'elle sur le Lit de la Merveille, puis il lui parle dans l'oreille :

« Demoiselle, je vous apporte de l'autre rive un anneau d'or où verdoie une belle émeraude. Le chevalier qui vous l'envoie vous salue par amour, disant que vous êtes son amie.

— Sire, répond-elle, je le crois, mais si je l'aime c'est de loin. Nous ne nous sommes jamais vus, sinon à travers la rivière, mais il m'a, je l'en remercie, donné son amour dès longtemps. Il ne vient jamais jusqu'ici, mais il m'a priée par messages, et si souvent que je lui ai donné mon amour. Je ne veux pas vous en mentir, mais je ne suis pas son amie au-delà.

— Ah ! belle ! Il s'est pourtant vanté que vous aimeriez mieux que votre frère Gauvain fût mort, qui est votre frère germain, plutôt qu'il eût mal à l'orteil.

— Vraiment, sire ! Je suis surprise qu'il vous ait dit telle sottise. Par Dieu, je ne pouvais pas croire qu'il fût aussi peu sage, et je le trouve mal avisé de me le faire savoir ! Hélas ! Mon frère ne sait même pas que j'existe. Il ne me vit jamais. Guiromelan a mal parlé. Par mon âme, je ne voudrais pas plus sa peine que la mienne ! »

Pendant qu'ils conversaient ainsi et que les dames attendaient, la vieille reine disait à sa fille assise auprès d'elle :

« Ma belle fille, que pensez-vous de ce seigneur qui est auprès de votre fille, ma nièce ? Il lui parle depuis longtemps. Je ne sais pas de quoi, mais cela ne me déplaît pas. Il n'est pas raison de rien craindre car il est de grande hautesse, et il a le droit de s'adresser à la plus belle et la plus sage qui soit dans ce palais. Plût à Dieu qu'il l'épouse et qu'elle lui plaise comme Lavine plut à Énée.

— Dame ! répondait l'autre reine, Dieu leur donne d'y mettre leurs cœurs, qu'ils soient comme un frère et sa sœur, et qu'ils s'aiment tant, elle et lui, qu'ils ne soient qu'une chair à deux ! »

La dame entend dans sa prière qu'il l'aime et qu'il la prenne à femme, car elle ne connaît pas son fils. Ils seront comme frère et sœur sans autre amour que fraternel. Plus tard ils sauront tous les deux qu'ils sont frère et sœur. Et la mère en aura grande joie, mais autrement qu'elle pensait.

Quand messire Gauvain eut cessé de parler à sa sœur jolie, il la quitta et appela un garçon qu'il vit sur sa droite et qui lui parut plus vif, plus vaillant, plus serviable, plus sage et plus habile que les autres garçons de la salle.

Il se retira avec lui dans une chambre, et il lui dit quand ils y furent :

« Garçon, je te crois vaillant, sagace et avisé. Je vais te donner un secret, mais songe à le bien cacher si tu veux en tirer profit, et je t'enverrai quelque part où tu seras reçu avec grande joie.

— Sire, j'aimerais mieux m'attacher la langue par-dessous la goule, plutôt qu'une seule parole que vous voulez secrète s'envole de ma bouche !

— Frère, tu iras donc à mon seigneur le roi Arthur. Mon nom est Gauvain et je suis son neveu. La route n'est ni longue ni dangereuse. Le roi a établi sa cour pour la Pentecôte dans la ville d'Orcanie. Ce que le voyage te coûte jusque-là, tu me le diras. Quand tu viendras devant le roi, tu le trouveras en colère, mais le bonheur lui reviendra quand tu l'auras salué de ma part, ainsi que tous ceux qui en entendront la nouvelle. Tu diras au roi, sur ma foi, qu'il est mon seigneur, comme je suis son homme ; que je le prie d'être au cinquième jour de la fête sous cette tour, logé dans la prairie du bas, malgré toute occasion contraire. Et qu'il ait telle compagnie de hautes gens et de menus, comme à sa cour seront venus. J'ai entrepris une bataille contre un chevalier qui ne m'aime guère, et pas plus que je ne l'aime. C'est Guiromelan, qui le hait, sans mentir, de mortelle haine. Après, tu diras à la reine qu'elle vienne aussi pour la foi qui doit être entre elle et moi. Elle est ma reine et mon amie. Dès que tu lui auras parlé, elle laissera tout pour m'amener, comme je le lui demande, toutes les dames et les demoiselles qui seront alors à sa cour. Pourtant j'ai peur que tu n'aies pas un tel cheval qu'il puisse te porter là-bas ! »

Mais le garçon répond qu'il a un bon cheval très fort qu'il montera comme le sien, et lui dit que tout ira bien.

Le garçon, sur-le-champ, le mène jusqu'aux écuries d'où il fait sortir deux chevaux de chasse, forts et reposés, dont l'un était tout préparé pour chevaucher et voyager car il était ferré de neuf. Et n'y manquait ni frein ni selle.

« Par ma foi, fait sire Gauvain, mon ami, tu es bien équipé ! Or va ! Que le Prince des rois te donne un bon voyage, en suivant le meilleur chemin ! »

Ainsi envoie-t-il le garçon qu'il conduit jusqu'à la rivière où il demande au nautonier de le faire traverser.

Le nautonier commande ses rameurs et le fait passer sans fatigue. Le jeune homme est sur l'autre rive. Il va vers la cité d'Orcanie par le chemin le plus rapide, car il peut voyager par le monde celui qui sait demander sa route.

Messire Gauvain s'en retourne dans son palais où il séjourne, où on le sert à grande joie, car tous les habitants le chérissent.

La reine fait chauffer les étuves ; on prépare bien cinq cents cuves. Elle y fait entrer les garçons pour se baigner et s'étuver. Puis on leur a taillé des robes à leur mesure qu'ils mettront en sortant du bain. Leurs étoffes étaient tissées d'or, les doublures étaient d'hermine.

Jusqu'au matin, les écuyers au moutier veillèrent debout sans s'agenouiller. Dès l'aurore, messire Gauvain chaussa chacun d'eux, de ses mains, l'éperon droit, leur ceignit l'épée et puis leur donna l'accolade, se faisant ainsi la compagnie empressée de cinq cents chevaliers nouveaux.

Le messager tant est allé, qu'il est venu dans la cité d'Orcanie où le roi tenait sa cour comme il lui convenait.

Les éclopés et les mendiants qui le regardaient chevaucher, se disaient :

« Voilà qui vient à grand besoin ! Je crois qu'il apporte de loin quelque message pour la cour ! Le roi sera muet et sourd quelque chose qu'il puisse dire, car il est plein de chagrin et de colère ! Et qui pourra le conseiller, quand on saura ce que le messager lui mande ?

— Eh quoi, serait-ce à nous de parler des conseils du roi ? Alors que nous sommes en effroi, tout apeurés et déconfits car nous avons perdu celui qui, pour Dieu, nous soutenait tous, par amour et par charité. »

Ainsi, dans toute la cité regrettaient monseigneur Gauvain les pauvres gens qui l'aimaient tant !

Le messager s'en va plus loin, et si longtemps qu'il trouve le roi siégeant dans son palais. Près de lui, cent comtes palatins, cent rois plus cent deux sont assis.

Le roi était morne et pensif ; il voit sa grande baronnie, mais il ne voit pas son neveu, et il se pâme de détresse. Ceux qui l'atteignent les premiers le relèvent sans paresse, car chacun veut le soutenir.

Ma dame Lore qui était dans une loge et qui voyait le deuil qu'on faisait dans la salle, descend bien vite de sa loge trouver la reine, toute folle et toute éperdue. Quand la reine la voit venir, elle lui demande ce qu'elle a.

C'est sur ces mots que se termine l'œuvre de Chrétien de Troyes, interrompue sans doute par la mort de l'écrivain.

Suite et fin de Perceval *d'après les continuateurs de Chrétien de Troyes*

Les auteurs de la présente traduction ont pensé qu'il était utile de faire connaître la suite de l'histoire que le poète paraît avoir laissée inachevée. En effet, des continuateurs notables, s'inspirant du roman et de ses personnages, ont proposé, souvent avec talent et une grande luxuriance d'imagination, d'autres aventures. Ces continuations sont l'ouvrage de plusieurs auteurs d'inégal intérêt, où les contradictions et les doublets ne manquent pas.

La « suite » que nous proposons contient : premièrement la narration de l'épisode interrompu, jusqu'à la conclusion du combat qu'il relate entre Gauvain et Guiromelan ; puis elle s'attache au récit de la conquête du Graal, jusqu'à l'accession de Perceval à la succession du Roi Pêcheur, en laissant de côté les épisodes qui ne concernent pas directement cette quête, quel que soit leur intérêt particulier. Pour composer ces épisodes, nous avons utilisé deux sources : le manuscrit de Mons qui rassemble les deux premières continuations, et le texte de Gerbert de Montreuil qui constitue la troisième continuation.

1*

La reine Guenièvre, épouse du roi Arthur, la voyant ainsi faite, lui demande ce qui arrivait et ce qui l'épouvante si fort : « Ah, franche reine honorée, je ne peux me ressaisir ! Un messager vient d'entrer au palais et je n'ai jamais vu tant de gens affolés ! C'est sans doute de ce qu'il annonce. Le roi s'est évanoui ! C'est sûrement un malheur à quoi l'on ne peut rien. »

La reine pâlit soudain en entendant ces mots, et tombe pâmée sur le pavé. Vous eussiez vu alors l'universelle désolation ! Les dames et les demoiselles déchirent leurs vêtements et s'arrachent leurs cheveux. On ne vit jamais rien de tel !

Le roi reprend enfin ses sens et le messager se présente : « Roi, lui dit-il, Dieu vous bénisse, et votre noble compagnie ! Votre neveu Gauvain vous envoie par moi son salut comme à son roi. » Le roi l'entend et il se lève. Jamais il n'éprouva pareille joie. Il attire à lui le garçon qui était encore à cheval et le tient dans ses bras.

« Mon ami, dit-il, que Dieu t'aide ! Qu'Il garde et sauve Gauvain comme Il te sauve ! Dis-moi la vérité : est-il sain et dispos ?

* Manuscrit de Mons, vers 10600-11375.

— Sire, Dieu nous garde en sa joie ! J'ai laissé votre neveu en bonne santé. Il est loin de ce pays, maître dans un château qu'il a conquis par sa valeur. Il vous supplie par moi, comme son oncle et son seigneur, que lui fassiez honneur et secours. Il a entrepris une bataille contre qui s'est vanté de le couvrir de honte, le sire Guiromelan, qui est votre pire ennemi aussi bien que le sien. Dans le besoin paraît l'ami. C'est pourquoi il s'adresse à vous comme au protecteur de l'oiseau contre l'oiseleur. »

La joie éclate à cette nouvelle. Monseigneur Gauvain est vivant et les appelle à ses prouesses ! Le palais tout entier résonne de rires et de chansons, les harpes et les vielles sonnent sous les doigts des musiciens.

Madame Ysaune de Carhaix, qui entend cette liesse d'une loge où elle regardait la cour, s'en va trouver la reine et lui porter nouvelle :

« Venez, ma dame, c'est une joie ! Le roi est content du message qui lui vient de messire Gauvain. Écoutez, Dame, ces musiques !

— Belle, est-ce vrai ? Dieu vous écoute ! Et moi, et toutes ces demoiselles ! Et qu'Il nous donne du bonheur ! »

La reine se lève bien vite et court vers le palais, sans même emporter ses parures, et les demoiselles à sa suite sans se couvrir de leurs manteaux. Jamais on n'avait vu pareille cavalcade de princesses en émoi ! Le roi, quand il les voit venir, se penche vers le messager : « Ami, voici la reine : tu lui diras toi-même ce dont tu viens de m'éjouir. »

Et il s'éloigne, les laissant face à face et les bénissant de la sorte : « Que Dieu qui règne au ciel et fit le monde d'un seul regard, de par Gauvain vous sauve, avec votre chère compagnie ! »

À quoi lui répondit la reine au pur visage :

« Que Dieu sauve Gauvain et qu'Il le fasse heureux ! Est-il en bonne santé ?

— Oui, belle dame, étant votre féal et votre ami. Par moi qu'il vous a envoyé, il mande que vous le secouriez pour la foi que vous lui devez. Il veut combattre sous vos yeux. Menez-y, vous prie-t-il, toutes vos dames et demoiselles. N'est son ami qui s'abstiendra. »

Or, le sénéchal Keu, qui n'aimait pas cette gloire et cette admiration universelle, allait de groupe en groupe en ricanant : « Que Dieu est bon pour nous, messires, de nous laisser vivre Gauvain ! Quand nous craignions pour lui, nous étions mécontents de Dieu, plus qu'heureux de nos autres joies. Pour le seul doute qu'il ne soit vif, nous trempions en mélancolie. On ne sait ce que vaut un homme que quand on croit l'avoir perdu ! Il fait, à reparaître, un grand honneur à Dieu, à la reine, comme à nous autres ! Par ma foi, sans nouvelles de lui, nous étions à la cour trois milliers de braves gens, pourtant de bonne vie, à nous morfondre ! Dieu soit béni ! Pour lors, nous pouvons enfin rire ! Il est en bonne humeur, le prince de la chevalerie, le bon, le beau, le preux, le sage, qui est si plein de bons usages que nul au monde n'est pareil ! »

Mais il pouvait bien parler ! Écoutez les trompettes !

Regardez cette animation : Gauvain nous appelle, on s'en va ! Voyez les jeunes gens, vêtus de leurs bliauts avec leurs collerettes de dentelle ! Ils se précipitent sur les tables où le repas leur est servi dans de la riche vaisselle. Je n'en dirai pas le menu, mais nul repas si copieusement servi ne dura moins, ni ne fut pris avec plus de plaisir. Il faut partir, on est pressés ! On se précipite aux bagages ! On bâte les mulets gras, les chevaux de charge, et chacun s'évertue à faire des paquets solides. Jamais on n'embarqua d'aussi bonnes et riches provisions dans des coffres si magnifiques. On s'y emploie de tout son cœur car on dit que le roi s'est déjà mis en route.

Le convoi s'éloigne d'Orcanie. Il y a là au moins trente mille chevaliers et environ quinze milliers de dames, demoiselles ou pucelles. Nul ne vit telle armée ni si riche bagage, pour le ravitaillement du roi, les armes, les pavillons et les tentes. La troupe marche sans obstacle. On campa une nuit et l'on repartit le lendemain matin dans l'enthousiasme et la gaieté. Le messager les conduisit droit vers la cité de messire Gauvain.

« Voyez ci le castel, beau sire, que votre neveu a conquis ! »

Le roi met pied à terre, et tous ses barons avec lui. Tandis qu'ils admirent le château merveilleux, les serviteurs commencent à tendre, à monter, à cercler toute une cité de pavillons. Ils ont dépouillé la forêt de branchages à ramure, et ils en ont construit des loges, des abris et des étables pour leurs chevaux. On voit scintiller au soleil d'innombrables cuirasses et les pointes de lances enrubannées de leurs pennons. Les cuisines fument déjà. Des cavaliers circulent. Vers le centre de tout cela, chatoyant comme un cœur de fleur, on voit bouger le groupe multicolore des dames de la reine, près de qui caracolent le sire Gifflès, fils du roi Do, et son ami Yvain, le fils du roi Urien. Et, tout près, sur le bord de l'eau, trois mille chevaliers, à l'entour de leur roi, s'étonnent à contempler la forteresse, objet de leurs futurs exploits.

La reine Ygerne est descendue et considère épouvantée cette grande armée sous ses murs. Sa fille est auprès d'elle, qui fut l'épouse du roi Loth. « Fille, regardez ceci : Nous avons vécu tous nos jours ! Je ne vis jamais telle armée ni tant de chevaliers ensemble. Que de lances, mon Dieu ! Que d'épées ! Mon cœur se serre ! »

Voici messire Gauvain qui descend du palais, accompagnant sa sœur. La reine Ygerne ne lui cache pas son angoisse :

« Beau doux ami, voyez ces gens qui viennent nous assiéger ! Ils sont venus avec leurs amis, et c'est donc pour un long séjour. Dites-moi votre nom, car vous l'avez promis, cher sire, qui nous avez déjà sauvées.

— Reine, dit-il, je suis Gauvain. »

L'étonnement trouble la dame et fait trembler sa voix, mais la plus jeune reine est déjà dans les bras de Gauvain avec un cri de joie.

« Beau doux ami, dit Ygerne, je suis la mère de votre roi. Ma fille ici est votre mère. »

Mais Clarissan s'est détournée de ces embrassements. Une douleur la transperce : ce héros sauveur est son frère aîné. Il connaît les secrets de son cœur, il est l'ennemi de son amant et elle lui doit l'obéissance. Elle rentre dans sa chambre et tombe sur son lit, pâmée.

« Mais, continue la reine blanche, nous sommes assiégés, beau neveu ! Que va-t-il arriver ?

— Nous n'avons nul péril, ma dame. Ce sont les gens du roi Arthur.

— Serait-il vrai ?

— Dame, n'en doutez pas.

— Jamais mon cœur n'eut tant de joie ! Vais-je si tard revoir mon fils ?

— Si vous le permettez, je passerai cette rivière et j'irai lui parler. »

Il ne peut s'en aller qu'elles ne l'embrassent de nouveau, tant son aïeule que sa mère. Mais enfin, il s'en fut, et passa l'eau accompagné d'un vieil homme d'armes. Keu le reconnut dans la barque, comme lui-même sortait de la tente du roi. Il y revint au grand galop et avertit son maître. Le roi monta tout aussitôt et galopa à sa rencontre. Il le vit et il s'arrêta. Il l'embrassa plus de vingt fois avant de pouvoir dire un mot, et sur la bouche et sur la joue. « Sire, lui dit Gauvain, je vous annonce une grande joie, car votre mère vous attend, impatiente de vous voir. »

Le roi sourit à son neveu :

« Beau doux neveu, bel ami cher, voilà trente ans que je n'ai plus ma mère.

— Sire, sauve votre parole, votre mère vit et vous allez la voir ! »

Il lui raconte alors tout ce qu'il a appris, dans le château et de Guiromelan. Que la reine dut s'enfuir quand son époux mourut et qu'elle vint ici avec une bonne part de ses trésors, dont elle fit construire un château merveilleux. Mais un enchantement, désormais sans effet, l'y avait retenue prisonnière sans possibilité de faire savoir de ses nouvelles.

« Quand mourut le roi Loth, mon père, qui tenait Orcanie, votre mère appela la mienne, qui est sa fille et qui vint vivre auprès d'elle. Elle y accoucha d'une fille qui vit ici et qui est une belle demoiselle. »

Le roi et la reine Guenièvre ont grande joie de ces nouvelles ! La reine baise Gauvain bien doucement. Les dames et les demoiselles aussi. De maints baisers qu'il y reçut, se fut-il aisément passé, mais quand un homme est désiré comme l'était monseigneur Gauvain, chacune en prend ce qu'elle peut, plus qu'il ne veut, mais comment s'en défendre ?

Pendant que l'on fêtait Gauvain dans le camp du roi, la reine Ygerne pense à orner son palais pour recevoir son fils. Elle fait armer ses cinq cents chevaliers nouveaux, dont les superbes armes sont serties de pierres précieuses d'une telle brillance que le château entier luisait comme le soleil en plein midi. Rien d'étonnant à ce qu'Arthur eût crainte d'y aller, car il crut le château de nouveau enchanté, et il fallut belles paroles à messire Gauvain pour qu'enfin il le suive. Le roi emmena quatre de ses amis, et la reine trois princesses de sa suite. Ils allèrent jusqu'au château où les deux reines les accueillirent avec la joie que vous pensez ! Elles les retinrent toute la nuit où l'on fit de grandes réjouissances en l'honneur d'Arthur et de Gauvain, les deux fils retrouvés.

Il faut conter l'émoi qui s'empara du camp d'Arthur par le fait malin du sénéchal Keu, lequel, seul connaissant la raison de l'absence du roi et de la reine, fit répandre le bruit qu'ils avaient disparu. Si la nuit n'eût été si sombre, beaucoup, pris de panique, eussent déserté ce lieu maudit où les murs du château luisaient tout seuls comme un prodige. Si bien qu'au matinet, quand, la messe entendue, le roi Arthur et la reine Guenièvre revinrent dans leur armée, un grand nombre de chevaliers attendaient sous les armes, après une nuit d'effroi, le danger dont ils avaient peur.

Mais la rivière était couverte de bateaux qui entouraient celui du roi, et se trouvaient remplis de gens chantant à merveille. C'étaient les cinq cents chevaliers nouveaux, avec cinq cents pucelles, tant dames que demoiselles, qui venaient à eux très pacifiquement. Acclamation au roi et à ses compagnons ! Les dames du camp reçurent celles du château, comme les chevaliers, entre eux, se firent joie.

Gauvain, sans plus attendre, s'est occupé de son combat. Il s'est confessé à l'évêque Salomon et lui a livré ses péchés. Quand le saint homme l'a entendu et qu'il a vu son repentir, il lui parle bien doucement de Dieu, de sainte Marie, de leur benoîte compagnie. Puisqu'il s'est confessé de bon cœur, il n'a plus rien à craindre parce que Dieu le sauvera s'il vient à l'appeler à lui.

Gauvain va s'apprêter. Il n'est personne dans l'armée qui ait un bon cheval et ne le lui propose — une épée, une lance des plus robustes, un casque de bonne forge — et ne vienne les lui offrir, mais Gauvain ne se fie qu'en son bon Gringalet et à sa fine armure. Pendant qu'on l'arme, il voit venir en plaine, par le sentier qui va vers le Gué Périlleux, une troupe de trois mille chevaliers accompagnés d'autant de hallebardiers et de piquiers. Ils se groupent près d'un arbre, non loin du campement du roi qui fait alors armer quinze mille chevaliers pour la sûreté de ses gens. Gauvain les a vus et son courage s'échauffe, car sa coutume est de ne point pourchasser le tort des faibles, mais d'être intraitable aux puissants. Gauvain regarde vers le port et voit passer dans leurs bateaux une foule de trois mille demoiselles qui vont s'installer dans le pré, là où se fera la bataille, et son cœur se réjouit de cette gracieuse assistance. Il appelle Yvain, fils d'Urien, et Gifflès, fils de Do, lesquels savent parler et dire. « Seigneurs, dit-il, vous irez vers Guiromelan. Vous lui direz que je suis prêt à le combattre. »

Les messagers s'en vont. Ils trouvent le prince assis dans son pavillon, sur une couette riche et belle, appuyé des deux bras au cou de deux jeunes écuyers qu'il aimait. Voyant venir les messagers, il se sépare de ses amis et il s'accoude noblement. Il salue les arrivants avant qu'ils n'aient mis pied à terre. « Bienvenus soyez-vous ! » leur dit-il.

Et Yvain répond : « Sire, vous nous devancez car nous vous devions le salut. Gauvain nous envoie dire qu'il est tout prêt à s'acquitter de sa promesse par-devers vous.

— Et moi, de même, dit-il, et sans attendre. Chacun fera ce qu'il pourra. »

Puis il leur demande leurs noms et, quand ils se furent nommés :

« Mes amis, leur dit-il, il n'est personne de votre cour que j'aimasse mieux voir que vous deux. Pour le bien que l'on dit de vous, je suis fort honoré de votre ambassade, mais, par le Dieu qui règne sur nous, je vous assure à tous les deux que vous êtes moins les amis de Gauvain que je ne suis son ennemi. S'il advient que je le surmonte, je lui couperai la tête malgré toute prière, et je lui arracherai le cœur du corps, même s'il est tellement fée qu'il soit invulnérable et que ma lame ne puisse ouvrir son ventre !

— Que Dieu n'y consente, messire ! S'il devait mourir de la sorte, le siècle y perdrait plus que ne vaudrait tout le restant.

— Beau sire Yvain, ainsi chante l'ami ! Si le siècle le

haïssait autant que je le fais, il ne pourrait pas vivre, et nous en serions délivrés.

— Seigneur, lui répond Yvain, nul vivant ne peut dire autant de mal de lui qu'il n'y a de bien à en dire !

— Sire Yvain, vous êtes très sage, lui dit enfin Guiromelan. Contentez-vous de l'avertir que je suis prêt aussi à acquitter ma foi.

— Volontiers, monseigneur ! »

Ils partent, ayant délivré leur message. Gauvain monte à cheval, prend l'écu que lui tend un homme lige. Dix serviteurs s'affairent à surveiller son équipement, et aucun n'y est inutile. On lui présente différentes lances qu'il soupèse et qu'il examine, mais c'est Yvonet, le fils du roi Yder, qui lui en donne une roide et forte dont plusieurs hommes sont déjà morts. Son fer est d'un acier tranchant, et son fût en bois de pommier, son enseigne en soie d'Aumarie, clouée à clous d'or fin et brodée d'armoiries.

La prairie est plate, grande et belle. Gauvain s'élance hors de son camp, et son ennemi, là-bas, arrive sur lui au grand galop. Guiromelan porte habilement l'écu au col. Son cheval est vêtu d'une couverture vermeille à franges d'or, sa lance est forte et bellement pointée. On le sent fier de sa vigueur.

Ils se heurtent à la lance devant le roi et les barons. Ils se donnent de si rudes coups que leurs écus sont traversés et les cottes de mailles déchirées jusqu'à lacérer les chemises. Leur sang vermeil coule à ruisseaux.

Sans s'en émouvoir, ils se frappent. Ils y mettent telle violence qu'ils sont tous deux jetés à terre à bas de leurs montures. Ils se relèvent en même temps et se ruent ardemment l'un sur l'autre. Ô chevaliers, voilà la guerre !

Les lances ont volé en pièces. Ils ont mis en main leurs épées. Ils desserrent leurs boucliers qu'ils saisissent par leurs courroies. Ils se battent avec leurs épées dont l'acier sonne sur les heaumes ; les lames qui jettent des éclairs dépècent les boucliers et tranchent de grands pans d'armures. Aucun d'eux ne recule, mais ils se pressent vigoureusement. Ils frappent pendant toute la matinée et leurs coups ne faiblissent pas.

Gauvain, le sage chevalier, ne se bat jamais volontiers. Il faut qu'il y soit obligé, mais s'il reçoit des coups d'abord, sa puissance paraît augmenter dans la suite du combat. L'heure de midi redouble son ardeur et sa force.

L'épée de Gauvain tranche et taille, celle de l'autre laboure aussi. Ils s'assaillent plus durement que jamais et l'on voit s'échauffer leur lutte. De si durs assauts qu'ils se font, c'est merveille qu'ils ne s'écroulent ! Les cœurs des assistants sont gonflés par l'angoisse. On crie d'amour et de détresse. Le roi est douloureux, mais il n'ose élever la voix, ni troubler une bataille où l'honneur est en jeu. Le courage de Guiromelan est tendu à l'extrême. Gauvain l'étonne car il paraît infatigable : la bataille nourrit sa vaillance. Il frappe à étourdir son adversaire qui ne veut pas céder et revient sur lui l'épée haute. Ils frappent tous les deux à la tête : les heaumes sont décerclés, les boucliers sont en lambeaux, et les hauberts perdent leurs mailles.

Mais, pour un coup, maintenant, Gauvain en frappe deux. Les demoiselles qui le voient, et le roi, s'exclament joyeusement, mais Clarissan est affolée. Son cœur et son esprit s'embrouillent. C'est son frère à honnir ou son amant à perdre ! Elle se sent étouffer et elle veut réagir. Elle s'agenouille devant le roi, son oncle, et le prie d'arrêter le combat.

« Seigneur roi à qui j'ai recours, octroyez-moi cette bataille, et faites-moi tel honneur que je sois à Guiromelan, qui m'a aimée et à qui j'ai donné mon cœur !

— Belle nièce, dit le roi, je ne peux pas les séparer sans outrepasser mon pouvoir, mais j'aime le choix que tu as fait et je serais content qu'un preux de cette vaillance te soit donné. Ce que moi je ne peux, ton frère pourra l'accomplir. Va vers lui et crie-lui merci, et qu'il devienne l'ami d'un si bon chevalier ! »

Clarissan s'est levée d'un bond, ayant au cœur cette espérance. Elle jette par terre son manteau et le voile de sa coiffure et elle court vers les combattants parmi le fracas de leurs armes. Elle crie à genoux devant tous, les séparant de sa prière, que son frère la prenne en pitié et qu'il la donne à son ennemi pour qu'il soit seigneur de sa vie.

« Ma sœur, dit Gauvain doucement, vous me découvrez votre amour, mais qu'en est-il du chevalier que vous demandez pour époux ? »

Puis il dit à Guiromelan :

« Avez-vous entendu son vœu ?

— Vraiment oui, je l'ai entendu.

— Que dois-je, selon vous, lui répondre ?

— Sire, dit Guiromelan, que voulez-vous que je vous dise ? Si vous me donnez votre sœur, je n'en serai déshonoré. Elle non plus. Je lui donnerai sept de mes villes.

— Guiromelan, lui dit Gauvain, si vous me l'aviez demandée dès notre première rencontre, je vous l'aurais donnée de mon plein gré, mais, puisqu'il plaît à Dieu, je vous la donne encore. Vous en aurez la joie et la douceur, car elle est belle et sage et avenante ; mais vous la méritez aussi car vous êtes le meilleur chevalier de notre temps. »

Et Guiromelan lui répond, sans reproche ni colère : « Seigneur, seigneur, parlez-en mieux ! Si j'étais le meilleur, vous ne seriez pas ce que vous êtes. Il m'est tourné à grand honneur de vous avoir si longtemps résisté. Sire, je vous en remercie, comme du don que vous me faites de votre sœur, ma tant aimée. »

Ainsi fut close leur querelle qui se changea en amitié. Les deux camps qui les assistaient, en même temps se désarmèrent et fraternisèrent ensemble. Le roi Arthur donna aux époux deux cités, l'une en Galles, Disnadaron, l'autre, Notingentan, sur la mer, et plus de trente forteresses.

En cet endroit, les divers manuscrits divergent. Certains disent que Gauvain refusa d'accorder sa sœur à son ennemi, mais que le roi Arthur maria les deux amoureux de bon matin à l'insu de Gauvain. Gauvain, furieux, quitte la cour d'Arthur, jurant qu'on ne l'y verra plus. Il a de longues aventures qui l'amènent à la cour du Roi Pêcheur. Mais il échoue à ressouder l'épée brisée, de sorte qu'il est jugé indigne du Graal.

Le manuscrit allemand de Wolfram d'Eschenbach précise ailleurs que le roi Arthur célébra en effet le mariage de Clarissan avec Guiromelan, en même temps que deux autres mariages princiers.

Pendant la fête de la triple noce, seul Perceval fut malheureux. Le désir qu'il avait de retrouver sa bien-aimée et de poursuivre sa quête du Graal, le poussa à se lever de très bonne heure pour reprendre le cours de ses voyages.

2*

Un jour qu'il chevauchait, Perceval traversa un bois jusque sur les midi, et quand il sortit dans la plaine, il se trouva dans une campagne magnifique, couverte de moissons comme terres d'abbayes. Il en fut étonné, ayant le sentiment d'être passé par là deux ou trois ans plus tôt, et n'y avoir rien vu qu'une terre dévastée.

* Manuscrit de Mons, vers 24791-25330.

Il regarde dans la vallée et, tout reluisant de soleil, il aperçoit un superbe château dont les murs sont plus blancs que neige. On y voit cinq belles tours dont celle du milieu est rouge vif, alors que les autres sont blanches. Le large fleuve Humber baigne les murs de la ville et produit à foison saumons, bars, esturgeons et lamproies. Les rues grouillent de gens, bourgeois, sergents ou chevaliers, et de marchands qui vendent nombre de marchandises : des fourrures, des draps, de la soie. Des changeurs pèsent et éprouvent toutes sortes de monnaies, esterlins et besants. Des orfèvres forgent de la vaisselle d'argent ou d'or, avec de riches ornements, des tisserands ourdissent des robes brodées, pailletées et gemmées ; des gens débitent du poivre ou de la cire, du cuivre, des clous de girofle et de la zédoaire. Des marchandises du monde entier se vendent et se trafiquent ici, des plus précieuses et des plus chères. Elles viennent par la marine des plus lointains pays : Alexandrie, Esclavonie, Babylone, Antioche, Aumarie, La Mecque, Césarée, Jérusalem, Tésale, Hongrie et bien d'autres encore. La ville compte plus de vingt abbayes, et de beaux monastères avec de hauts clochers couverts en plomb. Que dire du château si bel à voir ? On y arrive par un pont (sans doute le plus beau du monde) que l'on relève pour la nuit. Une grosse tour le défend sous laquelle il faut passer. On suit ainsi un passage voûté qui conduit à un autre pont, pareillement défendu par une tour à meurtrières, à créneaux et à bretèche.

Perceval a passé la porte et il chevauche par la ville.

Il s'étonne d'y voir une foule de chevaliers, de sergents, de marchands, de bourgeois, le tout fleuri de jolies filles et de riches demoiselles noblement attifées. Cette richesse le déroute et l'empêche de reconnaître un lieu où il n'a connu que misère. Il va ainsi jusqu'au palais où quatre valets viennent l'aider à mettre pied à terre ; ils lui prennent son écu et sa lance et ils le conduisent jusqu'à la salle. Quelle est cette femme si belle qui l'accueille et dont il s'émeut sans raison ? Vingt chevaliers sont autour d'elle pour la servir. Mais on l'entoure lui aussi : on le fait asseoir sur une couette à fleurs d'argent. On le désarme et on lui donne à revêtir un manteau de soie teint en rouge.

La demoiselle dit tout bas à l'une de ses suivantes :

« Je n'ai jamais vu personne qui ressemblât tant à mon seigneur que j'aime d'amour, qui se mit en péril pour moi contre Anguingueron et Clamadeu, et qui me rendit mon pays.

— C'est lui, ma dame, répond la servante. J'en suis certaine. »

La demoiselle se lève, vient chercher Perceval et elle l'amène sous un dais, sur un fauteuil d'honneur. Perceval, gêné, lui demande son nom et le nom du château.

« C'est Beaurepaire, messire, et je suis Blanchefleur. N'êtes-vous pas monseigneur Perceval ? »

Quand il lui a dit oui, le cœur lui saute dans la poitrine. Elle ne peut dissimuler. Elle l'embrasse, elle l'accole plus de cent fois d'un seul tenant. Des chevaliers et des sergents, des demoiselles, des écuyers arrivent de tous côtés pour voir la scène et, devant tout le monde, Blanchefleur qui pleure en riant, proclame d'une voix qui tremble : « Seigneurs ! Voyez ici le bon chevalier Perceval qui me sauva toute ma terre quand Clamadeu me guerroyait, et qui me rendit mon honneur ! Tenez-le pour votre seigneur et votre sire ! »

Le palais éclate de joie depuis les cuisines jusqu'au faîte. Par le château vont les nouvelles, et elles se répandent dans la ville. Des dames, des demoiselles, des gens de tout établissement, il en arrive plus de dix mille qui acclament Perceval. Vous ne me croiriez pas si je vous disais par le menu le festoiement de cette fête. Les cloches sonnent dans tous les clochers, par toute la cité s'allument et fument des encensoirs, des draps de soie ouvragés d'or sont étendus aux fenêtres ; on jonche toutes les rues de feuillage. Les gens se promènent en chantant. Ce sont partout hourras et cris de joie. La fête ne s'éteignit que la nuit déjà avancée.

La grande salle se vida enfin. Les marchands, les bourgeois s'en allèrent avec leurs femmes et leurs petits enfants, comme tous ceux qui n'avaient rien à faire à la cour.

Perceval est seigneur. Rien ne le gêne, tout lui agrée. Il est au comble de ses vœux, sauf une arrière-pensée. Il est auprès de son amie si gracieuse, blanche comme l'aile d'un cygne, celle dont il a rêvé sur la neige où fondait le sang.

On s'active au souper dont on le régalera. L'eau fraîche est apportée dans des bassins d'argent où se lavent les demoiselles, les jouvencelles et les dames, et après elles, les chevaliers. On étend sur les tables de grandes doubles nappes, on y place les couteaux, les salières et les coupes d'or où des gemmes sont serties. Tout est riche, tout est parfait. Dames et demoiselles, aussi les chevaliers, prennent place pour le repas. Perceval est assis auprès de Blanchefleur qui n'a jamais été si belle, teintée de doux amour comme une fleur fraîche éclose. Je ne raconte pas le festin, n'en ayant plus le souvenir. Mais concevez le grand bonheur de Perceval qui s'abandonne à la douceur, au rêve qui monte en lui pendant ses randonnées, et qu'il refoule alors en son tréfonds, dont il se serait même détourné comme d'une gâterie indigne de sa mission s'il avait reconnu le chemin, et qui lui est ainsi donné sans qu'il l'ait voulu.

Après avoir mangé, les gens dansèrent à plaisir jusque vers la moitié de la nuit, et puis ils s'en allèrent, hormis les serviteurs.

On a mis Perceval dans un grand lit très riche, et Blanchefleur s'en est allée dans sa chambre, seulette. On a soufflé les cierges et tout le monde s'est endormi après l'exaltante journée.

Perceval ne trouve pas le sommeil. Il pense à la fraîcheur de son amie, à l'amour qu'il lit dans ses yeux, et son armure de fer, qu'il ne quitte pas en esprit, pèse sur son cœur.

Blanchefleur ne dort pas non plus. Elle pense qu'il dort déjà et qu'il ne faut pas l'éveiller. N'importe ! S'il dort, elle le regardera dormir !

Elle jette sur son corps un blanc manteau d'hermine et elle s'en va vers son ami, sans lumière et sans chambrière. Elle soulève la couverture et elle se met tout contre lui. « Mon doux ami, mon doux ami, ne tenez à folie ni à vilenie que je vous offre mon amour. Je vous désire trop vivement et vous devez savoir que je n'aurai jamais d'époux afin de vous appartenir. »

Il la prend dans ses bras, étourdi du bonheur de ne chérir en cet instant que son amie au lieu de protéger le grand royaume. Et elle se garde bien de se défendre.

Ils restèrent longtemps éveillés et ils causèrent un peu. Elle dit à son ami comment désemparée à son départ, elle avait fait de son mieux pour remettre en état sa forteresse et son domaine, pensant qu'il reviendrait un jour prendre possession de son bien. Dans l'espoir d'avoir Perceval pour seigneur, tous ses vassaux l'avaient aidée à leur pouvoir. Les prisonniers qu'il avait délivrés des geôles de Clamadeu, s'étaient regroupés autour d'elle comme autrefois. D'autres étaient venus les renforcer.

« Et désormais, seigneur, si vous voulez bien m'épouser, vous serez seigneur de ma terre, et mille chevaliers vous tiendront pour leur chef.

— Cela ne peut se faire à présent, mon amie, parce que j'ai entrepris une trop merveilleuse aventure, mais je vous reviendrai dès que je l'aurai achevée.

— Sire, lui répond Blanchefleur, je ne sais pas ce qui sera. Il ne vous convient pas de délaisser les promesses que vous m'avez faites. Quand vous m'avez quittée, vous deviez revenir dès que vous auriez vu votre mère. Je vous ai attendu depuis ce jour jusqu'à maintenant. Je vous attendrai donc encore, de gré ou non, car j'aime mieux souffrir ma peine que gêner votre volonté. »

Elle s'est interrompue pour le serrer contre elle et, plus de vingt fois, elle l'embrasse.

« Vous partirez, seigneur, à l'heure que vous voudrez, mais restez-nous encore pendant deux ou trois jours, pour réparer votre harnais. »

Par grand amour il accepta, mais non sans un remords rongeant, parce qu'il retardait sa quête. Blanchefleur au cœur contristé s'en retourna dans sa chambre, et s'endormit de lassitude. Perceval s'endormit aussi. Le sommeil le retint plus tard que de coutume, malgré les rayons du soleil qui illuminaient sa fenêtre et les grands éclats de gaieté de toutes les cloches de la ville. Les chevaliers et les sergents avaient envahi le palais. Le bruit qu'ils menaient l'éveilla.

Blanchefleur, son amie, le regardait et souriait, déjà vêtue et atournée d'une si belle robe que jamais on n'en vit plus belle. Elle était de soie bleue à fleurs d'or, tout étoilée d'argent, et par-dessus, elle avait un riche manteau de même étoffe fourrée d'hermine. Perceval se leva et on le revêtit de soie. Les chevaliers se présentèrent et lui firent hommage comme à leur droit seigneur. Pendant trois jours encore, ce furent fêtes et banquets, joie et liesse populaires, mais les amants émerveillés vécurent dans les yeux l'un de l'autre, ne sachant plus si c'était ciel ou terre.

Pourtant, au quatrième matin, Perceval se ressaisit et réclame ses armes, malgré les plus douces prières. Il a fait préparer ses armes et amener son destrier, superbement harnaché de mors, de poitrail et de selle. Il embrasse son amie qui souffre martyre en son cœur et soupire profondément. Il lui parle pour l'apaiser, mais elle ne lui répond rien et laisse dire.

« Amie, ne vous affligez pas ainsi et n'attristez pas votre cœur ! Vous êtes ma sœur bien-aimée, et je vous reviendrai tout aussitôt que je pourrai. »

L'esplanade est remplie de dames, de bourgeois et de chevaliers qui le supplient de ne pas délaisser leur maîtresse. Il leur répond qu'il ne peut faire ce qu'il désire de tout son cœur, à cause du grand dessein qu'il nourrit, mais il promet de revenir au plus tôt qu'il pourra pour ne plus les abandonner. Leurs prières ne leur gagnent rien.

Perceval monte en selle. Il porte un bel écu vermeil au lion d'argent rampant qu'il ajuste à son cou. Il a pris une grosse lance de pommier au fer tranchant, et déjà rassemble les rênes. Il a pris congé et n'a plus rien à dire. Il sort du château et s'en va.

Blanchefleur reste mate et morne.

Chevaliers, bourgeois et sergents, dames, pucelles et enfants, pleurent à force et à misère vers Celui qui souffrit martyre et se laissa pendre en la croix pour ôter son peuple d'enfer, et qui est notre puissant roi, pour qu'Il le garde mille fois.

Ayant quitté Blanchefleur, Perceval poursuit sa Quête. Un jour il découvre le Mont Douloureux, Mont de l'Épreuve d'où redescendent en folie les chevaliers qui ont eu l'orgueil de s'estimer les meilleurs chevaliers du monde.

3*

À chaque matinée et tant que le jour dure, erre messire Perceval, par plaine ou bois, montagne ou val, tant y a qu'une après-dînée, il vit au milieu d'un grand pré, un arbre où pendaient deux pucelles attachées par leurs cheveux. Et c'était pitié de les voir si plaisantes et douloureuses !

Perceval s'en approche et voit dans la clairière deux chevaliers armés qui se combattent à outrance, à grands coups d'épée sur le heaume. Ils souffrent de multiples blessures et pourtant ne faiblissent pas. Ils courent l'un contre l'autre et font voler tout autour d'eux des pièces de leurs hauberts et de leurs boucliers. Perceval se jette entre eux pour calmer leur bataille et ils sont tellement las qu'ils se laissent aller sur la terre y restant gisants comme morts.

Perceval vient ensuite à l'arbre d'où il dépend les demoiselles, et il leur demande la cause de cette bataille et de leur pendaison. Elles pleurent, elles font grand bruit en disant qu'elles voudraient mourir, mais le chevalier

* Texte de Gerbert de Montreuil, vers 910-1072.

les interroge avec une telle patience que l'une d'elles lui répond :

« Je vous dirai la vérité de tout, messire, puisque vous la voulez savoir. Sur le Mont Douloureux, il y a une colonne maudite que le sorcier Merlin y plaça par magie. Que Dieu, qui fit cette montagne, confonde ce magicien, car il y mit grande mauvaiseté. Quinze croix sont plantées autour de la colonne où le mage diabolique a lié un démon. Celui qui gravit la montagne et attache son cheval au pilier, s'il s'écrie : "Qui est ici ?", à moins qu'il ne soit, paraît-il, le meilleur chevalier du monde, il perd aussitôt la raison, eût-il été d'abord aussi sage qu'on peut l'être. Ces deux chevaliers y allèrent, et à ce pilier appelèrent en demandant : "Qui est ici ?" Aussitôt ils perdirent le sens et la mémoire les quitta. Ils nous firent grand-peur et nous pourchassèrent jusqu'ici sur nos palefrois. Alors ils nous pendirent par les tresses comme vous nous avez vues, et ensuite ils se disputèrent et se battirent à en mourir. Nous les aimions de grand amour et ils se sont tués par folie. Qui aurait pu le croire, si bons amis qu'ils étaient ! Ils sont morts tous les deux, par diablerie et par péché !

— Douces amies, leur dit Perceval, dites-moi leurs noms, si vous n'en êtes pas ennuyées, et j'essaierai de les guérir, si toutefois ils ne sont pas morts.

— Tous deux sont compagnons de la Table Ronde, messire. L'un d'eux est le preux Sagremor, et l'autre est Engrevain. Tous deux s'aimaient comme des frères. »

Quand il entend ces noms, Perceval prend sur lui

le talisman qu'il avait reçu de l'ermite. Il le place sur la tête d'Engrevain qui reprend aussitôt ses esprits ; il traite Sagremor de même et les voilà tous deux guéris de leur folie.

Pourtant, tout guéri qu'il était, Sagremor s'étonne d'être blessé. Il lève la tête et il voit son ami Engrevain troublé aussi du sang qu'il perd. Ils ne se rappellent pas d'où viennent leurs blessures, ni rien de ce qui s'est passé depuis leur cri sur le Mont Douloureux. Ils se mettent debout et ils croient tout comprendre en voyant Perceval parler à leurs amies. Ils pensent que c'est lui qui a causé leurs plaies et se jettent sur lui, l'épée haute. Alors les demoiselles s'agenouillent devant eux et s'y accrochent en leur criant : « Arrêtez-vous ! Car c'est ce même chevalier qui vient de vous guérir ! »

Perceval amusé rappelle : « Seriez-vous comme le chien de garde qui étrangla son compagnon qui l'avait délivré du loup ? Ainsi se conduit le vilain envers le chevalier qui le protège. »

Sagremor, le premier, comprend qu'il vient d'être sauvé lui-même. Tous deux enfin s'excusent à Perceval qui leur ouvre les bras et dit son nom. Ils savent à ce moment qu'ils sont trois bons amis, et les jeunes femmes sont heureuses d'une fin d'aventure que rien ne leur faisait prévoir.

Ils ont trouvé asile chez un vavasseur qui s'appelle Gaudin au Blanc Écu. Engrevain et Sagremor y resteront jusqu'à guérison complète de leurs plaies. Perceval, dès le petit matin suivant, les quitte. Il reprendra sa longue route après les avoir recommandés à leur hôte généreux.

4*

Perceval est entré dans la forêt où il eut un rude chemin, tout le jour, jusqu'à la soirée. Il suivit alors une voie fort large et bien passante où il vit une croix sous un chêne, et dessous, un tombeau recouvert d'une grosse pierre. Comme il s'en approchait, il entendit une voix qui sortait de la tombe et criait : « Vous qui passez, délivrez-moi ! »

Perceval s'arrête et demande qui est là, à quoi on lui répond :

« Je suis un pauvre chevalier et le plus malheureux du monde !

— Que puis-je pour vous aider, demande Perceval, et comment soulever cette grosse pierre ?

— Si vous voulez m'aider, dit l'autre, il n'est que de couper un bon levier dans l'un de ces arbres. Ainsi vous lèverez la pierre et je pourrai sortir ! »

Perceval s'y emploie et réussit à soulever l'énorme poids de ce couvercle. L'enterré sort de sa prison quand Perceval tient haut le bloc. Il prie son obligé de l'aider à reposer la dalle, mais l'autre le bouscule si

* Manuscrit de Mons, vers 29664-29811, puis 30555-30710.

brusquement qu'il le jette dans le trou pendant que la masse retombe avec un bruit de tonnerre. L'écornifleur se baisse alors au ras du sol et crie à son sauveur berné : « Restez-y donc comme je l'ai fait ! Mourez-y de colère et mourez-y d'ennui. Il ne vous restera qu'à y mourir de soif et vous serez tout à fait mort ! Qui chasse la folie doit se garder des fous, jeune homme ! »

Puis, s'étant bien moqué, il se hisse sur le cheval de sa victime, l'estimant belle prise. Mais il a beau rendre les rênes et presser des mollets, le cheval ne bouge pas une patte. Il crie, il secoue, frappe et pique, mais sa monture reste de bois et n'avance pas d'une ligne. À la fin, il prend peur. Il se met à penser que celui qu'il raillait pouvait avoir un charme dont il serait puni, et qu'il risque, sur ce cheval enchanté, de s'enraciner dans la terre jusqu'à ce qu'il lui pousse un feuillage. Tout penaud revient à la tombe, et par de grands efforts, mais dont il avait l'habitude, il soulève l'énorme dalle : « Sire, dit-il, sortez de là ! Il me viendrait beaucoup d'ennuis, je le crains, à vous vouloir du mal ! Vous êtes un maître chevalier à ce que je pense. S'il est vrai que vous le soyez, allez donc au Mont Douloureux en suivant cette sente, et vous aurez le prix sur tous. »

Perceval sort, et l'autre y rentre. La pierre retombe sur lui avec son bruit d'effondrement. Toujours curieux de tout, le chevalier se penche vers le sol et demande à l'homme de la tombe ce que signifie sa demeure et comment il s'appelle. « Partez d'ici et laissez-moi, lui répond l'autre. Ce que je suis et que je fais, vous le saurez bien assez tôt ! »

Perceval s'est gardé d'insister. Il remonte à cheval et se remet sur son chemin.

Perceval suit un moment le sentier que lui a montré l'enterré. Il est mauvais, désert, broussailleux, et l'on n'est pas bien sûr qu'il mène quelque part. Mais il y rencontre pourtant, comme la nuit approchait déjà, un chevalier demi-vêtu qui pendait par un pied à un arbre de la forêt. Il était tout armé et la tête dans son heaume. Mais son haubert retombait sur son casque et il souffrait depuis deux jours dans cette affreuse position, les mains liées derrière le dos. Son cheval était attaché par les rênes à un tronc d'arbre près de lui.

Perceval s'en approche et lui parle. Le pendu vit : il lui répond et le supplie de le dépendre car il ne peut souffrir plus longtemps sans mourir. Debout sur son cheval, Perceval réussit à le décrocher et il le reçoit dans ses bras en évitant tout juste de tomber avec lui par terre. Enfin le pose sur le sol, le couche sur son bouclier et il lui délace son heaume afin qu'il respire mieux. Le malheureux, enfin, ouvre les yeux et le regarde : « Sire, lui dit-il, que Dieu qui pour nous souffrit martyre, vous donne santé, honneur et joie ! Je vous devrai ma vie car j'allais rendre l'âme. Je suis votre homme pour tout le reste de mes jours ! »

La face tuméfiée n'est qu'une expression de souffrance,

et pourtant Perceval reconnaît l'un des compagnons de la Table Ronde. Il s'agit de Bagomédès, brave et loyal chevalier. Il lui demande pourquoi il l'a trouvé ainsi pendu.

« Or écoutez, répond Bagomédès. J'allais vers le Mont Douloureux pour y éprouver ma valeur, au conseil de la vieille femme qui vint en cour du roi Arthur le jour où vous êtes venu. Je passais dans ce lieu quand je fus rencontré par Keu, le sénéchal de notre roi, qui revenait avec trois de ses hommes de l'Épreuve où je me rendais. Or vous savez qu'en cette montagne, il y a un pilier fameux, où l'on ne peut attacher sa monture sans être saisi aussitôt de folie et de mauvais sort, à moins d'être le chevalier sans reproche et sans peur comme il n'en est guère en ce monde. C'est ainsi qu'ils en revenaient tous les quatre. Je les salue comme je devais le faire, mais ils ne me répondirent pas et, sur un ordre de leur maître, ils m'entourèrent sans aucun défi, me jetèrent à bas de mon cheval, me piétinèrent et m'attachèrent les mains. Je ne peux pas vous dire toutes les vilenies et les hontes qu'ils me firent et qu'une bouche d'homme ne peut pas répéter. Puis à la fin, ils me pendirent ainsi que vous l'avez vu. Les compagnons de Keu voulurent me dépendre avant de s'en aller, mais il le leur défendit. Ils me laissèrent donc là où j'attendais la mort depuis deux longues journées. »

Bagomédès se remettait doucement de ses douleurs. Perceval demeurait près de lui. Il lui dit son dessein d'aller aussi sur le Mont Douloureux pour éprouver sa chevalerie, et pendant qu'ils parlaient, la nuit s'était faite. Ils s'arrangèrent au mieux pour la passer l'un près de l'autre car elle était douce et sereine. Leurs chevaux paissaient non loin d'eux.

Quand le jour reparut, Bagomédès fut assez fort pour se tenir en selle. Il irait à la cour du roi pour accuser le sénéchal de trahison, et le défier aux armes.

Comme ils allaient se séparer pour aller chacun leur chemin, Perceval lui fit cette prière : « Bel ami, puisque vous allez, saluez le roi de ma part, et la reine et ses demoiselles. Dites-leur que je suis en santé. Parlez de moi aussi à Gauvain et à Yvain. Ils vous feront honneur par amour de moi. »

Bagomédès le remercia et dit qu'il priait Dieu de le laisser vivre assez longtemps pour lui rendre tel service qu'il lui plaira. Bagomédès s'en fut vers Carlion et Perceval vers le Mont Douloureux puisqu'il en était sur la route.

Ici, pendant 3 000 vers, le poète du manuscrit de Mons délaisse Perceval. Il raconte le duel de Bagomédès contre Keu et la médiation imposée par le roi Arthur en vue de sauver son sénéchal. Le poète dit aussi comment Arthur, impatient de revoir Perceval, envoie à sa recherche quarante de ses chevaliers. C'est l'occasion de reprendre les aventures de Gauvain, celle de l'Écu Merveilleux, du Petit Chevalier et de sa sœur Tanrée, celle du Chevalier Pensif à qui Gauvain rend son amie que son voisin Brun de la Lande avait enlevée, celle enfin où messire

Gauvain rencontre son fils Guiglain, dit le Beau Desconnu. Guiglain vient interrompre la recherche de son père pour le ramener à la cour où le roi le désire à cause de sa guerre contre le roi Claudas.

Nous revenons enfin à Perceval qui chemine vers le Mont Douloureux.

5*

Le bon chevalier erra plus de quinze jours après avoir dépendu Bagomédès, sans rencontrer d'aventure notable quand, une belle matinée, chevauchant sous une haute futaie, il vit un enfant dans un arbre, assis sur une basse branche et n'ayant guère plus de cinq ans. Cet enfant, richement vêtu, était d'apparence admirable. Perceval s'approche, le salue, et l'enfant le salue aussi. Perceval lui demande s'il veut descendre de sa branche, mais l'enfant lui répond qu'il n'a pas à lui obéir. « Je ne tiens rien de vous, lui dit-il, et si j'en tiens, je vous le quitte. »

Perceval lui demande s'il peut le renseigner.

« C'est bien possible, sire, mais je ne suis pas encore si grand que je puisse répondre à tout.

— Ma foi, dit Perceval, je ne vous demanderai rien que vous ne puissiez dire. Je voudrais savoir qui vous êtes, votre nom et votre pays, pourquoi vous êtes assis

* Manuscrit de Mons, vers 33755-35551.

sur cette branche, et si vous savez quelque chose qui touche au Roi Pêcheur.

— Je ne répondrai rien à tout ce que vous demandez, ni mensonge ni vérité, mais voici ce que je vous dirai : vous monterez sur le Mont Douloureux où il vous sera dit une nouvelle qui vous plaira. »

Dès qu'il eut dit ces mots, l'enfant quitta sa branche pour une branche plus élevée, puis il grimpa encore, toujours, toujours plus haut, et l'arbre était très grand, et l'enfant y monta jusqu'à disparaître à la vue.

Perceval le voyait monter, monter et disparaître, et il était tout ébahi de cette vision extraordinaire. Enfin, comme il était tout seul et que la journée s'avançait, il reprit son chemin vers l'aventure.

Il fut hébergé cette nuit-là par un ermite qui lui donna à son pouvoir le nécessaire, et quand le soleil fut levé, Perceval se réarma et reprit sa route. Il ne cessa d'éperonner jusqu'à près de midi. Il aperçut le Mont encore lointain, car c'est une belle montagne. Il s'en approcha davantage et s'arrêta au bas des premières pentes pour laisser souffler son cheval. L'endroit était délicieux. Il ôta la bride et la selle et se reposa un instant.

Il vit alors une femme qui descendait du Mont sur un palefroi de Norvège et paraissait très agitée. Elle le salua, mit pied à terre et l'aborda en se tordant les mains : « Sire, prenez garde à vous ! Ne montez pas plus haut ! Personne n'y va sans y laisser la raison ou la vie. Mon ami y monta et je ne le vois plus ! Je l'ai cherché partout, l'appelant à voix haute, mais j'y perdis ma peine. Mon cœur est triste et noir ! Une dame que j'y ai vue m'a dit que mon ami est devenu fou et qu'il est descendu par cette sente en riant de toute sa gorge comme un homme qui perd l'esprit ! Je suis abandonnée, sire ! Et mon pays est loin ! Ne montez pas, seigneur ! Ne me laissez pas seule, je vous en prie, mais venez avec moi : je vous obéirai en tout ! »

Une telle prière pouvait en tenter d'autres, car la femme était belle, mais Perceval ne pouvait pas se détourner de sa Quête. La malheureuse délaissée s'épouvantait d'entrer dans l'immense forêt aux sentiers mal frayés, mais pourtant, tout à coup, elle y courut si brusquement et de si grande allure, laissant là son cheval, qu'elle sembla elle aussi atteinte de folie.

Perceval n'y pouvait rien faire. Quand elle s'en fut allée, il ressella son cheval et gravit la montagne.

Il voit la colonne magique. Elle est si élevée qu'il en reste surpris car on ne pourrait pas lancer une flèche par-dessus son sommet. Elle est faite de cuivre poli et reluit sous le soleil comme une épée. Quinze croix de pierre l'entourent à bonne distance, dont la plus petite est plus haute que douze hommes. Cinq de ces croix sont de pierre rouge, luisantes comme de la braise en feu. Cinq sont de marbre blanc et brillent comme de la neige. Les cinq autres sont bleues comme la mer et le ciel. Perceval les admire, puis il regarde la colonne de cuivre et y voit un anneau d'argent, entouré de lettres gravées qu'il devine, car s'il ne sait pas lire, il connaît les dictons. Ces lettres disent qu'aucun chevalier, par outrage, n'attache son cheval à ce fût, s'il n'est pas le meilleur des chevaliers du monde.

Il passe les rênes de son cheval dans cet anneau ; appuie sa lance et son écu sur la colonne. Ensuite il délace son heaume.

C'est une belle fille qui vient. Elle est montée sur une mule blanche. Je peux vous dire qu'elle est plus richement vêtue qu'une reine, et, quant à sa beauté, il me faudrait toute la longueur d'un jour d'été pour la décrire, et un autre jour pour que vous sachiez tout. Mieux vaut que je me taise pour ne rien avancer dont vous pourriez douter.

Elle s'arrête devant Perceval. Elle le salue. Il lui répond, mais elle s'incline plus bas encore, puis elle va caresser gentiment le cheval attaché, sur l'encolure, le baisant aux naseaux, enfin lui faisant fête. Perceval est gêné parce qu'un chevalier ne devrait pas souffrir le service d'une femme qu'il devrait servir au contraire, mais il plaît à la demoiselle.

« Car, lui dit-elle, beau seigneur, votre corps et votre cheval sont dignes d'être honorés, suppliés, adorés, plus que nul saint sur nul autel. Vous avez gravi le Mont ; vous avez mis votre cheval à la colonne et elle ne vous a fait aucun mal. C'est parce que vous êtes, monseigneur, le meilleur chevalier du monde.

— Certes, dit Perceval, vous dites, amie, ce que vous voulez, mais bien d'autres me valent.

— Ce n'est que courtoisie de votre part, seigneur, et cela augmente votre honneur. »

Elle lui demande de l'accompagner jusqu'à un pavillon tout près, où il sera reçu avec beaucoup de joie. Il y va et elle le mène au flanc du Mont, dans une belle prairie où est tendue une tente de soie, la plus riche et la plus spacieuse qu'on puisse voir. Des écuyers et des valets viennent à lui et le désarment ; des demoiselles l'accueillent dont beaucoup sont des plus jolies. On met les tables et on lui sert un repas délicieux et solide. Après quoi, le soleil déclinant très vite derrière la montagne et la nuit s'établissant, ils vont s'asseoir dans le pré où ils devisent de mille choses.

Perceval lui demande son nom, s'il lui plaît de le dire, et d'où elle est, et pourquoi elle a fait tendre son pavillon dans la montagne. « Beau très doux sire, lui répond-elle, je n'ai pas à vous le cacher. Je suis la Demoiselle du Grand Puits du Mont Douloureux. »

Elle a un beau castel, tout près, bâti à force, mais elle s'est établie dans ce campement depuis dix jours, parce qu'elle est avertie de l'arrivée possible de plusieurs chevaliers de la Table Ronde, comme Gifflès, Yvain, Gauvain, Sagremor, Bagomédès, Lancelot et le Valet au Cercle d'Or, et elle est curieuse de la façon dont ils subiront l'épreuve.

« Mais pourquoi parler d'eux qui n'y sont pas encore ? Voulez-vous que je vous raconte, sire, la vérité de ce Pilier Magique ?

— Certes, dame, je le veux bien !

— Écoutez donc, continue-t-elle. Cela remonte à la naissance du roi Arthur qui était un superbe enfant. Les dames les plus savantes qui venaient l'admirer prédirent à l'envi son prix, sa valeur, son honneur, sa richesse, mais souvent à telles naissances entend-on semblables promesses. Or, un jour que le roi Uter, son père, rêvait à une fenêtre de son palais de Glorecestre, et qu'il y contemplait la magnificence de ses prairies, de ses rivières, de ses forêts, une jeune femme merveilleusement habillée arrêta son cheval de l'autre côté des douves et, le saluant, lui dit : "Sire ! Si votre fils doit être glorieux et riche sur tous les rois, qu'il n'oublie pas pourtant d'appuyer sa puissance sur le courage du meilleur chevalier du monde !" Puis, son cheval voltant, elle partit au grand galop vers la forêt. Le roi Uter avait un magicien que les gens appelaient Merlin. Il était à côté du roi, avait entendu les paroles. Quand la femme eut disparu, le roi voulut savoir comment on reconnaîtrait le meilleur chevalier du monde. Merlin lui demanda vingt jours pour lui en donner le moyen. Il monta à cheval et tant erra, chercha par bois, vallons, montagnes et plaines, qu'il trouva le mont où nous sommes, et y plaça la colonne et les croix par art et par magie. Ma mère était petite alors et n'avait pas encore vingt ans. Elle lui parla et fit folie sans pouvoir plus s'en empêcher. Elle fut à lui comme il voulut et c'est pourquoi il construisit pour elle le manoir que je vous ai dit. Au terme proposé, Merlin alla trouver le roi qui, lors, était à Carlion, à l'entrée du pays de Galles, et il lui déclara devant tous ses barons qu'il avait édifié une colonne où nul ne pourrait sans douleur attacher son cheval s'il n'était au-dessus de tous les autres chevaliers du royaume. Le roi en fut joyeux, mais beaucoup de bons chevaliers très estimés en firent l'épreuve, et en pâtirent cruellement. Merlin s'en alla de la cour pour demeurer avec ma mère, et il fit tant qu'il m'engendra. Je suis la fille de Merlin. »

La belle voulut ensuite qu'il lui dise comment il avait découvert le chemin du Mont Douloureux, et il lui raconta l'histoire du chevalier qui criait dans sa fosse, qu'il l'en avait tiré et qui l'y avait rejeté, et comment cet homme, affolé de n'avoir pu s'aider de son cheval et craignant de sa part un plus grand maléfice, l'avait fait sortir de la tombe et s'y était jeté lui-même. Il n'en avait tiré d'autre parole que le conseil d'aller sur le Mont Douloureux.

« Dieu m'aide, dit la jeune femme ! Beau doux sire, si vous aviez tué ce malandrin, vous auriez rudement bien fait, et Dieu vous en aurait su gré ! Combien d'hommes a-t-il égorgés ou assommés pour s'approprier leurs dépouilles ! Car, gisant dans sa fosse, il s'en fait délivrer comme vous l'avez vu, et il tue sa victime qui ne peut se défendre. Il ne fait pas d'autre métier ! »

Ils ont longuement parlé. Quand il se fit tard, les serviteurs leur ont porté à boire, et puis chacun s'alla coucher de son côté comme il seyait. Quand le jour nouvel apparut, illuminant le monde, le chevalier s'éveilla, rempli de courage et d'ardeur. Il se vêtit et il s'arma, laça son heaume et ceignit son épée, prit sa lance qui n'était pas teinte, si ce n'est d'un sang noir et coagulé et, l'écu arrimé au col, il monta sur son bon cheval. La demoiselle fut prête aussi et elle voulut l'accompagner un peu. Ils se sont éloignés de la tente, passant par la vallée sous la grande forêt rameuse jusqu'à une large trouée.

« Sire, lui dit-elle alors, où vous plaît-il d'aller ?

— Au Roi Pêcheur, si c'est possible.

— Eh bien ! Vous prendrez ce sentier que voici devant vous. Il vous y mènera en droiture, et vous y serez dès demain si vous chevauchez bellement. »

Ils se séparèrent ainsi en se recommandant à Dieu.

Quand il quitta la Demoiselle du Grand Puits du Mont Douloureux, Perceval chevaucha toute la matinée à travers des collines boisées, mais, vers midi, le temps changea soudain. Il y eut soudainement un tourbillon de vent et du tonnerre et brusquement, la pluie tomba en averse avec de la foudre et de grandes rafales, tellement qu'on n'y voyait plus rien. Les bêtes dans les bois s'affolaient de l'orage et de gros arbres s'effondraient. La tourmente fut violente et ne cessa que vers le soir. Perceval chevauchait avec peine, avançant peu, mais s'entêtait à poursuivre sa route malgré le mauvais temps.

La nuit vint, au contraire, belle, sereine et pure. Les étoiles brillaient si clair que l'on aurait pu les compter. Il chevauchait toujours, pensant que la fin du voyage était proche, le cœur empli des souvenirs de ce qu'il avait vu jadis chez le riche roi où il arrivait de nouveau. Il se promettait de ne plus faire la même faute, cette fois, et de se montrer curieux de tout.

Comme il était dans ces pensées, il vit un arbre au loin qui brillait au milieu de sa voie de plus de dix mille chandelles. Chaque branche en portait dix ou quinze, ou vingt ou trente. Il se hâta vers cet arbre bizarre, mais plus il avançait et moins il y voyait de clarté, si bien qu'arrivé tout auprès, il n'y vit chandelle ni flamme. C'était un signe qu'il recevait, mais que signifiait-il ?

Auprès de là était une petite chapelle. Il croit voir, par la porte entrouverte, qu'un cierge y était allumé. Il met pied à terre, attache son cheval à un anneau du mur et entre dans la chapelle. Il regarde partout, mais il n'y voit personne, sinon sur l'autel, la dépouille d'un chevalier mort. Sur le corps, il voit étendue une riche étoffe de soie brodée d'or, et le cierge brûle devant lui. Perceval écoute le silence. Il lui semble sentir une présence qui va bientôt se révéler. Il ne sait trop que faire, n'osant rester, n'osant partir. Or, soudain, comme il hésitait, il y eut une clarté fantastique qui emplit toute la nef et disparaît presque aussitôt. À peine avait-elle disparu, laissant les yeux pleins de ténèbres, qu'il y a un craquement terrible où l'on eût dit que la chapelle s'écroulait, mur et charpente. En même temps, une énorme main noire qui paraît monter derrière l'autel éteint le cierge. Alors on ne voit plus rien.

Perceval, qui n'avait dans le cœur que Dieu et la chevalerie, s'étonna de tout cela, mais il n'en fut pas effrayé. Si la peur avait pu le tuer, il serait mort depuis longtemps ! Il erra un moment dans le noir, mais enfin il trouva la porte et il sortit. Son cheval l'attendait. Il l'enfourcha en priant Dieu de le garder de malencontre et, longeant le jardin qui entourait le lieu, il poursuivit sa route. Comme il était plus de minuit, il s'arrêta un peu plus loin pour prendre du repos. Il ôta donc le frein de son cheval pour qu'il pût brouter à son aise et, s'adossant au tronc d'un chêne, il attendit le petit jour.

L'aube venue, il se remit en route et, peu d'instants plus tard, il eut la joie d'entendre au loin trois beaux appels de cor. Le son était lointain mais il pressa son destrier dans la direction des sonneurs. Un deuxième son de trompe l'approcha de la meute et il rencontra à la fin une troupe de veneurs à qui il demanda la maison du Roi Pêcheur.

« Par notre Dieu, le Créateur, répondit l'un d'eux, nous sommes à lui. Si vous dépassez ce rocher, dans la direction de cet arbre, vous en apercevrez les tours. Vous en êtes à moins de deux lieues. »

Il les remercia joyeusement et suivit leurs indications. Il était en chemin quand une très belle demoiselle vint à lui au galop de son cheval rouan. Elle était habillée d'une riche soie violette semée de fleurs d'argent, et elle laissait flotter sa guimpe en même temps que ses cheveux blonds. Elle répondit par une question au grand salut de Perceval, car elle voulait savoir où il avait passé la nuit. « Dans la forêt, belle amie », lui répondit-il.

Il lui parla aussi de l'arbre illuminé, de la chapelle au corps gisant, de la grande lumière soudain évanouie et du fracas qui s'ensuivit. Il lui parla de la Main Noire, demandant ce qu'elle en pensait. « Certes, je ne puis vous le dire, repartit la demoiselle. Tout cela fait partie du mystère du Saint Graal et de la Lance. »

Perceval lui parla encore de l'enfant qui était dans l'arbre et qui, refusant de répondre, se perdit très haut dans les airs. « Par Dieu, messire, je ne pourrais. Si je vous le disais, peut-être en auriez-vous dommage. À Dieu ne plaise qu'à mes paroles, vous puissiez me tenir pour folle ! C'est le secret que vous cherchez. »

Puis, sans délai, à grande allure, est repartie la demoiselle, et vous auriez pu la hucher sans en obtenir aucun mot. Perceval continua par le chemin qu'avait indiqué le veneur, et se trouva bientôt devant la porte du château.

Dès qu'il arriva sur le pont, des sergents vinrent l'accueillir en lui montrant grande joie. Ils s'occupèrent du cheval et désarmèrent le chevalier. Ils lui donnèrent un riche manteau et l'emmenèrent dans la grande salle.

Depuis le temps de Judas Macchabée on ne vit nulle part une chambre pareille car elle n'était pas ornée comme les autres. Si l'on regardait son plafond, on le voyait enluminé de fin or et d'une foule d'étoiles en argent, toutes petites. Les murs n'étaient peints de peinture (ni de vermillon, ni d'azur, ni de sinople, ni de vert, ni non plus d'aucune autre couleur), mais ils étaient garnis entièrement de plaques d'or et d'argent sculptées représentant des milliers d'images, et serties de tant de pierres de vertu qu'elles éclairaient toute la pièce. On ne pouvait pas y entrer sans être saisi d'émerveillement.

Le Roi Pêcheur se trouvait là, assis sur une couette

vermeille. Perceval le salue de par Dieu, et le bon Roi lui répond doucement. Le chevalier voudrait sans plus attendre savoir la vérité de toutes choses, mais ce n'est pas encore le temps. Sur la prière du Roi, il raconte sa nuit dans la forêt et l'aventure de la chapelle où gisait un chevalier mort, et la Main Noire éteignant l'unique cierge.

« Sire, dit-il, avant cela, je vis un tout petit enfant perché dans un grand arbre et, quoiqu'il parlât bien, il ne voulut rien me dire, sinon que j'aille au Mont Douloureux, et il s'en alla par les airs. »

Le Roi soupira à ce dire, et il lui demanda s'il avait vu quoi que ce soit qui l'eût effrayé. Non, il ne s'était pas effrayé, mais tout au moins surpris. Il lui conta alors l'arbre embrasé de mille flammes qui s'éteignaient à son approche, si bien qu'arrivé à son pied, il n'y trouva nulle clarté.

« N'avez-vous rien vu davantage ?

— Non, sire, mais je voudrais savoir la vérité de cet enfant, et du chevalier mort sur l'autel, et de l'arbre aux mille chandelles.

— Vous saurez tout, lui dit le Roi, mais tout d'abord, mangez un peu : vous vous sentirez plus dispos. »

Il fit donc apporter les tables. Le chevalier se lava les mains et le Roi le fit manger avec lui dans son écuelle. Dès qu'ils furent assis, une jeune fille, plus belle et fraîche que fleur d'avril, entra portant le Graal, et elle passa devant leur table. Une autre la suivait, si belle aussi qu'aucune n'y peut atteindre. Elle était revêtue d'une soie diaprée, et portait la Sainte Lance dont la pointe gouttait du sang. Après elle, venait un valet qui portait dans ses mains une épée nue brisée par le milieu qu'il déposa devant le Roi.

Perceval fait effort pour poser des questions, mais le Roi le presse de manger. Hélas, il ne peut avaler et il s'écrie :

« Beau sire cher ! Ne puis-je savoir la vérité de ce Saint Vase qui processionne devant moi, ni de cette Lance miraculeuse, ni de cette épée tronçonnée ?

— Beau doux ami, répond enfin le Roi, vous demandez beaucoup ! Tout d'abord apprenez pourquoi l'enfant de l'arbre vous a montré si forte haine qu'il ne voulut vous renseigner sur ce qu'il savait pourtant bien. Quand Dieu construisit notre monde et tout ce qui y vit, oiseaux, poissons et bêtes sauvages, il établit pour eux qu'ils tourneraient les yeux vers leur nourriture, mais il voulut que l'homme regardât vers les cieux pour Lui ressembler davantage. En reconnaissance de cette faveur, l'homme s'éloigna de Dieu aussi loin qu'il le put, et il s'adonna au péché. Bien longuement, ami, vous vous êtes mêlé de folie pour rechercher un prix mondain, et c'est pourquoi l'enfant montait devant vos yeux pour vous faire regarder le ciel, où Dieu, plus tard, mettra votre âme. Pour ce que vous voulez savoir de plus, je ne vous dirai rien que vous n'ayez mangé. »

Or Perceval était si mal à l'aise, et si inquiet de cœur, qu'il s'efforçait en vain d'avaler quelque chose et ne pouvait.

« À tout le moins de cette épée, beau sire, qui est là devant vous, ne me direz-vous rien, pourvu qu'il ne vous ennuie pas à dire ?

— Puisque vous le voulez, ami, écoutez-moi. S'il advenait qu'aucun prudhomme qui fût plein de chevalerie, sans tromperie et loyal, qui aimât Dieu et le craignît, portant honneur à son Église, voulût prendre un jour cette épée, elle se ressouderait dans ses mains. Voulez-vous l'essayer, messire ? Après, je vous dirai du chevalier de la chapelle, et de la Lance au fer royal, et du Très Saint Vase, le Graal, et de tout ce que vous voudrez. »

Perceval prit donc dans ses mains les morceaux de l'épée rompue (quoique craignant son indignité), et les pièces s'ajustèrent de telle sorte que, sauf une faible trace à l'endroit de la jointure, elle paraissait plus belle et plus nouvelle, et plus brillante que le jour de sa forge.

Le Roi, tout heureux, l'embrasse et lui fait de grands compliments, mais Perceval n'y veut pas croire, et si profondément soupire, que chacun s'émerveille de telle humilité. Le Roi s'en aperçoit et il lui en vient une grande joie. Il lui met ses deux bras au cou et le reçoit dans sa maison, lui abandonnant tout son bien sans nulle crainte.

C'est une telle fête autour d'eux qu'on n'en vit jamais d'aussi grande. Le Roi prie encore Perceval de manger. Le chevalier s'assied pour obéir, mais il est très gêné qu'on lui fasse telle fête. Il mange à la hâte, les yeux baissés, voulant arriver au plus vite à la révélation qu'il a si longtemps poursuivie.

La Lance et le Graal repassent à nouveau. Une jeune fille au port gracieux a entre ses mains le merveilleux tailloir d'argent. La table est enfin ôtée, et Perceval rappelle au Roi sa promesse.

« Quand les Juifs eurent crucifié Dieu, commence donc le Roi en s'accoudant près de son hôte, un chevalier de Rome, nommé Longin, lui donna dans le flanc un grand coup de sa lance pour voir s'il était mort, et le sang sortit clair et beau. »

Perceval, accoudé sur la couette, écoutait le récit de tout son cœur, et le Roi, pieusement, lui raconte la grande souffrance et la honte que Dieu souffrit pour nos péchés. Perceval soupire et pleure. C'est donc cette lance qu'il a vue là, qui entra dans le corps de Dieu ! On lui offrirait maintenant toutes les richesses et les royaumes de la terre qu'il les refuserait pour entendre.

« Sire, vous m'avez dit le fait de la Lance. Mais du Graal et du Tailloir, dites-moi, sire, la vérité. »

Le Roi lui répondit, malgré l'émotion de son cœur :

« Sachez que c'est le Vase où fut reçu le Sang précieux quand il coula de la Sainte Poitrine.

— Comment se fait-il, sire, que nous l'ayons ici ?

— Ami, je vous le dirai, puisque je vous l'ai promis. Joseph d'Arimathie nous l'apporta ici, quand Vespasien le fit sortir de la prison où les Juifs l'avaient mis. Joseph et ses amis prêchèrent dans Jérusalem et y baptisèrent beaucoup de gens, dont quarante-cinq les accompagnèrent quand ils quittèrent le pays en emportant le Saint Graal. Ils arrivèrent un jour dans la grande cité de Saras, où le roi Evalac tenait conseil avec ses barons dans le temple du Soleil, au sujet de la dure guerre que lui faisait son ennemi. Joseph lui promit la victoire pourvu qu'il combattît sous l'écu blanc barré de la croix vermeille, et Evalac fut en effet vainqueur. Il se fit baptiser sous le nom de Mordrain, entraînant tout son peuple dans la foi nouvelle. Joseph s'en alla de Saras avec ses compagnons, prêchant, souffrant et baptisant, et partout où il allait, il apportait le Saint Graal et il établissait la foi en Jésus-Christ. C'est dans notre pays que Joseph vint mourir. Il y construisit ce manoir, où moi je demeure après lui, étant de son lignage, avec le Saint Graal qu'il y mit et qui y restera toujours, si c'est la volonté de Dieu.

— Beau doux sire, dites-moi, s'il vous plaît, qui sont les deux si avenantes jeunes filles qui portent la Lance et le Graal.

— Celle qui porte le Graal est vierge et de souche royale. Dieu ne souffrirait pas d'être entre ses deux mains s'il n'en était pas ainsi. Celle qui porte le Tailloir et qui a un si doux visage est la fille du roi Gondesert, mon frère défunt. Celle qui porte le Graal est ma fille. À présent que je vous ai dit ce que vous désiriez savoir, il est temps d'aller reposer.

— Beau doux sire, insista Perceval, qu'en est-il de l'épée brisée ?

— Hélas, beau fils ! l'histoire en est fort douloureuse.

C'est l'épée dont le coup mortel fut si déloyal et félon que nous en souffrons tous encore, et tout le pays avec nous. Mon frère, le roi Gondesert, habitait le castel Quiquagrant où son ennemi Epinogre vint l'assiéger avec beaucoup de gens de pied et de cavalerie. Mon frère sortit contre lui et le déconfit entièrement. Epinogre y fut tué, mais un de ses parents entreprit de le venger par traîtrise. Il se dépouilla de ses armes et revêtit celles d'un mort qui appartenait à mon frère. Le vainqueur revenait chez lui, besogne faite, heaume quitté et coiffe de fer délacée. Il ne pouvait pas craindre cet homme puisqu'il paraissait être de ses gens, mais le félon le tua d'un coup d'épée qui le fendit jusqu'à la selle. L'épée en fut brisée comme vous l'avez vue avant de la rejoindre. C'est la fille de mon frère qui en ramena les morceaux. Elle me les apporta et me prédit que le crime serait vengé par le même chevalier qui en ressouderait ces morceaux. Cette prédiction me sembla tellement vaine et j'avais un tel chagrin que de colère, je me frappai par le travers des jambes et que je m'en coupai les nerfs. On dit que je n'en guérirai jamais, à moins que vengeance du félon ne soit prise. »

Perceval, attentif, dit au Roi que pour telle vengeance, il faudrait bien savoir le nom du traître et l'endroit où l'on peut l'atteindre :

« Puisque le sort en est sur moi, je vous jure que si je le trouve, il me tuera ou bien je le tuerai. Ce ne sera pas autrement.

— Beau doux ami, lui dit le Roi, Dieu vous en

donne la force et le pouvoir ! Son nom est Pertinax. Il est seigneur de la Tour Rouge et de la terre qui y tient. Ses armes d'argent et d'azur portent deux demoiselles peintes qui sortiront de son écu quand il aura payé son crime. Mais sachez aussi sa valeur et craignez de trop entreprendre.

— Seigneur, dit Perceval, nous qui errons par monts et plaines pour gagner de l'honneur et les louanges des hommes, nous y trouvons souvent honte et tristesse au lieu de gloire. Pourtant, si Dieu me l'accorde, j'espère venir à bout de la puissance de votre ennemi.

— Que Dieu vous garde de malheur, dit le Roi qui le chérissait. Nous irons dormir à présent : vous devez en avoir besoin.

— Sire, je ne pourrai dormir avant que vous m'ayez conté le vrai de l'arbre aux mille cierges, de la chapelle au cavalier mort, et de la main qui tord la flamme, et de la clarté et du bruit qui se fit avant mon départ.

— L'arbre aux mille chandelles, en vérité, c'est l'arbre de sorcellerie. Lorsque vous étiez loin, il vous éblouissait de ses fantasmes, mais à mesure de votre approche, soldat de l'unique Vérité, ses mensonges s'éteignaient un à un. C'est vous qui les avez détruits et ils ne tromperont plus personne... Je vous vois fatigué, mon ami. Nous nous coucherons maintenant.

— Vous me l'avez promis, beau sire ! Parlez de la chapelle et du corps sur l'autel.

— Je vais vous contenter : la chapelle fut construite par Brangemore de Cornouaille, la mère du roi Pinogre.

Or ce roi félon et maudit se refit païen et sauvage en haine de la nouvelle foi, et il vint jusqu'à ce moutier pour en arracher sa mère qui s'y était donnée à Dieu. Elle y vivait en simple nonne depuis le matin jusqu'au soir et elle refusa de le suivre et de retourner au péché. Alors il lui coupa la tête. La reine Brangemore fut enterrée sous l'autel et, depuis lors, il ne se passa pas un seul jour sans qu'il n'y meure un chevalier, soit qu'il soit tué par cette Main Noire que vous y vîtes, soit d'une autre manière.

— Je pense, beau sire, qu'il ferait bien, celui qui abattrait cette mauvaise coutume !

— Beau doux ami, qui oserait combattre tout seul contre l'Enfer ? Il devrait vaincre cette Main, lui prendre le Voile Blanc qu'elle tient en sa garde, dans un coffret, dessous l'autel. Il plongerait ce voile dans l'eau bénite, et en aspergerait l'autel, le corps, et la chapelle et son entour. Ce n'est, hélas, au pouvoir de personne ! »

Ils cessèrent alors de parler. Sept beaux valets parurent, dont quatre transportèrent le riche Roi Pêcheur, et trois qui servirent Perceval et les guidèrent vers leurs lits. Celui de Perceval fut d'une grande richesse, dans une chambre lambrissée jonchée de joncs coupés menu. Le châlit n'était fait ni de bois ni de fer, mais de fin argent et d'or pur. Les cordes en étaient d'argent. Les quatre pieds étaient taillés en images d'oiseaux qui surpassaient toute merveille, et les colonnes du lit portaient des coupes d'or façonnées comme des lionceaux, dont deux avaient des yeux d'agate et les deux autres de rubis. Le lit fut fait sur deux matelas. Les draps étaient de lin très fin et blanc, couverts d'un beau velours ouvragé à lambels et d'une riche couverture. Sur le chevet du lit étaient posés deux oreillers de soie rouge.

Perceval y dormit jusqu'à l'aube cornée, et il s'était déjà vêtu quand deux valets se présentèrent à lui, portant l'eau dans un bassin et une toile pour s'essuyer les mains. Deux écuyers vinrent ensuite lui apporter ses armes.

À ce moment, le Roi se fit mener chez lui pour le prier de demeurer un peu, mais Perceval le remercia de son hospitalité et il lui demanda congé. Le Roi y consentit et il lui fit amener son cheval sur lequel notre chevalier sauta avec aisance. On lui tendit alors son écu et sa lance, et il s'en fut, recommandant à Dieu le Roi et sa maison.

Son cheval l'emmena grand trot. Il montrait bon ventre et bonne haleine, ayant eu toute la nuit de l'avoine en son auge autant qu'il en voulait.

Pendant 4 179 vers, nous suivons d'abord Perceval, qui, pour délivrer une demoiselle des entreprises de quinze chevaliers, reçoit une blessure qui le tient un mois sur le lit, soigné par la demoiselle qu'il venait de sauver. Et, pendant ce mois-là, c'est Gauvain qui tient la vedette. Nous retrouvons Perceval au moment où ses aventures font suite à son entrevue avec le Roi Pêcheur.

6*

Quand Perceval guéri put reprendre sa route, il remercia la demoiselle de ses soins et la recommanda à Dieu, car s'il eût été roi ou comte, il n'eût pas été mieux servi. Il reçut d'elle une armure magnifique, aux mailles d'argent et d'or, fortes et fines, et bien choisies. C'était une armure d'Égypte où quatre belles demoiselles l'avaient forgée comme à plaisir.

Il marcha ce jour-là, toute la matinée sans rencontrer personne, et il continua son chemin, impatient de remplir ses missions. La nuit allait enfin venir quand le ciel s'obscurcit tout à coup et il s'éleva un grand vent. Il se mit à faire froid. Le vent soulevait de gros tourbillons de poussière, et l'orage éclata avec une force terrible. Des pierres, semblait-il, volaient de toutes parts et la foudre illuminait tout en rapides fulgurances, comme il n'arrivera qu'au dernier Jugement. Le cheval s'affolait et son maître aveuglé par la grêle pouvait à peine ouvrir les yeux. Il se couvrait la tête avec son bouclier pour se garantir des grêlons qui retentissaient sur le cuir. C'était un temps épouvantable, où le tonnerre tonnait avec des éclairs incessants, comme pour ébranler ciel et terre.

Perceval décontenancé, morfondu, lapidé, ne voyait rien, ni loin ni près, où il pût s'abriter. C'était d'autant plus nécessaire pourtant que son cheval devenait fou et qu'il le contenait à grand-peine. Il y eut tout à coup un

* Manuscrit de Mons, vers 39730-40963.

éclair flamboyant accompagné d'un tel vacarme qu'il crut à une catastrophe, mais qui lui permit d'entrevoir, tout près, un mur, peut-être une chapelle, où il arriva haletant, tout trempé et les oreilles sonnantes. Il se réfugia sous l'auvent et, soulagé, mit pied à terre.

C'était bien une chapelle, et celle même qu'il cherchait. Il ne l'avait vue que la nuit et il ne s'y serait probablement pas arrêté sans l'orage. Il regarda vers l'intérieur et vit que le cierge brûlait devant une dépouille, sans doute celle d'un chevalier. Comme il était à regarder, un bras tout noir sortit d'une fenêtre latérale et éteignit le cierge. La chapelle fut alors dans les ténèbres comme la dernière fois. Il sut à ce moment qu'il avait été conduit là pour combattre, et cette idée lui rendit aussitôt ses esprits.

Il entra dans la nef et malgré l'obscurité, il pointa l'angle de la fenêtre, mais la Main arracha le glaive et le brisa. Perceval sauta en arrière, dégaina son épée et se rua vers l'endroit où il croyait happer la Main. Il pense l'atteindre, mais c'est un torse qu'il voit se déployer devant lui qui lui lance au visage un brandon enflammé. Il sent grésiller sa barbe, sa moustache et ses cils. Il réclame Dieu et Son Nom car il sait bien que c'est le diable qu'il a vu, et il se signe de la Vraie Croix. Un éclatement se fait entendre et il flambe un éclair qui fend le mur de la chapelle depuis le toit jusqu'à la fenêtre. Perceval, par cette fente regardant vers le ciel, voit Satan apparaître, ayant un corps de flammes et un bras noir comme serait une branche charbonnée.

C'est à ce même moment qu'il aperçoit le voile signalé par le Roi Pêcheur. Il s'avance pour le prendre, mais la Main Noire le recouvre et l'on entend tonner ainsi une voix infernale : « Trop hardi fûtes-vous d'entrer ici, vassal ! Et, pour votre malheur, de vous y arrêter ! Je vous tuerai de cette main et c'est vous qui serez le cadavre de cette nuit ! »

Perceval ne lui répond rien et il se signe de nouveau. Le diable saute de fureur avec un éclat de tonnerre, et s'élance à travers la fente du toit. La foudre éclate si près que tout homme eût dû tomber mort.

L'incendie cependant gagne les poutres et bientôt, semble-t-il, toute la chapelle s'enflamme. Perceval avance la main vers le tabernacle, où se trouve le voile qu'il doit prendre. Le diable saisit sa main gauche pour l'en empêcher. Perceval frappe de son épée, mais n'atteint jamais que le vide. C'est pour rien qu'il se bat vaillamment. C'est une trop dure bataille puisqu'il ne peut même pas blesser son adversaire qui tient son bras dans un étau. Si Dieu ne l'aide pas, c'en sera fait de lui ! De sa main libre, il fait la croix de son épée, et il se signe aussi la face. L'effroi du Malin s'accompagne cette fois d'une telle foudre et d'un tel coup de tonnerre que Perceval, tout ébloui, tombe sur le sol sans connaissance.

Qui pourrait l'en blâmer ? Nul homme ne fut jamais en tel péril. Il n'y a chevron, planche ou coffre qui ne brûle dans la chapelle, où sur le sol, baisant la terre, gît Perceval. Il demeure là très longtemps.

En reprenant ses sens il se souvient de sa mission. Il se redresse, il va ouvrir le tabernacle, y prend le voile serré dans une châsse d'or et l'étend sur l'autel. Il le garde en sa main, le trempe d'eau bénite dont une auge de pierre était pleine, et il purifie la chapelle en en faisant le tour par le dedans et le dehors. L'orage enfin s'est éloigné. Il remet le voile dans la châsse, et dans le tabernacle qu'il referme.

Il a encore la curiosité de regarder le corps gisant, mais il ne reconnaît personne qu'il aurait déjà rencontré. Il se propose de l'enterrer le jour venu, puis, fatigué, il s'étend sur la terre et il s'endort avec tranquillité pour le restant de la nuit, jusqu'au moment où le soleil l'éveillera. Le cierge s'est allumé de lui-même, et ne s'éteindra plus tant que durera le monde.

Voici venu le jour et Perceval s'éveille. Il est surpris de voir le cierge rallumé. C'est miracle puisque excepté lui qui dormait, il n'y a personne de vivant aux alentours. Il admire et prie sans paroles. Il voit pendre la corde d'une cloche, et il appelle de cette cloche, sans savoir qui viendra. Mais c'est un très vieil homme tout blanc de qui la barbe cache la ceinture, et qui répond ainsi à son salut :

« Beau sire ! Ayez bonne aventure ! Vous êtes le meilleur des trois mille chevaliers qui sont venus ici combattre l'enchantement.

— Ami, répondit-il, j'ai appelé de cette cloche parce que je voudrais qu'un prêtre enterre ce gisant.

— Je suis prêtre, dit le vieillard, et je l'enterrerai comme les trois mille autres que la Main teinte en noir étrangla dans cette chapelle. Grâce à vous, messire, c'est fini, et il n'y mourra plus personne. Soulevez-le par les épaules, s'il vous plaît, et nous l'enlèverons d'ici, puis nous chanterons son service. »

Perceval ne s'est pas éloigné avant qu'on eût chanté l'office des morts, car d'autres moines étaient venus se joindre au prêtre, et il écouta la messe dévotement. L'enterrement fut fait ensuite dans le cimetière inauguré jadis par la reine Brangemore où dormaient sous leurs armes, en de riches tombes de granit, les trois mille victimes du diable. Perceval se fit lire toutes leurs épitaphes, et sut ainsi qu'aucun des chevaliers de la Table Ronde n'était venu mourir ici.

Trois frères, des plus vieux et des plus vénérables, vinrent trouver Perceval et ainsi l'invitèrent : « Sire, la journée est avancée. S'il ne vous ennuie pas, acceptez notre hospitalité pour cette nuit, par charité, en l'honneur de la Trinité. »

Perceval s'inquiète de son cheval, mais on lui répond de la sorte : « Si Dieu me fait vivre ce jour, votre cheval est déjà dans l'étable. Il a eu deux bons bassins d'orge avec du foin, et une grande litière de paille qui lui monte plus haut que le ventre. »

Un moine le tenant par la main, Perceval entre dans la maison. On le désarme. On lui présente un manteau gris tel que la brebis l'a porté, sans couleur ni teinture. Perceval s'en revêt bonnement et s'assied à la table commune recouverte d'une nappe sur laquelle on met le souper : de l'eau à boire, du pain d'orge et de gros choux.

Quand ils eurent étoupé leur faim tout à loisir, un frère ôta la table, Perceval s'accouda et le vieux prêtre se mit à lui parler, demandant son état, son pays et son nom.

« Je suis chevalier, sire. Je vais par le pays pour acquérir honneur et prix.

— Honneur et prix, dites-vous ?

— Oui, sire.

— Comment ?

— Je vous le dirai. Quand je vais cheminant dans ma voie pour rencontrer des aventures, toujours dangereuses et cruelles, je me bats contre maints chevaliers. J'en tue et j'en abats, et j'en fais prisonniers. Ainsi s'accroît ma renommée.

— Beau doux ami, lui dit le prêtre, vous me dites merveille ! Vous pensez acquérir honneur et prix de vos combats ? Mais vous n'acquérez là que la damnation de votre âme ! »

Perceval est tout éperdu quand il entend le vieil homme :

« Sire ! Par Saint-Pierre de Rome, comment donc me sauverai-je ?

— Je vous le dirai sans attendre. Abandonnez votre manière de vivre, abaissez votre orgueil qui vous mène en enfer. Celui qui tue fait mal, et ce qu'il conquiert est sa perte. »

Perceval est très effrayé de cette sentence qu'il avait déjà entendue pourtant. Mais, cherchait-il à tuer ? N'épargnait-il pas au contraire tous ceux qui lui demandaient grâce ? Il séjourna cette nuit-là chez les moines, et il ne les quitta, le lendemain matin, messe ouïe, qu'après avoir promis qu'il ne tuerait jamais personne, excepté son corps défendant.

Perceval a passé une lande déserte et est entré dans une forêt. Il va où son cheval le mène car son cœur est pensif. Pourquoi lui reproche-t-on son orgueil alors qu'il ne retient de ses plus belles réussites que l'étonnement sincère de les avoir menées à fin ? N'est-il pas au service du Graal, et devrait-il s'en accuser ?

Comme il songeait ainsi, les rênes lâches, tout soudain et par le travers, un cavalier le heurte à toute allure, si inopinément qu'il le renverse avant qu'il ait pu se garder. Puis, sans chercher à poursuivre l'attaque, l'assaillant prend les rênes du cheval libéré et s'enfuit au galop.

Perceval se relève, dégaine son épée et il court après son voleur, furieux de sa chute et bien alourdi d'être à pied. Le malandrin galope dans le fond d'un vallon et Perceval voit bien qu'il ne l'atteindra pas car il va plus vite que le vent et n'est déjà au loin qu'un point qu'on voit à peine.

Quand il en a perdu la vue, malade de son effort, de

honte et de colère, il s'assied sous un chêne, dolent, vaincu, songeur.

« J'ai jeté mes péchés au prêtre, afin de redresser ma vie et devenir meilleur, et voilà que le sort m'accable ! Que ferai-je sans mon cheval, avec ma lourde armure ? Celui qui m'a mis à terre me rend trop ridicule ! Malgré ce que j'ai dit au prêtre, je le tuerais mauvaisement si je pouvais le rattraper. Mais, où est-il et qui est-il ? Je le suivrais je ne sais où pour l'avoir à merci et lever sur lui mon épée ! »

Ainsi Perceval invective dans la forêt sous les grands chênes, tout douloureux et humilié. Or, pendant qu'il était ainsi et ne savait que devenir, il voit arriver devers lui un grand cheval tout noir, équipé de tout son harnais sans qu'il y manque rien, ni selle, ni étriers, ni poitrail, ni croupière. Il vient au grand galop, l'encolure basse, comme pour inviter à la monte, frappant du pied et hennissant. Perceval se lève aussitôt et s'apprête à le retenir. Le voilà qui vient à portée, il lui prend hardiment la crinière, s'élève au sol et vient en selle. Le cheval a un peu frémi, mais sans arrêter son élan et Perceval, armé de toutes ses armes, ayant son écu et sa lance, se réjouit d'avoir retrouvé un merveilleux cheval de joute, au moins aussi bon que le sien.

Le cheval va toujours, hennissant et bruyant, tapant des quatre fers. Il court d'une folle allure qui, d'abord, n'est pas déplaisante, mais c'est au cavalier de faire sentir sa volonté et cela va devenir difficile. La vitesse devient vite folle et même fantastique : des arbres sont heurtés par le cheval et craquent sous son choc comme des fagots de brindilles. Des murailles de roches s'écartent devant eux quand ils vont s'y écraser. On saute des talus, non des talus, mais des montagnes, et voilà que vient une falaise !

C'est, au-dessous, une eau profonde où le cheval se précipite pour la mort de son cavalier, mais Perceval, qui ne songe guère encore pourtant à l'Ennemi, fait au péril un signe de croix, et alors le cheval le quitte. Il se tortille sous lui comme une anguille échaudée et s'élance tout seul dans l'eau, laissant son cavalier sur un étroit rivage. Si la tour d'une forteresse eût été jetée comme un bloc par un géant, l'eau ne se fût pas écartée plus violemment et n'eût pas rejailli plus haut que sous le choc de ce cheval !

Perceval s'épouvante en voyant que c'est au Démon qu'il vient à l'instant d'échapper, et il se signe plus de cent fois, pour le tremblement qu'il en a. Il voit devant ses yeux l'eau mugissante et périlleuse, trop large et trop violente pour qu'il puisse la passer. Derrière lui et tout près de l'eau, s'élève une falaise si haute et si roide qu'il ne pourrait l'escalader. Il était mieux dans la forêt que sur cette rive caillouteuse où souffle un vent glacé. La nuit vient et il tombe une pluie fine et gênante... Le ciel est effroyablement noir, et Perceval voit s'y former comme un tourbillon à trois têtes, dont chacune jette du feu vers lui par trois gueules de léopards garnies de dents sanglantes. L'eau mugissante aussi semble l'assaillir avec des remous de bave blanche. Il regarde de tous côtés pour savoir par où s'en aller malgré sa lassitude, quand il voit approcher un bateau noir dans la tempête et les ténèbres. Une femme se tient à l'avant et paraît avoir peur. La nef touche le roc devant les pieds de Perceval.

La pluie et l'ouragan cessent en même temps que l'abordage. La femme a sauté lestement et s'approche du chevalier. Il ne peut se tenir d'aller à sa rencontre et de la saluer courtoisement, et voici ce qu'elle lui répond :

« Perceval, beau doux ami ! Apprenez que je viens à vous depuis votre patrie lointaine. Hélas ! Jc vois quc vous ne semblez pas me reconnaître, et pourtant je vous connais bien, et vous m'avez connue ailleurs, ô mon ami très cher !

— Foi que je vous dois, douce amie, je ne me souviens pas de vous ! »

Alors, la demoiselle le prend doucement par la main : « Ne m'avez-vous donc jamais vue, Perceval ? Prenez-vous en garde ! »

Perceval la regarde bien, avec une émotion soudaine, au corps, au visage, à l'allure, et il reconnaît son amie Blanchefleur. « Demoiselle, dit-il, soyez donc la très bien venue ! Comment êtes-vous arrivée jusqu'ici ? Je ne sais rien qui tant me plaise ! »

Il la serre, l'accole, et la baise. Ils s'assoient tous les deux sur de riches tapis, et elle fait tendre au-dessus d'eux un pavillon par ses marins, avec un beau lit au milieu. Tout ce campement inopiné est d'une richesse extraordinaire en cet endroit, mais Perceval ne le voit pas, tout enivré d'une émotion très douce à rencontrer sa bien-aimée au plus profond de son malheur.

La dame fait dresser la table et l'invite à manger. Alors il ressent toute sa faim car il n'a rien pris de toute cette journée où il a fort peiné. Les mets sont nombreux, succulents comme on n'en vit jamais à la table des princes. Perceval retire ses armes. Il mange et boit comme il lui plaît, et il en a besoin après de telles aventures, mais il n'y eut à ce repas ni bénédiction ni prière.

Le repas pris, les mains lavées, Perceval et la dame se mirent aux confidences :

« Blanchefleur, belle douce amie, dites-moi ce que vous cherchez si loin de votre château ?

— Je ne cherche que vous, mon ami, et je n'ai d'espoir que dans votre secours. Nous avons un voisin glouton qui désire mon déshonneur, par conséquent le vôtre. Pour y atteindre, il dévaste ma terre jusqu'à ce que je l'apaise en me donnant à lui. Mais, pour les richesses du monde, je ne me déprendrais pas de vous.

— Douce amie, répond Perceval, château ni mont ni val ne le sauvera si je l'atteins, et je ne vous ferai pas défaut. »

Il lui demande le nom de ce voisin qui est Aridès d'Escavalon, et elle lui ferme la bouche d'un baiser, car l'heure de coucher est venue. « Ami, dit-elle, je me coucherai où vous voudrez et quand il vous plaira. Nous y serons tous deux si vous le désirez. »

Perceval dit qu'il le veut bien. La demoiselle se met

dans le riche lit et il s'allonge près d'elle. Jamais il ne l'avait vue si désirable et elle se serre contre lui sans nulle hypocrisie. Tout à coup Perceval voit luire la croix de son épée, et sitôt la voit qu'il se signe.

Soudain tout s'évanouit, la femme, le lit, le pavillon et toutes choses. Perceval demeure tout nu, tout seul, sur les graviers mordicants de la plage ; il a froid, il claque des dents dans le vent de cette nuit glaciale, et il a honte de lui-même. Il tend ses mains vers le ciel et, quoique déçu, il rend grâces : « Beau Père spirituel qui vous fîtes homme mortel, je vous adore, Seigneur, et je vous remercie de m'avoir sauvé du péché, car c'est le même diable qui d'abord me prit mon cheval et voulut ensuite me noyer. »

Il reprend ses vêtements, chemise, chausses et armes. Il regarde la mer d'où la nef noire était venue et il la voit déjà très loin, naviguant sous un nuage opaque, entourée d'orage, d'éclairs et de tonnerre jusqu'à ce qu'elle eût disparu. Autour de lui, tout est maintenant apaisé. Il ressent une grande fatigue. S'étend alors dans son armure et il s'endort. La lune montait dans le ciel calme.

Quand le soleil le réveilla, il fit vers le ciel sa prière : « Beau sire Dieu, ayez pitié de moi ! Ôtez-moi s'il vous plaît, d'ici. J'amenderai mon corps, mon âme, et je vous promets davantage que je ferai tout mon possible pour servir votre amour. »

Il aimait à prier ainsi, demandant au Souverain Père qu'il lui envoyât du secours et le dévoyât de péché. Or pendant qu'il priait, il vit venir sur l'eau une deuxième nacelle qui naviguait vers lui, sans rames ni gouvernail, et plus elle venait à lui plus il sentait de joie illuminer son cœur, comme à l'approche d'une délivrance. La nacelle aborda. Un prudhomme en sortit qui le salua doucement au nom de la Sainte-Trinité, et qui l'invita à passer avec lui de l'autre côté de l'eau. Il le suivit en toute confiance et ils arrivèrent à un port qui se trouvait sous une très forte citadelle. Perceval demanda à l'envoyé de Dieu quel château ce pouvait bien être.

« Bel ami, lui dit le prudhomme, c'est le château de Lindesore dont le sire est Sarcus de la Loy.

— Seigneur, dit Perceval, si nous y allions, pensez-vous que j'y pourrais trouver un bon cheval ?

— Ce ne sera pas nécessaire car je puis vous le procurer. »

Comme il parlait encore, deux valets descendirent du castel, amenant deux chevaux, tous les deux blancs et forts, un palefroi et un destrier. « Bel et très doux ami, dit le prudhomme, prenez celui que vous voudrez. »

Perceval choisit le destrier, qui lui parut le plus robuste et qui était magnifiquement équipé. Il ne l'aurait pas échangé pour mille livres. Ils se recommandèrent mutuellement à Dieu. Le prudhomme rentra dans la barque qui déborda tout aussitôt, et sa voile gonflée l'emmena vers la mer.

Depuis l'arrivée en barque du prudhomme jusqu'au choix du cheval, en 630 vers Perceval conte ce qui vient de lui advenir : le vol de son cheval dans la forêt, sa chevauchée fantastique et sa chute dans le gouffre, puis sa tentation conjugale. Le saint homme le réconforte. Puis le chevalier reprend sa route dans le dessein de satisfaire le Roi Pêcheur. Il se voit attaqué dès le départ par un chevalier du péage qui lui réclame paiement avec violence. Le péager se fait vaincre et envoyer à la prison du roi Arthur. Après cela, Perceval rencontre l'amie de Dodinel le Sauvage, chevalier de la Table Ronde qui est justement à sa recherche pour le roi. Pendant que, Dodinel absent, Perceval désarmé devisait avec la jeune fille, survient un cavalier qui la ravit, et qui l'emporte au galop sur sa selle. Perceval, sans armure, court seller son cheval et se lance à la poursuite du ravisseur qu'il démonte et qu'il envoie à la prison d'Arthur, puis il ramène au camp la demoiselle, sur le garrot de son cheval. Après une courte méprise où Dodinel le prend pour le ravisseur, les deux amis et la jeune femme se mettent à table et devisent gaiement.

7*

Quand ils eurent fini de manger, ils virent une cavalière cravachant son cheval pour arriver plus vite.

* Manuscrit de Mons, vers 41416-41584, puis 41584-41914.

Elle crie à Perceval d'accourir sans tarder, car Aridès d'Escavalon assaille et brûle Beaurepaire. S'il s'attarde, tout est perdu. Blanchefleur deviendra la proie de son vainqueur — son corps, son château, sa terre — si elle n'est pas très tôt secourue. Perceval se lève aussitôt en redoutant le pire. Le fantôme de la plage n'avait donc pas menti, ou bien s'était vêtu de son propre esprit toujours inquiet pour son amie. Dodinel le presse de finir son repas avant de faire un tel voyage, mais Perceval ne veut pas perdre un seul instant. Il réclame son cheval et s'arme. Dodinel lui propose de l'accompagner, mais il le prie de n'en rien faire, et de porter au roi Arthur son salut et de ses nouvelles.

Il saute en selle sans s'attarder et il rejoint la messagère.

Ils s'en vont au grand trot par les prés.

Il arriva qu'en un mauvais chemin, pour éviter de profondes ornières, ils passèrent hors du sentier, où le cheval du chevalier prit une épine dans la fourchette de son pied. Cet accident les obligea à rechercher un artisan habile à soigner les chevaux. Ils le trouvent enfin et Perceval s'émerveille de sa dextérité et de son zèle. Le forgeron a retiré l'épine et soigné le cheval avec un onguent de son métier. « Ami, dit-il au chevalier, soyez bien sûr que votre destrier n'en sentira plus rien. »

Perceval tout heureux l'en remercie et lui demande son nom. « Je suis le fèvre de ce village des Mares, seigneur, et je n'ai d'autre nom. Je vous souhaite bonne aventure. »

Perceval remonte à cheval, recommandant à Dieu le forgeron qui lui a rendu ce service. Rien n'est à dire du reste de leur voyage. Ils ont rejoint Beaurepaire et Blanchefleur a revu son ami. On ne peut décrire sa joie. Aussitôt qu'il a mis pied à terre, elle l'embrasse plus de trente fois. Elle ne se souvient plus de son danger et n'a plus aucune inquiétude du moment qu'il est auprès d'elle. Elle ne sait plus rien que lui faire fête.

Elle a retiré de ses coffres une robe riche à merveille, de bel écarlate rouge fourré d'hermine. Une servante apporte à son ami un surcot et un manteau pour qu'il soit habillé de neuf. Quand on l'a désarmé, dans la cour d'honneur, sous le feuillage de deux beaux charmes, deux belles filles sont venues l'habiller et le parer, et je peux vous dire qu'ainsi fait, aucun chevalier par le monde ne fut plus beau que lui, fût-ce même à la cour d'Arthur.

Blanchefleur renseigne son ami de tout le mal que lui cause Aridès. Il brûle ses terres, il tue ses hommes, par volonté de lui mal faire jusqu'à ce qu'elle cède à sa volonté outrageante.

« Ma douce amie, lui répond-il, je suis venu pour vous en délivrer, et j'espère bien pouvoir le faire. »

Ils ont parlé un peu de tout sans qu'elle osât lui

dire le fond de sa pensée, parce qu'elle sentait bien qu'il ne la lui disait pas lui-même. Ils se sont mis à table, après quoi ils s'appuyèrent à une fenêtre pour deviser jusqu'au moment d'aller dormir. Ils parlaient peu et ils se regardaient à peine. Pourtant ils ne pensaient qu'à eux et leur amour les enfermait dans un mystère qu'ils ne voulaient pas déchirer.

Blanchefleur mena son ami jusqu'au lit qu'on avait préparé pour lui, et qui était si riche que pas un duc d'Autriche n'en eut jamais de tel. Quand il fut dans son lit, elle lui baisa la bouche et s'en retourna dans sa chambre où elle fit un long somme jusqu'au lever du jour, quand les sonneurs relèvent les guettes. Alors elle s'habilla, seule et sans chambrière et elle s'en fut vers son ami qu'elle trouva dormant encore. Elle le regarda longuement, se trouvant tout heureuse de le voir chez elle à son aise.

Il s'éveilla et fut inquiet de la voir déjà parée.

« Belle, fait-il, par saint Martin, j'ai trop dormi, hélas, et je devrais être au combat !

— En vérité, non pas ! Reposez-vous, mon cher seigneur », dit-elle.

Il se lève cependant, réclame ses armes et son cheval. Il monte sans attendre, l'épée au flanc, au poing la lance, l'écu au col, et à peine était-il monté qu'on entendit venir Aridès à la porte, avec plus de vingt chevaliers. Il frappe le bois et il crie d'une voix très forte :

« Blanchefleur ! Blanchefleur ! Rendez-moi votre tour et je cesserai de vous combattre ! Si vous ne la rendez, défendez-la, pourvu qu'un de vos chevaliers ose se battre avec moi !

— Vassal, lui répond Blanchefleur, je ne sais pas ce qu'il en adviendra de vous, mais vous apprécierez mon défenseur tout à loisir ! »

Elle fit ouvrir la porte, et Perceval passa le pont sur son beau cheval blanc, souple et fort, qui le portait comme une nef. Il va, lance levée et l'écu en chantel, sur son destrier bien courant. Aridès, pourtant troublé, renvoie ses gens feignant une belle assurance. « Retirez-vous de nous et faites-nous de la place ! Vous allez voir, chers seigneurs, belle joute ! »

Ils obéissent et Aridès s'en prend à son adversaire :

« Que Dieu vous aide, vassal ! Que cherchez-vous ici ?

— Je viens abattre votre orgueil, messire, et vous mettre par terre, devant toutes les dames de cette cité.

— Retournez-vous-en au plus vite, sire trop aventureux ! Partez d'ici avant que je ne vous en chasse !

— J'en partirai, beau sire, dès que je vous aurai coupé la tête ! »

Ainsi finirent les politesses. Les adversaires prirent du champ et se retournèrent l'un vers l'autre. La lutte fut assez brève. Les lances se brisèrent sous la violence du premier choc et les champions s'attaquèrent à l'épée. Leurs chevaux s'affrontent brutalement et c'est merveille qu'ils ne se soient assommés. Ils sont maintenant flanc contre flanc : ils frappent et l'on voit s'envoler les mailles des hauberts. La bataille est dure, mais

Aridès, enfin, se voit obligé de céder, ne pouvant supporter davantage. Il offre à Perceval son épée et sa liberté pour éviter la mort.

Il le supplie pourtant de ne pas le donner à la dame de Beaurepaire dont il craint les mépris et le ressentiment. Perceval pense au forgeron qui a guéri son cheval, mais il n'ose pas livrer le roi d'Escavalon, en qualité de serf, à un simple artisan. Mieux lui vaudrait mourir sûrement que de subir une pareille honte ! Ce lui est une grâce sans pareille que de se voir transmis en la prison du roi Arthur.

Les chevaliers d'Aridès devront s'en retourner chez eux, tristes et mécontents. Perceval rentre à Beaurepaire où l'attendent ses gens en délire.

Blanchefleur, soulevée par la joie, descend de sa tourelle. Elle vient désarmer elle-même son héros de ses belles mains blanches dès qu'il a mis pied à terre sous les arbres de la cour. Elle lui délace son heaume ; elle lui passe au cou un mantelet bleu paon, et quand il est débarrassé de son armure, elle l'entraîne sous un bosquet pour être toute seule avec lui et l'embrasser comme il lui plaît. Elle lui demande sa santé, mais il ne se plaint d'aucun mal. Elle lui parle alors des incidents du siège, et puis voilà d'un coup qu'elle se décide à dire ce qu'elle a dans le cœur.

« Mon doux ami, octroyez-moi un don.

— Belle, bien volontiers. Quel est votre désir ?

— Qu'il vous plaise, monseigneur, de rester avec nous jusqu'à la Saint-Jean.

— Je ne le puis pas, mon amie. J'ai plusieurs fois promis au roi d'être à sa cour pour ce jour-là, et je l'ai tant promis que je ne peux m'en dédire. De plus, avant cela, j'ai une obligation que je voudrais satisfaire. Mais quelle importance, douce amie ? Vous savez bien que, près ou loin j'accourrai toujours à votre appel.

— Sire, lui répond-elle, grand merci, mais j'ai le cœur bien triste qu'il ne vous plaise de rester avec moi. »

Elle ne pouvait pas insister, ayant trop peur de lui déplaire, et elle ne pouvait pas savoir combien il aurait voulu lui céder. Ils vont se mettre à table, et elle le voit déjà inquiet d'être ailleurs, de marcher vers son but étrange, sans repos ni délai. Il n'a pas prolongé son repas, dans la crainte de partir trop tard pour couvrir son étape. Il veut ses armes et son cheval.

Blanchefleur est présente quand il se met en selle. Elle soupire en son cœur mais elle ne peut rien faire que le laisser s'en aller. Elle le recommande à la bonté de Dieu, mille fois et mille fois encore, jusqu'à ce qu'il ne soit plus qu'un point brillant, là-bas, sur son cheval au pas si souple, qui le porte comme une nef.

Le conte laisse Perceval pour suivre à la cour d'Arthur les prisonniers qu'il a vaincus et qu'il a envoyés. Il dit aussi l'émoi du roi pour l'absence prolongée de son chevalier ; le roi envoie les compagnons de la Table Ronde à sa recherche.

On retrouve Perceval, quand il rencontre le Couard Chevalier qu'il entraîne dans ses aventures.

Puis Perceval est délaissé de nouveau pour suivre la querelle de Bohor et de son frère Lionel. Nous le retrouverons « quand il entra en une lande qui fut entre Écosse et Irlande » pour l'étrange combat qu'il soutint contre Hector.

Nous suivrons entre-temps un autre guide qui nous mènera, après dures aventures, au mariage de Perceval avec Blanchefleur, puisque la suite du texte de Mons nous les montre mariés sans raconter l'épisode de ce mariage.

8*

Perceval a quitté son amie avec le cœur plus lourd qu'elle ne le croit. Tendu vers son but de grandeur et vaillance, il s'est interdit tout repos, toute défaillance, tout rêve. Le bonheur même qu'elle représente lui apparaît comme abandon de son devoir.

Mais n'a-t-elle pas sa promesse aussi bien que le Roi Pêcheur qu'il doit venger de Pertinax, aussi bien que le roi Arthur à qui il doit hommage ? Et pourquoi la fuit-il quand il devrait la conforter ?

Après une longue chevauchée, il en arrive à un car-

* Texte de Gerbert de Montreuil, vers 2493-2592, puis 4869-7069.

refour marqué par une vieille croix de pierre et par les ruines d'une chapelle. Le carrefour est couvert d'une belle herbe drue. C'est là qu'il passera la nuit. Il met pied à terre, suspend sa lance et son écu à quelque branche et entre dans l'église où une image de la Vierge est demeurée. Il la prie dévotement de l'aider à s'acquitter de toutes ses tâches, puis il revient à son cheval. Il le débarrasse de son mors et lui donne brassées d'herbe, à défaut de foin, pour le nourrir au mieux qu'il peut. Il le panse. Il lui frotte vigoureusement l'échine et l'encolure avec sa cotte de soie. Après quoi il s'endort, tout armé, sous une aubépine, dans le creux de son bouclier.

Il est couché, mais il dort mal. Il rêve qu'il est couché sur un nid de reptiles qu'il gêne de son poids et qui grouillent en dessous. Puis il entend une voix dorée qui chante : « Où trouverai-je mon bel ami ? » C'est un cauchemar qui le réveille. Il lui semble qu'une vapeur sort de lui. Il ouvre les yeux et voit la plus belle femme qu'on puisse rencontrer sur la terre, mais elle se penche sur lui comme un démon, belle, dangereuse et troublante : « Perceval, doux ami, lui dit-elle, que tu fais de mal à mon corps ! Depuis plus d'un an je te cherche et je ne sais encore si j'en serai récompensée ! Je suis la fille du Roi Pêcheur. Je te révélerai tous les secrets que tu ignores encore. Je t'aime et te désire si fort que je t'ouvrirai la raison véritable de la Lance magique et celle du Graal nourricier, pourvu que tu couches avec moi et que tu recherches ma joie. »

L'Ennemi se flattait de débrider sa chasteté avant qu'il soit au bout de ses épreuves, afin qu'il en demeure vaincu, car il est d'une folle rage quand un homme se tient ferme dans le chemin de Dieu, et il s'efforce de l'en culbuter. Mais Perceval lui répondit : « Je crois que vous êtes folle, ou vivez de galanterie ! Je ne désire pas votre joie car vous êtes fausse amoureuse. Il est indigne d'une fille aussi belle de courir à de nouvelles amours. De Dieu et d'honneur vous souvienne, et de la Croix où Il pendit ! »

Il fit alors le signe de la croix, et l'Ennemi fuyant fit un tel bruit horrible avec telle tempête, qu'il n'y eut dans les bois oiseau ni bête, sur environ une demi-lieue, qui n'en sentît mortelle peur. Perceval vit alors qu'il avait de nouveau eu affaire au Démon. Il tira son épée du fourreau et traça de sa pointe un grand cercle par terre, autour de son cheval et de sa couche, puis il remit l'épée dans son fourreau, se recoucha et s'endormit enfin paisiblement.

Gerbert rapporte ensuite comment Perceval conduit sa sœur au château des Pucelles pour la garantir contre toute attaque. Puis il laisse Perceval pour raconter le défi de Tristan de Laonnois aux chevaliers de la Table Ronde, leur expédition chez le roi Marc sous des déguisements de jongleurs, l'entrevue de Tristan avec la reine Yseult grâce au lai du Chèvrefeuille, puis un grand tournoi qui termine la fête.

Perceval va sa route. Le doute sur sa mission l'accable. Ce qu'il cherche n'est nulle part, et il ne le trouvera que s'il le cherche. Il se sent guetté par le diable. Il n'en serait pas effrayé s'il ne savait, de l'autre nuit, que c'est en lui qu'il le transporte. Il va.

En sortant d'une forêt, il voit un château dans la plaine, dont les murs sont de pierres taillées. Devant le pont, il distingue les lices, faites de rondins de chêne ayant encore leur écorce. Il presse son cheval car la nuit va venir, quand il rencontre, chevauchant, cinq cavaliers armés de toutes armes. Mais elles sont aux trois quarts brisées, les boucliers déchiquetés. Les heaumes, cassés et cabossés, n'ont plus de forme. Les lances sont tordues, les chevaux las. Quatre pleurent de douleur et se tordent les mains car ils emmènent l'un des leurs qui saigne de tout son corps. Quatre épées ont crevé son haubert, deux autres ont brisé son heaume et ont pénétré jusqu'à l'os. Ils vont à petits pas et maintiennent leur blessé. Perceval est troublé par cet équipage de misère. Il considère mieux le pays, et le voit saccagé, détruit. Il n'y a de maison nulle part hors le château. Perceval salue les chevaliers et l'un d'eux lui souhaite en réponse, par la puissance de Dieu, pleine joie et guérison de ses ennuis.

« Très franc et noble chevalier, dit Perceval, dites-moi, par votre grâce, quelle est votre mésaventure avant que je ne parte d'ici. »

Le chevalier répond qu'ils ont une cruelle peine, et il lui en dira la cause s'il veut bien se loger chez eux.

Aussi bien, à une journée loin, il ne pourrait se loger autre part.

Ils vont donc au château dont on leur a ouvert la porte. Ceux de la ville les reçoivent à douleur quand ils voient leur seigneur navré, mais la présence de ce nouveau venu les réconforte. Les quatre fils portent leur père dans la grande salle. Ils le dévêtent eux-mêmes, oignent et bandent ses plaies, puis ils en font autant pour eux car ils en ont par tout le corps. Chacun fait bonne contenance et paraît souffrir davantage des plaies de son père que des siennes. Ils honorent Perceval au mieux qu'ils peuvent ; ils l'ont fait désarmer et couvrir d'un manteau d'écarlate fourré d'hermine. Les chevaux ont été établés devant une belle provende et l'on fait préparer un bon repas.

Le seigneur est étendu sur un bon et riche lit, auprès de la table et du feu. On sert des viandes saines et nettes. Il y a des pluviers, des alouettes, du canard en gelée, des lapins de garenne ayant des râbles gras. Puis ils ont à plaisir des poissons de mer et d'eau douce.

Le chevalier couché appelle ses fils près de lui pour leur recommander d'honorer Perceval, car il lui semble bien que c'était le même homme qu'il créa chevalier jadis. Perceval l'entend, et il le reconnaît alors comme étant le prudhomme qui l'avait introduit dans la troupe que Dieu fit pour garder la justice sur la terre et servir son Église. Le sire le lui confirme en lui disant son nom.

« Bel hôte, dit-il, je suis Gorneman de Gorhaut, suivant le droit romain. »

Perceval en a joie et colère : joie de le retrouver, colère de ses plaies.

« Sire, lui dit-il, j'ai grande tristesse de vous revoir en cet état ! Tout repos, tout plaisir me semblera douleur aussi longtemps que vous ne serez pas vengé de qui vous fait souffrir. Celui-là me tiendra bien cruel voisin si je le puis atteindre avec la grâce de Dieu ! Je suis le même valet que vous appareillâtes en lui donnant l'épée et l'accolée ! Je vous en prie, sire, dites-moi la raison de votre dommage, car j'en prendrai vengeance ou j'y perdrai la vie ! »

Gorneman l'écoute avec reconnaissance et il s'efforce de s'installer le plus commodément possible pour lui parler.

« Telle est mon aventure. Elle a duré, elle dure encore, et durera jusqu'à ma destruction et celle de ce château. Tous les matins viennent à ma porte quarante habiles chevaliers. Ils sont toujours frais et dispos malgré les coups reçus la veille ; leurs armes sont fraîches et nouvelles, leurs chevaux rapides et forts, leurs lances raides et aiguës. Je dois chaque jour les combattre avec mes quatre fils, car ils ont à la fin tué toute ma gent. Ils viennent chaque jour pour m'envahir à force et je suis obligé de me porter contre eux. Or je n'ai pouvoir de mon corps, excepté de mes quatre fils. Et voici ce qui nous advient : nous les combattons chaque jour et nous les détruisons, non sans en recevoir de nouvelles blessures. Et quand nous les avons vaincus et laissés morts sur le terrain, ils reviennent le matin suivant, bien portants, armés d'armes neuves, et reprennent leur dur assaut. Nous y usons nos vies à grand malheur et les userons jusqu'à la mort ! Mais à quoi bon notre bataille si, malgré notre force, nous n'y pouvons rien conquérir ? Si nous devons perpétuellement la recommencer, toujours plus faibles et douloureux ? Je me crois trop blessé cette journée pour soutenir la lutte de demain. Elle pèsera toute sur mes fils et ils seront en grand péril.

— Beau doux sire, dit Perceval, j'irai demain avec vos fils. Ce sera en retour de votre grande bonté, car je ne savais rien du monde le jour où vous m'avez reçu, sauf par les leçons de ma mère. Je n'en sais pas encore beaucoup. Lorsque j'ai vu saigner la Lance, mener le Graal en procession, je me suis tout d'abord conduit très sottement. Je me suis amendé depuis, mais j'ai une autre tâche à accomplir avant d'achever mon épreuve. Je ne sais pas qui m'en repousse et m'empêche d'aboutir, chaque fois que je crois y atteindre. Sans doute n'en suis-je pas encore digne, mais je ne comprends pas de quel péché je suis si lourd, car je n'en vois aucun qui soit grand ni petit que je n'aie confessé et dont je n'aie fait pénitence. Excepté une promesse d'amour que j'ai faite à une demoiselle, et qui est Blanchefleur, votre nièce, châtelaine de Beaurepaire. Je lui ai terminé deux guerres et elle m'aima de bon amour. Elle me pria de l'épouser et je lui ai répondu oui, et je lui ai promis qu'elle sera ma femme à toujours et que je n'irai jamais vers aucune autre. Je n'ai jamais manqué à d'autres promesses qu'à celle-ci. C'est, sans doute, mon gros péché.

— Dieu vous le pardonnera, répond le prudhomme, si vous le lui demandez de bon cœur, en pensant épouser ma nièce dès que vous partirez d'ici. »

Gorneman enseigne Perceval qui écoute et retient ce qu'il dit. Il incline la tête et doucement demande à Dieu qu'il délivre son hôte de ses assaillants perpétuels, dont il est en si grand péril, lui et sa terre.

Les frères se sont lavés et ils sont allés se coucher. Perceval, étendu dans son lit, ne goûte aucun sommeil pour l'ennui qu'il a de son hôte, dont il ne sait comment il pourra le sauver.

Les quatre frères se sont levés et apprêtés dès que parut le jour et Perceval éprouve une grande pitié à les voir tous les quatre armés de nouvelles armes, pour affronter les quarante ennemis qui hurlaient là-bas à la porte. Il s'arme lui aussi. Des valets à genoux s'empressent à le chausser, à l'armer, à l'appareiller et, quand il fut tout prêt, ils allèrent entendre la messe, priant Dieu et sa douce Mère. Les garçons disent adieu à leur père qui ne peut les accompagner à cause de ses blessures.

« Enfants, leur dit-il, que Dieu vous ramène s'il lui plaît ! Je ne lui demande rien de plus que de vous revoir saufs. »

La messe entendue, ils ont remonté à cheval tous les cinq. Perceval demande qu'on leur donne pain et vin, et ils en vaudront davantage. Un valet leur apporte du vin que l'on verse dans de grandes coupes, et un autre leur taille du pain dans leurs hanaps qui ne sont pas des tasses de bois, mais des coupes d'argent fin. Quand ils eurent mangé leur soupe, ils se hâtèrent vers la porte qu'on ouvrit devant eux.

Les quarante les chargent comme des fous dès qu'ils ont apparu. Perceval se jette parmi eux, suivi par les quatre frères. Il a tué le premier ennemi en lui crevant son bouclier avec sa lance, en lui démaillant son haubert et lui plongeant le fer dans le corps.

« Aux cent vilains diables d'enfer, que son âme soit envoyée ! »

Il en frappe un autre sur sa targe, si fort qu'elle ne résiste pas : il lui met dans le ventre et le fer et le bois. Et son âme fuit en déroute. Pourtant, la bataille est mauvaise : ils sont cinq hommes contre trente-huit démons, et chacun doit s'évertuer. Perceval en tuera jusqu'à huit avant de briser sa lance, mais alors ils se jettent contre lui tous à la fois. Ils lui dépècent son bouclier et ils le frappent sur la tête comme forgerons sur enclume. Il réplique à l'épée et voilà une tête coupée ! Les quatre frères sont près de lui et cherchent autant que lui le plus épais des coups. Leur secours ne lui est certes pas inutile.

L'un des frères, brisant son heaume, coupe l'oreille à l'un de ces damnés et lui fend la moitié de la tête. Voilà plus loin une autre tête qui vole ! Perceval fait aussi des ravages, mais il est frappé et blessé car tous cherchent sa mort. Son haubert est cassé et fendu, démaillé, en lambeaux, son heaume martelé n'a plus de forme. Les quatre frères auprès de lui font merveille, mais ils sont durement assaillis. Aucun n'a plus de bouclier non plus de lance. Tous leurs casques sont décerclés, fendus, et ne les protègent qu'à peine.

L'un d'eux vient de recevoir d'une épée sur la tête et il est cruellement blessé ; deux de ses frères l'emmènent un peu en arrière qu'il y soit plus à l'abri, puis ils reviennent bientôt combattre. À quatre qu'ils sont à présent, il leur reste une vingtaine d'ennemis.

Il s'est produit une légère pause où l'on se raccommode du mieux possible, mais le branle recommence bientôt. Perceval taille si hardiment de son épée que le courage revient aux frères. Midi est passé depuis longtemps et maintenant le soir approche. Perceval ramène son cheval au plein de la bataille, anxieux de détruire les ennemis jusqu'au dernier, et les trois frères comme lui. Celui qui est blessé les regarde de loin, mais il ne peut rien faire, étant à deux doigts de la mort. Perceval et ses trois amis, en proie à une fureur désespérée, tuent, percent, tranchent, mais les diables ne craignent pas la mort puisque la nuit leur rend la santé et la vie.

Ils haïssent surtout Perceval et c'est contre lui qu'ils s'acharnent, et ils le blessent de mille plaies. Les trois frères n'y gagnent rien. Ils sont tous les trois si meurtris qu'ils saignent de partout et qu'ils ne tiennent plus à cheval. Ils sont quasi râlants sur l'herbe.

Quatre démons s'acharnent encore sur Perceval, mais

l'un a la tête tranchée ; un second s'abat sur le pré, le crâne fendu jusqu'au menton ; un troisième crie en narguant :

« Pour rien vous vous battez, vassal ! Demain, nous serons vifs, et nous reprendrons la bataille !

— Demain, nous verrons bien ! Pour ce soir, je vous tue !

— Nous n'avons pas peur de mourir, lui crie le dernier vif.

— Alors, voilà de quoi vous satisfaire ! »

Ainsi est finie leur bataille.

Les quarante agresseurs sont morts. Perceval rejoint ses amis. Il les soigne comme il peut, les remonte sur leurs chevaux.

« Beau sire, venez chez nous vous reposer, lui dit l'un d'eux. Demain, vous reprendrez votre chemin. Je ne crois pas que nous voyions le prochain jour entier, car nous ne pourrons plus soutenir leur attaque, Ils nous tueront et ils brûleront le château. Nous sommes assurés du martyre.

— Dieu vous en sauve ! dit Perceval. Il est temps en effet que vous alliez vers votre père. Mais dites-moi, si vous le savez, comment ces morts revivent-ils ?

— Comment pourrions-nous le savoir ? Celui qui resterait dehors pendant la nuit pour percer ce secret mourrait sûrement.

— Dieu m'aidera s'il le veut, mais je ne quitterai pas le champ sans essayer de deviner le sortilège.

— Voulez-vous donc mourir, seigneur ?

— Non pas, si Dieu me garde ! Allez à votre père, messires ! »

Les quatre frères sont partis, anxieux pour leur ami et torturés par leurs blessures. Perceval a mis pied à terre et il s'assied sur un rocher.

Les frères sont allés au plus vite qu'ils ont pu. Ils se sont désarmés, pansés, mais désespèrent de guérir, par onguents ou par médecine. Ils racontent à leur père les prouesses de Perceval, disant que, sans sa force, ils eussent été tués au matin. Mais que sera demain ? Leur ami est resté dans la plaine. Comment croire qu'il survivra ? « Quel dommage qu'un chevalier de telle valeur puisse mourir de la sorte ! Mais il a refusé de nous suivre. »

Les pleurs coulaient sur leurs visages, et ils passèrent la nuit à regretter sa chevalerie.

Perceval est assis sur une roche et tient son cheval par la bride. Il regarde les morts couchés devant ses yeux. Il ne veut pas dormir, mais un frisson le gagne et, pour se réchauffer, il marche et il s'étire. Il se plie et déplie souplement et il atteint ainsi l'heure du milieu de la nuit. La lune éclaire ; l'air est doux et tranquille. Perceval est bien éveillé et il s'est de nouveau assis sur le rocher.

Il aperçoit une lueur au pied d'un monticule, et soudain, en même temps, un bruit sec et terrible fait vibrer l'air, trembler le sol. Perceval, étonné du bruit, fait le signe de la Croix, au nom du Père qui règne dans les cieux, du Fils qui s'est fait notre frère, et de l'Esprit d'Amour. C'est le signe que le diable redoute.

Il voit qu'une grotte s'ouvre, là où reluisait la clarté, et il en sort une grande vieille femme qui porte deux tonnelets d'ivoire, cerclés d'or et sertis de pierres de vertu, si belles et si lumineuses que le trésor du roi Arthur n'approche pas de leur valeur.

Mais la vieille est plus laide que ses tonnelets ne sont beaux. Ses yeux sont plus terrifiants que ceux d'aucune bête, l'un enfoncé, rouge et petit, l'autre, au contraire, gros et noir comme une lèpre. Elle est toute disloquée. Son cou est grêle, cordeux, plissé ; son visage est velu, la tête est toute petite, et cabossée. Son corps est tors comme sans échine. Elle boite tellement, et devant, et derrière, que ses genoux s'entrechoquent à chaque pas. Nul homme ne pourrait être aussi horrible à voir. Ses tresses sont raides comme brins de balai, ses narines sont si larges qu'on ne les étouperait pas du poing. Ni le fer ni l'acier ne sont jamais si gris que la peau de ses mains, de son cou, de son front, et sa poitrine est creuse sous un bréchet saillant. Elle a la bouche grande à merveille, et fendue jusqu'aux deux oreilles, lesquelles pendent sur ses épaules. Ses dents sont larges, longues et jaunes ; ses lèvres sont pareilles à des quartiers de selle. Toute courbe et tordue qu'elle est, l'un de ses reins pointe en arrière et l'autre remonte au gousset, de sorte qu'on croirait qu'elle va se casser quand elle marche. Elle va vite à se déplacer pourtant ! On croirait voir rouler une boule mal ronde. Ses joues sont gonflées de colère.

Perceval se dit en lui-même : « Dieu, quelle laideur ! Qu'elle a dû s'adonner au plaisir de Satan pour devenir aussi affreuse ! Quel péché peut l'avoir rendue si dégoûtante ? L'a-t-on pas dépendue à l'instant d'une cheminée d'enfer ? »

Il la regarde sans émoi, et pour le moment il ne bouge, car il veut voir ce qu'elle fera de ses deux barils. La vieille s'en vient par le sentier, clochant, grommelant et bavant, et se promène entre les morts. Elle ôte les barils de son cou. Elle se penche sur un corps dont la tête était à trois pas. Elle la ramasse et la réajuste en faisant une grimace. Puis, d'un de ses barils, elle prend une petite goutte plus claire que de l'eau sur une rose, et elle en frotte la bouche du recollé qui se lève sitôt, aussi sain et vivant que s'il n'avait jamais été blessé ! « Dieu, qu'il serait puissant et riche qui aurait tels barils en garde ! »

La vieille, ainsi, l'un après l'autre, ressuscita quatre des morts, tout d'abord en les rajustant, et puis en leur frottant la bouche de cette liqueur, et, dès qu'ils en étaient frottés, ils sautaient sur leurs pieds, plus éveillés que rats.

Perceval, à les voir rétablis si vite, songea que son péril croîtrait de son attente. Il sauta à cheval, prit son épée et son écu, et courut à la vieille pour lui dire qu'elle ne gagnerait rien en rendant la vie à ces gens.

La vieille en fut tout éperdue :

« Quels vilains diables vous ont amené ici cette nuit,

Perceval ? Car je vous connais bien, dit la sorcière, pour être le seul homme à oser me combattre. Je sais que nul assaut ni coup ne vous empêchera de terminer votre entreprise. Vous serez roi du Graal, malgré la peine qui vous est réservée ! À bon droit êtes-vous Perceval, car vous ouvrez la route ! Vous trouvez et brisez les cachettes où l'on emprisonnait les baumes, et vous vaincrez encore ceux qui voudront vous contester ! Maintenant, laissez-moi en paix !

— Dis-moi pourquoi l'on mène si rude assaut contre Gorneman ?

— C'est le roi de la Cité Morte, celui qui n'a pouvoir ni volonté de croire en Dieu qui me l'a ordonné. Par le Diable et pour lui obéir, j'ai enfermé sous cette montagne ces horribles soudards qui gisent devant moi, et je ferme sur eux la porte tonitruante dont le bruit t'a surpris. Gorneman doit mourir qui t'a fait chevalier, et je ressusciterai chaque nuit ceux qu'il tuera, jusqu'à ce qu'il soit tué lui-même. Perceval, laisse-moi ! Je suis venue aussi pour t'égarer afin que tu n'arrives à rien malgré la peine que tu y prends. Tu seras roi du Graal, mais, par mes manigances, je t'empêcherai d'en trouver la porte, et tu n'entreras pas dans ta cité !

— Ah ! Dieu ! dit Perceval, c'est donc par toi, méchante, que j'ai tellement cherché, par décembre ou par mai sans avancer en rien ?

— Oui, c'est par moi ! Et tu n'y avanceras jamais, aussi longtemps que je vivrai ! »

Perceval reste consterné. « Il est indigne d'un chevalier de tuer une femme. Elle parle ainsi par gloriole. Dit-elle tromperie ou vérité ? Comme de bon cœur je la pousserais hors de vie ! » Il pensait de la sorte quand la vieille se baissa sur un cadavre qui ressuscita aussitôt, alors, d'un coup d'épée, il lui trancha la tête et elle tomba sur le gravier.

Mais les sept qu'elle avait soignés s'élancèrent contre Perceval et le combat recommença. Dès le premier contact, il décolla trois têtes. Ceux qui restent l'assaillent furieusement, mais commencent à le trouver trop près : ils savent que cette fois, c'est leur dernier combat, puisque leur guérisseuse est morte.

Perceval en tue deux, mais les deux autres se défendent. L'un a sabré le cheval du chevalier : Perceval est à terre ; ils sont sur lui pour l'achever, mais il se redresse contre eux, et ce n'est pas menace qu'il brandisse son épée, car il fend la tête de l'un et tue l'autre par la cervelle.

Il reste seul vivant au milieu du charnier, sous la lune étincelante, auprès de son cheval gisant. Son épée est rouge de sang et lui-même saigne par plusieurs plaies. Il prend l'un des tonnelets et il en admire l'ouvrage. Il estime sa valeur bien au-delà de celle du trésor d'Arthur. Il est soudain curieux d'imiter la sorcière dans son travail de guérison. Il choisit l'une de ses victimes de la journée et il lui frotte la bouche de son doigt mouillé de l'onguent ; mais l'homme se réveille aussitôt et, comme il serrait son épée dans sa main, il en frappe Perceval avec une telle force qu'il lui fend la coiffe du heaume, lui faisant une blessure dont le sang coule.

« Que la chassie lui mange les yeux ! Je le guéris et il me blesse ! C'est ma faute ! Qui chasse la folie la trouve, et souvent pense-t-on bien faire que s'en montre l'inconvénient ! S'il m'avait demandé merci, bien volontiers je l'eusse aidé, mais il ne cherche aucun pardon et il me récompense à sa manière. »

Tout en se disant ces paroles, il court à son ennemi et il l'écharpe, mais l'autre se dégage et s'enfuit, craignant, après sa folle attaque, de ne pas obtenir de pitié. Ainsi fait le pécheur qui désespère de la divine miséricorde et méprise la confession. Perceval ne peut mieux faire que de l'étendre et de le tuer, quoiqu'il eût désiré le laisser vivre.

Perceval est vainqueur, mais il est las et affaibli par tout le sang qu'il a perdu et les coups éprouvés. Il pense tout soudain que le baume qui réveille les morts pourrait assainir ses blessures. Il goûte lui aussi la liqueur et se sent aussitôt plein de vigueur et d'assurance. Il n'a plus qu'un désir, c'est que le jour se lève pour aller guérir Gorneman et ses fils. Il rebouche ses précieux barils, non de chanvre et d'étoupe, mais avec deux rubis taillés.

Dans le même temps, dans son château, Gorneman s'éveille en effroi. Il fait seller les chevaux et réveille ses fils dès qu'il voit poindre l'aube.

« Enfants, levez-vous et fuyons ! Malgré nos maux, malgré nos plaies, allons-nous-en d'ici et au plus vite, et au plus loin que nous pourrons !

— Certes, sire, lui répondent-ils, mais nous ne le pouvons plus. Nous sommes blessés par tout le corps. Ils nous poursuivront et nous rattraperont, et nous feront souffrir abjectement. Ici ou là, nous ne pouvons rien éviter. Perceval, le seul qui y pouvait résister, est allé mourir dans la plaine. Ô douloureuse bataille, où nous allons être vaincus sans pouvoir nous défendre ! »

Gorneman s'est pâmé à voir souffrir ses fils, et lui-même se tient à grand-peine. Il pense à Perceval, l'ami providentiel qui fut leur dernière espérance, mais qui s'est follement voué à la mort.

Il ignore que déjà Perceval huche à sa poterne.

Une fille l'entend et va voir, tout effrayée d'avance par ce qu'elle va trouver.

« Ah ! fait-elle, sainte Marie ! Qui nous appelle de si bonne heure ? Qui est là ? Par Dieu ! Qui êtes-vous ?

— Pucelle, je suis Perceval ! Faites-moi ouvrir la porte. J'ai terminé l'aventure dont vous avez si longtemps souffert ! »

La fille en est folle de joie ! Elle court avertir le seigneur que Perceval est là ! Gorneman, l'entendant, ne se souvient plus de ses maux et il se précipite aussi vite qu'il le peut. Jamais pareille joie ne fut faite. On acclame monseigneur Perceval. On veut savoir pourquoi il vient à pied, et ce qu'il a fait de son cheval. Il répond qu'il l'a laissé mort, mais cependant qu'il a plus gagné que perdu dans le courant de cette nuit.

Perceval leur raconte tout : l'arrivée de la vieille et comment elle ressuscitait les morts, pourquoi il la tua, quoiqu'elle fût femme, puis recommença la bataille avec les soudards ranimés. Il leur montre le baume qu'il apporte. Il en veut guérir les garçons qui, à sa voix, se traînent dans la salle malgré les vives douleurs causées par leurs blessures. Perceval a pris de l'onguent et les touche à la bouche l'un après l'autre, et les voilà soudain plus vifs que poissons d'Oise ! Toutes leurs plaies se sont guéries, et ils ne ressentent plus rien que la joie d'être en vie. Si Dieu fût descendu du ciel en cet instant, il n'eût pas été plus fêté que Perceval par Gorneman et ses fils.

Ils voudraient le garder quelques jours afin de l'honorer, et puis pour qu'il s'ébatte et prenne du repos, mais il répond qu'il ne peut pas se le permettre.

« J'irai vers Blanchefleur, m'amie, et, si votre père m'y mène, je l'en remercierai de tout mon cœur. Je veux me marier avec votre cousine afin de vivre purement. L'homme qui vit saintement et garde chasteté y trouve son avantage. Il est aimé de tous et son âme est tranquille, comme disent les prêtres. Je veux donc prendre femme pour fuir le péché mortel qui tourmente l'âme et la détruit. Les prêtres nous le disent et ils savent qu'à cause de leurs sermons, nous n'osons faire ce qui nous plairait cependant. S'ils sont luxurieux comme nous, je ne veux pas les en reprendre car cela n'est pas mon affaire. Je veux donc me marier pour me contenir et me garder de ce péché. J'en suis pressé car j'ai autre chose à faire pour terminer mon entreprise. Je voudrais partir ce matin. »

Gorneman accepte, disant qu'il lui ferait compagnie et le plus possible d'honneur.

« Mes fils vous accompagneront aussi. Il n'est ici petit ni grand qui ne vous serve volontiers, tout à votre plaisir. »

Perceval l'en remercie. On s'assied au dîner ; on mange, on boit autant qu'il plaît, puis, les nappes ôtées, on danse et festoie tout le jour. Quand vint la nuit, on soupa de nouveau de cinq ou six mets différents, poisson et chair. Enfin, l'on conduisit Perceval dans une chambre lambrissée et peinte à l'or, où on le fit coucher dans un lit tout de soie, avec une couverture molle et une courtepointe. Gorneman et ses fils, pour l'honorer, couchèrent devant lui et, pour mieux les endormir, un habile ménestrel jouait le lai Goron sur une flûte de Cornouaille. Chacun tomba dans le sommeil car ils étaient tous las et ils pouvaient dormir sans craindre le prochain réveil.

Je vous le dis parce que c'est vrai : les deux barils d'ivoire conquis par Perceval jetèrent toute la nuit une si grande clarté qu'on se serait cru en plein jour, non seulement à cause de leur précieux baume, mais pour l'étincellement des gemmes dont ils étaient ornés : rubis, sardoines, émeraudes, saphirs, diamants, topazes, et d'autres pierres de vertu. Perceval en fut étonné quand il s'éveilla dans la nuit, mais il savait que cette lumière ne menaçait personne, et il se rendormit si profondément, étant encore fatigué, qu'il demeura dans le sommeil tout un bout de la matinée jusqu'à la sonnerie de la messe.

On appela alors les sergents qui accoururent et le vêtirent. Gorneman et ses fils se tenaient prêts aussi à entendre la messe, car celui qui aime Dieu aime son saint office.

Au moment où ils en sortirent, Gorneman dit à Perceval qu'un bon repas les attendait.

« Sire, lui répondit-il, je voudrais sans tarder que nous allions à Beaurepaire, comme nous avons dit. Je veux voir Blanchefleur, mon amie, la plus belle de toutes les femmes.

— J'en suis heureux, je vous le jure, mais nous voyagerions avec plus de plaisir si nous mangions un peu avant de nous mettre en route.

— Je le veux bien, mais hâtons-nous », répondit Perceval.

Ils ne se sont pas attardés. Gorneman fait servir pluviers, faisans, pâtés de lièvre. Perceval presse le repas : il ne comprend pas le loisir quand il a une affaire en train. Ils se sont mis en selle avant qu'on n'ôte les tables. Perceval monte un magnifique destrier, fort, nerveux et bien allant que lui a donné Gorneman, et il chevauche rapidement vers Beaurepaire. Son parrain de chevalerie chevauche avec lui, botte à botte, et ses fils qui les suivent n'ont pas oublié les tonnelets magiques.

Ils avaient autour d'eux la plus belle campagne qu'on puisse imaginer, et bientôt ils entrèrent dans la plus belle des villes. La mer baigne ses murs, et son port est plein de bateaux qui viennent des plus lointains pays du monde. Les forêts d'alentour sont superbes et giboyeuses ; les coteaux sont couverts de vignes ; on peut voir jusqu'à l'horizon des labours, des jardins, des vergers de riche apparence.

Perceval reconnaît la contrée, mais Gorneman qui ne l'avait pas vue depuis la guerre de Clamadeu, était vraiment surpris d'une telle richesse, comme il le fut ensuite devant celle de la ville.

Dès que l'on aperçut les tours et les murailles, Perceval appela deux valets de leur suite pour qu'ils aillent annoncer à la dame de la ville, l'approche de son ami qui vient la prendre en mariage. Les valets sont fiers d'une telle mission ! Ils éperonnent leurs chevaux pour arriver plus vite avec leur belle nouvelle ! Ils ont bientôt passé les portes et ils se croient en pleine foire, à voir tant de gens par les rues. Ils arrivent au palais, et ils demandent la demoiselle. Elle est justement dans sa cour, au milieu de ses officiers, et vêtue d'une robe de soie où les ors étincellent.

Les deux messagers, bien appris, sont descendus de leurs chevaux et s'avancent vers la châtelaine, mais sa vue les éblouit tant, que, devant sa beauté, ils restent interdits, pantois, et mot ne sonnent. Ils sont là sans penser à ce qu'ils ont à dire. Blanchefleur, toute pensive, baisse la tête vers le pavé, songeant à son ami dont nul n'a de nouvelle. « Dieu, que mon ami tarde ! S'il m'aimait autant que je l'aime, il laisserait tout pour me voir. J'attends, j'ai attendu, et encore j'attendrai, et tout ce qui lui plaît me plaît. Du moment que je pense à lui, ma pensée au moins est contente. »

Enfin, les deux valets ont retrouvé leurs langues. Ils se sont agenouillés devant elle en ôtant leurs bonnets : « Dame ! Votre ami Perceval vous salue ! »

La dame a tressailli au nom, et le reste du compliment lui arrive par bribes : il vient avec son oncle Gorneman. Il va la prendre en mariage. Il n'est plus guère maintenant qu'à demi-lieue des murs. Il vient ! Lui eût-on arraché les ongles à ce moment qu'elle n'en eût rien senti ! La joie se gonfle en elle au point qu'elle en est ivre. Elle se met à courir dans les rues comme une petite bête affolée, et ses servantes lui courent après :

« Dame ! Dame, lui crient-elles ! Vous perdez votre courtoisie à courir comme vous faites !

— Tant pis ! Laissez-moi ! laissez-moi ! Si vous aimiez aussi, vous ne pourriez pas m'en blâmer ! »

Toutefois elle s'apaise un peu. Elle fait enguirlander de fleurs toutes les maisons, jeter des pétales dans les rues. Elle veut que l'on pavoise et que l'on orne comme pour un roi. Bien mieux encore, car c'est leur prince !

La joie est criée sur les toits, on encourtine les fenêtres, on étale des tapis sur les pavés. On pourrait croire le paradis terrestre ! Chevaliers, clercs, bourgeois, manants, et toutes les filles, et toutes les dames et les demoiselles se parent de leurs plus beaux vêtements. On organise des jeux, des combats d'animaux, ours contre lions, sangliers contre léopards. Plus loin, des jouvencelles dansent avec des chevaliers ou des pages. Il est sorti plus de dix mille personnes de la ville au-devant de Perceval. Ils ont caparaçonné leurs chevaux avec des étoffes de soie. Le bruit est extraordinaire. Il y a des joueurs de tambour sans pitié pour leurs timbales, qui cavalcadent à grand bruit sur leurs chevaux bariolés, couverts de fleurs et de dorure. On a fait monter Blanchefleur sur une mule plus bellement équipée que jamais ne fut mule. L'or et les gemmes qu'elle porte valent le trésor du roi de Frise. Ceux qui voient passer leur châtelaine en sont tout éblouis.

Elle est habillée d'une pourpre vermeille fourrée de fraîche hermine qui lui fut ouvrée et donnée par la fée Brangemal. Que dire de sa beauté ? Vous en avez entendu deviser déjà dans ce même conte, mais je puis dire que nul savant, laïc ou moine, ainsi que Gerbert en témoigne, ne la vit plus belle qu'en ce jour. Six de ses chevaliers l'entourent quand elle passe le pont sur sa mule blanche au doux porter. Maintes dames l'accompagnent aussi, et l'ensemble est une splendeur.

Gorneman dit à Perceval : « Sire, il faut qu'on vous aime pour vous recevoir si bellement ! »

Dès qu'il aperçoit son amie, Perceval pique son

destrier, invitant Gorneman à le suivre. Blanchefleur le voit arriver et perd soudain ses couleurs. Elle retient sa mule sans le vouloir et elle reste sans mouvement. Perceval voit qu'elle tremble, et plus de dix fois la salue. Elle lui répond tout bas, plus de trente fois, lui racontant toute sa tendresse avec ses yeux.

Elle se ressaisit enfin et salue à leur tour son oncle et ses quatre cousins. Perceval lui prend les deux mains et l'accole, car il l'aime dans son cœur, et il lui entoure la taille avec ses bras. Il l'appelle sa douce amie et elle lui répond ami cher. La foule acclame : « Bienvenue à notre sauveur ! Il nous a tirés de misère et nous a rendu tous nos biens ! »

Chacun, petit ou grand, le salue et lui parle. Les filles, en son honneur, forment des rondes. Je devrais en dire davantage, mais je n'en finirais plus ! Vous voyez l'arrivée du cortège dans la ville : la cavalcade, la bousculade, les vivats, les hourras et les cloches ! Et le grouillement de tout ce monde ! On ne peut avancer : ils crient, ils se mettent à genoux ! Perceval ne peut croire qu'il soit l'objet de tant d'amour.

Blanchefleur appelle ses clercs et fait porter des lettres à ceux qui tiennent d'elle, pour qu'ils assistent à son mariage.

On a apprêté les soupers. On lave les mains. Les chevaliers, les dames, les hauts bourgeois sont conviés et les nourritures ne manquent pas, mais à charrettes sont données, de tout, de tout ! Chair et poissons d'eau douce ou de marine, du vin tant qu'on en veut ! Il n'y a pas d'huissiers aux portes et chacun, autant qu'il lui plaît, vient chercher aux cuisines à boire et à manger pour se réjouir chez soi. La nuit est éclairée par toute la cité, de toutes les fenêtres et de toutes les étoiles.

Perceval s'est levé à la fin du repas et a parlé à ses barons :

« Seigneurs ! Je viens vous demander votre dame, pour qu'elle soit ma femme en droit mariage, par votre consentement et par le sien. Je veux le faire par sacrement, car plus de bien nous en viendra que si nous mettions en fol usage mon corps et sa beauté.

— Sire, ont-ils répondu, tu feras bien d'agir ainsi. Si elle devient ta dame et si tu es son seigneur, nous n'aurons plus jamais ni deuil ni misère.

— Seigneurs, dit Perceval, votre princesse et moi, nous serons unis dès demain. »

Près de lui, Blanchefleur est tremblante de joie, mais partout autour d'eux s'élèvent des vivats et des applaudissements. Je suis obligé de m'en taire, car toute mon encre y passerait.

On a fait arranger les lits dans une chambre encourtinée et peinte à or et à émaux. Perceval couchera dans l'un d'eux, et non loin de son lit se trouvent le lit de Gorneman et ceux de ses quatre fils. Il faut savoir que, sur le lit de Perceval, on a mis un riche édredon fait de plumes choisies par la fée Brangemal dans l'île de Guernemue, et qui couche dessous n'aura jamais la goutte, ni l'avertin, ni aucun mal, et son cœur restera fidèle à son amour.

Blanchefleur, dans une autre chambre, est couchée au milieu de ses femmes. Elle les entend dormir comme un bruit léger sur la mer. Et il lui plaît bien qu'elles dorment après avoir bu et dansé, car le sommeil ne viendra pas pour elle : l'amour lui brûle la poitrine. Elle sait où son ami repose ; à pas de loup elle pourrait y aller. Elle le regarderait dormir ; il y aurait paroles entre son souffle à lui et ses regards à elle.

« Je ne peux vraiment pas, ce ne serait pas bien... mais pourquoi serait-ce mal ? Il m'en aimera moins sûrement et me tiendra pour primesautière. Et, si je n'y vais pas, peut-être m'attend-il. Il croira que je suis orgueilleuse et que je surestime le don que je lui fais. Mais, si nous sommes l'un à l'autre suivant sa foi promise, quel mal y aurait-il ? J'irai. Tant pis ! Je lui demanderai pardon ! »

Elle s'est assise sur son lit pour passer une chemise. Elle a mis par-dessus un riche manteau, et elle quitte doucement la compagnie de ses suivantes.

Elle est entrée dans la grande salle où ne brûle qu'une seule chandelle. Elle approche du lit, et ne se soucie pas qu'on la voie. Elle s'accoude doucement au chevet de son ami, prenant garde de l'éveiller. Un beau soldat pour elle, demain ! Elle contemple son trésor, mais il l'a entendue venir. Elle laisse tomber son manteau, il la prend dans ses bras et la met près de lui. Il l'étreint et il la caresse. Tous les deux sont contents de s'accoler ainsi et de s'embrasser tendrement, mais ils ne vont pas outre, car ils veulent attendre le point où ils pourront sans vilenie avoir ensemble compagnie. Ils ont passé la nuit ainsi, à s'embrasser et deviser tout bas pour que les autres ne s'éveillent.

Dès qu'il fit un petit brin de jour, elle retourna dans sa chambre où elle s'est bellement couchée sans déranger une de ses filles. Et elle s'est endormie enfin, toute vêtue de baisers, au moment où la ville entière s'éveille et sort du lit.

On s'étire rapidement et la vie reprend vite. C'est jour de joie, c'est jour de fête ! Les rues et les hôtels sont pleins des chevaliers du voisinage accourus à l'appel de leur dame. C'est dire la rumeur des rues, les piétinements, les bruits des fers sur le pavé, les cris et les charrois. Dormir dans une telle rumeur, c'est avoir une belle conscience !

Perceval s'est enfin levé. Il a revêtu une robe rouge, bien taillée sur son corps ; il est vraiment bel homme ! Sous ses cheveux blonds ondulés, il a les yeux bleu clair et des sourcils bruns et arqués. Le nez est droit, le menton a une fossette et le front est marqué d'une ancienne cicatrice qui lui sied. Ses flancs sont droits, ses épaules sans défaut, ses bras sont longs et gros, fournis de nerfs et d'os. Ses mains sont blanches, son maintien est sans morgue, mais simple et débonnaire. On le trouve admirable en tout.

Blanchefleur apparaît, un peu plus pâle, un peu plus belle, alanguie par sa veille d'amour. Ses habilleuses l'ont richement parée d'or et de pierres précieuses. Sa robe est d'une pourpre sanguine, tout étoilée de riches pierres, et la fourrure de son manteau est toute bordée de blanche hermine.

Le peuple est attroupé devant la porte et crie « Noël ! » à ses seigneurs. On voit, à travers les vitraux, des prêtres de haut rang se hâter vers l'église. Les cloches sonnent partout et l'on se demande même si elles ont jamais cessé de sonner depuis hier, en ensemençant l'air d'un poudroiement de fête. Ce cortège qui passe, c'est l'archevêque de Landemeure ; il sera servi à l'offrande par l'évêque de Limor et par celui de Limeri. Dieu ! Que de crosses ! Que de mitres, que d'évêques et d'abbés, de prélats et de moines ! La foule est dans la rue pour voir sa souveraine auprès de son nouveau seigneur, et tous les deux ont tel bonheur de tous ces cœurs tendus vers eux que leurs visages en rayonnent.

À l'entrée du portail, Perceval descend de cheval pour aider Blanchefleur, mais elle se jette dans ses bras avant d'avoir le pied par terre. Gorneman s'empresse à son tour pour conduire sa nièce à l'autel. Chacun fait le signe de la Croix en entrant dans l'église. C'est un geste terrible au démon qui est le vaincu de la Croix.

L'archevêque fut très digne et remplit très bien son office. Il leur prit la main à tous deux et les joignit en droit mariage. Là, Perceval prit une femme qui fut le modèle des épouses. Il fut ainsi meilleur chrétien et il put achever les aventures que lui seul pouvait mettre à fin, en ayant seul la dignité.

Tout aussitôt qu'ils furent mari et femme, un grand cri s'éleva, dans l'église et dehors, acclamant le glorieux seigneur et sa gracieuse châtelaine, et vous pouvez penser que les cloches, encore plus fort sonnèrent, et les gosiers, et les musiques ! Le cortège revint au palais, escorté par une troupe de jongleurs faisant des tours et des miracles. La ville est pleine de plaisir. Il y avait des tables dans les rues où tout le monde pouvait s'asseoir pour manger et pour boire, et tout le monde à son vouloir, dans de grandes tasses d'argent.

Quand on avait mangé, on enlevait les tables, et l'on organisait des jeux et des amusements. On dansait des caroles et l'on chantait des chœurs. Des ménestrels chantent et viellent, des musiciens harpent et flûtent, suivant ce qu'ils savent faire, des jongleurs et des baladins font des tours d'adresse ou de force. Ailleurs de bons trouvères disent de merveilleuses histoires devant des dames et des comtes.

Et puis, quand ils se sont peinés à réjouir le monde, chacun se dépouille pour eux. On leur donne des garnitures de grand prix, des cottes, des surcots, des robes de velours, des ceintures de toutes les couleurs. Tel y fut qui eut cinq habits, ou six, ou sept, voire neuf ou dix ! Tel y vint pauvre et démuni qui s'en retourna riche !

Mais, de cela, vous savez bien que le bon usage s'est perdu ! Combien voyons-nous de fêtes où le chevalier prend femme et d'où les pauvres ménestrels s'en vont contents ? Ils se sont démenés à plaire aux gens pour tout ce qu'on leur a promis, mais venus avec des promesses, ils sont repartis sans rien d'autre !

Je voudrais que ces prometteurs et payeurs de mensonges, n'aient plus part à nulle prière, ni grâce de messes à leur mort !

Le siècle, hélas, devient trop chiche ! Nul n'est estimé s'il n'est riche ! La richesse est mauvaise où l'on ne peut rien prendre.

Ce n'est pas le moment d'en parler puisque j'ai entrepris le conte de Perceval.

Le jour s'en va et la nuit vient. Chacun s'est rassis pour souper, mais je n'ai rien à vous en dire car je veux vous conter le plus beau de la nuit.

Aux époux on a fait bon lit, dont vous expliquer la richesse et la douceur pourrait vous ennuyer. L'archevêque de Rodas, ceux de Dinas et de Clamadas, celui de Saint-André d'Écosse, chacun avec la croix, la crosse, sont venus pour bénir le lit, au milieu d'une foule d'évêques, dont celui de Cardoël, ceux de Caradigan, de Cardiff, de Morgau, celui de Saint-Pol-de-Léon, de Carlion, de Limor et de Limeri qui sont tous deux les frères de Sagremor, celui aussi de Saint-Aaron-en-Galles, qui tenaient tous leurs bénéfices de Blanchefleur. Il n'y avait ni roi ni reine, en toute la Bretagne, sauf l'exception du roi Arthur, de qui la terre fût aussi belle et étendue que celle de Blanchefleur, et elle en fit le don à son seigneur, comme celui d'elle-même.

Les serviteurs les ont quittés ; les servantes de la princesse ont laissé leur petite reine sans plaindre aucunement son sort.

Ils sont restés seuls dans leur lit, tous les deux bras à bras, nu à nu par-dessous les draps, et Blanchefleur frémit et tremble plus encore que feuille de tremble. Ils sont tous deux en grand péril de perdre leur vertu, celle qui conduit tout droit au ciel, et ils voudraient bien s'en garder. Perceval soupire et se plaint, il presse sa femme contre lui, mais elle, qui fut apprise à aimer Dieu, lui a parlé comme elle devait le faire.

« Perceval, bel ami, faisons que l'ennemi ne nous surmonte pas. Vous savez bien que chasteté est sainte chose. De même façon que la rose est plus belle que les autres fleurs, ainsi virginité passe toutes les autres vertus, et celui qui peut la garder reçoit double couronne devant Dieu au saint Paradis. »

Perceval l'entend et l'approuve. Pour lui aussi la chasteté est au-dessus de tout, comme la topaze surpasse le cristal et l'or fin tout autre métal. Alors ils sont sortis tous les deux de leur lit. Ils se sont agenouillés côte à côte et, tournés vers l'orient, ils ont prié le ciel qu'il les tienne en bon état de chasteté, sans briser leur virginité. Ils se sont recouchés ensuite, mais en se tenant loin de l'autre et se sont enfin endormis.

Perceval, vers le jour, est resté éveillé pendant quelques instants, et il a entendu une voix qui lui disait très clairement : « Perceval, gentil frère ! Fais que vous ayez Dieu en votre pensée tous les deux, et sache que c'est en son Nom que je te parle. Aucun mari ne doit toucher sa femme que saintement et seulement pour deux raisons, l'une est pour engendrer, l'autre pour éviter le péché. C'est bien évident pour chacun. Il y a pourtant des maris qui croient pouvoir se livrer au plaisir de la chair, avec leur femme comme bon leur semble, mais ils se trompent ! Mieux leur vaudrait de se tremper dans l'eau glacée pour revenir en leur bon sens. Garde ta chasteté et sois rempli de charité, et tout honneur t'en adviendra. »

Et la voix continua de la sorte : « Une fille te naîtra qui sera avenante et belle, et qui épousera un roi glorieux. Pourtant, par désordre et péché, ce roi sera en grand péril de voir son royaume détruit, mais l'un de ses fils le vengera et rétablira sa puissance. Il aura un autre héritier qui conquerra de grandes terres, et un troisième qui, gracieux et beau, sera changé en oiseau au désespoir de ses parents. Le frère aîné aura pour femme une pucelle, à qui, par sa valeur, il fera rendre tous ses biens. Il leur naîtra une fille dont l'enfant sera glorieux par le monde car ses trois descendants conquerront Jérusalem et la Vraie Croix. »

Pour que ces glorieuses destinées se réalisent, il faut que Perceval persiste dans sa quête, sinon ses héritiers seraient privés de gloire.

La voix cessa quand elle lui eut tout dit. Perceval demeura songeur dans son lit, attendant la venue du jour.

L'heure arriva de se lever. Je ne sais combien de valets surgirent pour vêtir leur seigneur et l'atourner. Les servantes, de leur côté, ont habillé leur demoiselle comme c'est leur devoir. Elles sont en émoi car elles ne savent pas que leur maîtresse s'est levée pucelle comme elle s'était couchée.

Accompagné de ses barons, Perceval est allé au moutier pour entendre la messe. Il les ramena au palais pour prendre hommage de leur féauté de tous ceux qui le lui devaient, et qui le lui rendirent de grand cœur.

« Sires, leur dit-il, je vous requiers de recevoir l'autorité de Gorneman comme la mienne, en tous lieux et pour toutes affaires, car je le prie d'être mon bailli pour garder ma femme et ma terre. Je suis au service du Saint Graal et je ne puis séjourner davantage. Qu'on m'amène à l'instant mon cheval et mes armes ! »

Blanchefleur l'entendit et s'en fallut de peu qu'elle ne tombât en pâmoison, car elle pensait bien le garder pour elle comme font les époux d'ordinaire. Mais elle l'aimait tant qu'elle voulait l'approuver en tout.

Chrestien de Troyes nous l'assure, lui qui commença cette histoire que la mort l'empêcha d'achever.

Perceval a quitté Beaurepaire pour ne pas retarder son œuvre encore imparfaite. Ce sont les fils de Gorneman qui l'ont armé sur un tapis de laine rouge, pendant que les femmes pleuraient.

Avant de s'en aller, Perceval avait affranchi les serfs et aboli les coutumes trop lourdes aux vilains. Puis il s'est mis en selle sur un grand cheval noir et s'est avancé sur sa route. Ses barons l'ont accompagné jusqu'au prochain carrefour, et il leur a donné congé.

Quand ils sont revenus au palais, Madame Blanchefleur était encore pâmée. Leur seigneur s'était en allé avec une telle ardeur qu'il en avait oublié ses tonnelets d'onguent miraculeux. Il en aurait pourtant besoin avant sa victoire, car il recevra tant de blessures qu'à grand-peine il en réchappera !

La pauvre mariée, reprenant ses esprits, se lamentait : « Ha ! disait-elle, sainte Marie ! Je croyais tant tenir ma joie ! Mais mon seigneur, mon doux ami, va courir sa noble aventure, et je ne sais quand il me reviendra ! »

Elle s'est encore évanouie et l'on dut soutenir le long de son chemin son pauvre corps navré.

Gerbert raconte les aventures chevaleresques et douloureuses de Perceval ; comment il délivra la châtelaine de Montesclaire du chevalier au Dragon jetant flammes ; comment il se trouva en grand péril dans le château des quatre fils du Chevalier Vermeil, le premier qui mourut de sa main avant d'être fait chevalier. Gerbert passe ensuite à Gauvain dont il récite une affolante et cruelle aventure d'amour, pendant 6 000 vers environ

On rejoint ici Perceval au moment de sa lutte contre Hector où l'on voit deux chevaliers se battre à mort, sans raison ni merci, et le ciel même intervenir pour guérir leurs blessures, comme si leur combat monstrueux passait, au jugement de notre auteur et de ses auditeurs, pour le comble de la vertu chevaleresque.

9[*]

Cheminant au creux d'une vallée, Perceval rencontra, vers le soir, un petit ermitage caché au creux d'un bois. Il y coucha. Le lendemain matin, il entendit dévotement la messe et se fit confesser par l'ermite qui lui pardonna ses péchés et lui donna pour pénitence de ne plus chevaucher le dimanche, à partir des complies du samedi, et Perceval le lui promit.

Le voilà parti légèrement, l'écu au col, la lance au poing, porté par un beau destrier aux flancs nourris d'orge, aux pieds adroits et ferrés tout de neuf. Au milieu de la matinée, il entra dans une grande lande, sise entre l'Écosse et l'Irlande ; il n'est ni forêt ni rivière, hameau ni tour à plus de deux lieues à l'entour. Il voit venir à lui, revêtu de fort mauvaises armes, usées et rapiécées, un chevalier nommé Hector qui était de la Table Ronde et frère de Lancelot, mais hélas de si triste mine et si pauvrement monté qu'il ne le reconnaît pas. Son cheval semble vaciller tant il est affaibli ; voilà plus de deux ans qu'il erre ainsi sans aucun abri convenable au repos, ni nourriture qui tienne au corps.

Dès qu'il voit Perceval, ce chevalier tourne vers lui la tête de sa monture en lui criant de se garder car il le défie. Perceval étonné, ne lui répond pas tout

* Manuscrit de Mons, vers 44065-44849.

de suite, et l'autre lui répète, plus aigrement encore :

« Apprête-toi à batailler, vassal, au lieu de trembler sur ta selle !

— Ma foi, fit Perceval, je vous crois preux et courageux, mais vous êtes en mauvais état. Vos armes tiennent à peine sur vous. Les mailles de votre haubert sont rompues, comment pourriez-vous combattre ? Votre cheval s'écroulerait sous vous pour peu qu'on le heurtât ! Passez votre chemin et laissez-moi à mes affaires. »

Hector pensa que le mépris lui soufflait cette excuse, et il lança son cheval contre lui. Perceval dut baisser sa lance, et le choc fut tellement violent que les écus furent traversés et que, sous les hauberts troués, glissèrent en chair vive les pointes des deux lances. Les troussequins des selles se rompirent et les deux cavaliers tombèrent par la croupe de leurs chevaux. Ils se relevèrent ensemble et ils se pressèrent l'un contre l'autre en tirant leurs épées de leurs gaines.

Ils se frappent terriblement. Les fleurs des heaumes et les rivets de leurs visières sautent sous les coups, comme les mailles de leurs hauberts. Ils sont blessés en plus d'un point et très profondément, tellement que chacun s'étonne de la résistance qu'il rencontre chez l'autre. Ils frappent pourtant ! Ils frappent toujours ! Ils n'ont au bras que des morceaux de boucliers. Loin de les protéger, les morceaux de leurs casques leur labourent le visage. Leurs hauberts déchirés embarrassent leurs pas, et ils sont presque nus sous le tranchant de leurs épées. Le sang leur coule de tout le corps, depuis leurs crânes jusqu'à leurs ventres. Tout le champ qu'ils piétinent est rouge. Ils frappent, et c'est merveille qu'ils durent si longtemps l'un contre l'autre, et l'un comme l'autre.

Mais à la fin c'est trop !

L'un est tombé, l'autre s'écroule de même. Leurs jambes ne les soutiennent plus. Les voilà couchés sur la terre, inertes dans leurs pâmoisons ou se tordant sous leurs souffrances, chacun à part, mourant de faiblesse et de froid, dans le vent torturant de la grande lande solitaire. Toute la journée c'est ainsi, douloureusement, sans passage d'homme ni de bête, et la nuit est venue, plus froide et douloureuse encore.

Hector a parlé le premier pour prier son ami d'aller chercher un prêtre car il se sent mourir.

« Beau sire, lui répond Perceval, je ne peux pas non plus m'aider. Ce que vous désirez m'est impossible car vous m'avez tué aussi. Or, si vous mourez, sire, pardonnez-moi votre mort, que mon âme n'en soit encombrée !

— Sachez que je vous la pardonne. Je ne survivrai pas la moitié de la nuit, tellement vous m'avez tenu court ! Si pourtant vous viviez (ce que Dieu veuille !) et que vous alliez à la cour du roi Arthur, saluez Lancelot, de part Hector, son frère.

— Êtes-vous Hector ? demanda Perceval. Par la foi que je dois à Dieu et à sa Mère, je n'ai plus de force, mon ami, et je ne voyagerai plus désormais, mais je souffre de votre mort pour Lancelot et pour vous que j'aime dans mon cœur. Si vous vivez pourtant, saluez notre roi au nom de Perceval, et tous nos amis de la cour.

— Foi que je dois à Dieu et à sa Force, dit Hector qui respire à peine, nous nous sommes tués l'un l'autre par grand dommage et je dois en porter le blâme. »

Ils se sont évanouis de nouveau. Ils n'ont plus de vigueur et leur sang se perd dans la terre. Des nuages rouges obscurcissent leurs yeux : ils vont mourir exsangues. Or voici qu'au milieu de la nuit, il vint une clarté sur eux et un ange descendit qui portait le Graal. Les deux gisants virent cette lueur et sentirent sur eux ce passage. Comme ils ne souffraient plus du tout, ils crurent que c'était la mort, et ils ne bougeaient pas de peur de perdre cette quiétude. Pourtant, quand ils remuèrent enfin, ils furent tout surpris de se trouver dispos. Ils se trouvaient guéris, sains et nets de toute plaie.

Hector ne pouvait pas comprendre le moyen de sa guérison. Perceval lui a expliqué le mystère de la puissance du Graal. Ils sont tous les deux pleins de joie. Ils sont debout et ils s'embrassent. Leurs chevaux n'avaient pas bougé du champ. Ils les montent et s'en vont chacun leur voie en se recommandant à Dieu.

Perceval poursuit sa besogne. Il prie Dieu de lui faire rencontrer Pertinax dont il a juré de prendre vengeance pour le gardien du Saint Graal. Tant va par bois et par montagnes, par les vallées et les campagnes qu'il voit à l'horizon les cinq tourelles d'un beau château. La forteresse est assise sur une belle rivière, entourée de beaux prés et de giboyeuses forêts. Elle est tellement solide et bien construite qu'on l'assaillerait sans profit, à moins de descendre du ciel. Le seigneur qui s'y tient peut se croire tranquille : personne ne lui fera de mal, même étant détesté de tous. Il est batailleur et si injuste qu'il n'y a si félon d'ici jusqu'en Hongrie.

La plus haute des cinq tours, qui est dans leur milieu, brille au soleil comme de l'or rouge, et Perceval la reconnaît comme étant la demeure de l'homme de qui il doit prendre vengeance.

À l'entrée du château, à la branche d'un pin aux puissantes ramures, pend un riche bouclier, récemment redoré à l'or fin, et où sont figurées deux belles demoiselles. Pendant que Perceval admire sa façon, reconnaissant les signes qui lui ont été dépeints pour désigner son adversaire, un valet sort du château, et Perceval lui demande le nom de ce lieu fort et celui de son maître.

« Que le seigneur Dieu me pardonne, répond le valet, c'est le château de la Tour Rouge dont le seigneur est Pertinax. Mon maître est si preux et puissant dans la bataille qu'aucun chevalier ne tient en face de lui. Depuis cinq ans et demi qu'il vit dans ce château, il en a tué cent quatre qui avaient seulement touché du doigt le bouclier que vous voyez pendre.

— S'il tue celui qui seulement le touche, que fera-t-il à qui le jettera par terre ?

— Ô Dieu ! Seigneur ! Sa mort serait cruelle !

— Qui ôte la vie d'un homme pour une telle bagatelle, est un félon sans loyauté. Il fait gros péché envers Dieu. »

En disant ces paroles, il approcha du pin et tant frappa le bouclier qu'il le fit tomber sur le sol.

Le valet eut grand-peur et il sonna d'un petit cor d'ivoire qu'il portait pendu à l'épaule. Pertinax l'entendit au fond de son repaire et il fut bien joyeux, car c'était une nouvelle victime qui réclamait la mort. Il se fait armer sans délai, il saute sur son cheval avec le heaume en tête et l'épée à son flanc. Il prend une grosse lance de frêne, mais point d'écu puisqu'il prendra celui qui pend à l'arbre. Aussi, quand il sort du château et qu'il voit son écu dans la poussière, est-il pris d'une chaude fureur : « Vassal ! Aussi vrai que je vis, aucun écu ne vous coûta si cher que celui-ci que vous paierez de votre tête ! »

Et, sans s'embarrasser de bouclier, il galope contre Perceval qui, de son côté, fait de même. Pertinax a brisé sa lance contre l'écu du chevalier errant, mais il reçoit un coup du glaive de son adversaire qui lui traverse l'épaule et ressort par-derrière de la largeur d'une main. Le choc les a renversés tous les deux de leurs chevaux. Pertinax est gravement blessé mais il ne paraît pas s'en émouvoir et il attaque à l'épée. La lutte est immédiatement féroce et les deux combattants saignent abondamment. Ils se battent toujours. Depuis l'aube jusqu'à midi a duré leur assaut. Jamais ceux du château n'ont vu leur maître aussi terrible, mais jamais non plus chevalier ne leur parut si courageux, si noble et si puissant que Perceval.

Aucun d'eux n'a plus de heaume, et à plusieurs reprises, on les voit, l'un comme l'autre, tomber sur les genoux, mais ils se relèvent toujours, reprenant leur corps à corps.

Perceval eut enfin la victoire par l'expresse volonté de Dieu. Son ennemi est à terre, sous lui. Perceval lui offre la vie sauve, mais le mécréant veut mourir plutôt que de subir prison. Perceval lui coupe donc la tête, malgré l'horreur qu'il en a, et l'attache à l'arçon de sa selle pour la porter au Roi Pêcheur, avec le bouclier aux deux pucelles peintes. Il part sans s'occuper des gens de ce château.

Il s'agit de trouver au plus tôt le castel du riche Roi Pêcheur mais le lieu est si mystérieux que nul chemin appris n'y mène, et qu'on s'y trouve parfois sans savoir comment. C'est ainsi qu'après une assez longue errance, il aperçoit le toit d'une tour dépasser le faîte d'un roc, et il en reconnaît la forme. Il s'en approche, le cœur battant. Le pont-levis est abaissé ; il le passe et entre dans la cour.

Des valets viennent l'accueillir ; ils l'aident à mettre pied à terre. Ils établent son cheval tandis que l'un d'entre eux va dire à son seigneur qu'un chevalier vient d'arriver, portant à son arçon une tête coupée.

Le Roi se lève joyeusement, oubliant sa longue impotence, plutôt ne sachant plus qu'il est infirme de ses jambes, et il descend ses escaliers pour recevoir l'arrivant. Cette tête est celle qu'il attend, c'est celle de sa guérison. Cette mort efface sa longue défaite. Perceval la lui donne avec le bouclier où s'estompent déjà les peintures des deux demoiselles.

« Sire, lui dit le riche Roi, en l'accolant cent fois et en le baisant au visage, vous m'avez remis dans mon aise et dans la puissance de mon corps en me vengeant de mon ennemi. Je n'ai pas besoin de vos preuves, car hier, après la sixième heure, je n'ai plus ressenti mon mal et je me suis dressé debout ! Désormais tombe ma tristesse avec les maux dont vous m'avez guéri, et mes jours deviennent heureux. Je mettrai sur un pal, au plus haut de ma tour, cette tête cruelle qui guerroyait ma terre et me déshonorait, après avoir tué mon frère en trahison ! »

Ils y sont allés aussitôt. Des sergents ont placé la tête sur un pieu très élevé au sommet de la tour, puis tout le monde est redescendu. On a désarmé Perceval et partout on le fête. Le riche Roi qui l'aime fort le dit son ami et son fils. Il le fait revêtir de très riches étoffes. On met les tables, recouvertes de nappes blanches, et de couteaux et de salières. Après le lave-mains, Perceval s'y assied au haut bout, auprès du riche Roi qu'on n'appellera plus Méhaigné.

Alors paraissent la Lance qui saigne et le Saint Graal, chacun porté par une gracieuse jeune fille. Elles passent auprès d'eux et les tables sont aussitôt couvertes de mets délicieux, et puis les demoiselles s'en vont par où elles étaient entrées. Elles reviennent avec le Graal et la Sainte Lance, et de nouveaux mets sont servis. Un jeune garçon les suit, qui porte le Tailloir d'argent enveloppé d'un linge précieux et d'une riche soie rouge. Il tourne autour des tables comme font les demoiselles et il s'en retourne comme elles.

Perceval les regarde faire et il en laisse le manger.

Par trois fois passe le Graal devant ceux qui sont à table, ainsi que la Sainte Lance et le Tailloir d'argent. Ils viennent jusqu'au haut de la table, où sont assis Perceval et le riche Roi, et puis ils s'en retournent d'où ils viennent.

Le repas terminé, s'étant lavé les mains, et les tables ôtées, le Roi dont le cœur est joyeux, mène Perceval à une fenêtre, afin de lui parler seul à seul. Il lui demande de répéter son nom et Perceval le lui donne :

« Sire Roi, je suis Perceval le Gallois, étant né en terre de Galles, mais j'ignore le nom de mon père. Je sais seulement que ma mère fut dame de la Gaste Forêt.

— Je sais que vous êtes de grand prix et j'en suis bien heureux. Je suis frère de votre mère, la plus noble femme de cœur, la plus vaillante et la plus sage de tout notre lignage. Vous êtes donc mon neveu, et je suis fier, par Dieu ! que vous soyez de moi. Je vous abandonne toute ma terre et je m'en démets entre vos mains. Je vous couronnerai roi à la prochaine Pentecôte.

— Sire, lui répond Perceval, s'il est vrai que je sois votre neveu, je vous supplie de ne pas m'imposer votre couronne aussi longtemps que vous serez en vie. Si vous avez besoin de moi, je ne serai jamais long à vous répondre, sauf mort, prison ou maladie. Mais j'ai promis au roi Arthur d'aller le voir sans m'attarder si Dieu, qui récompense les bons vouloirs, m'en donne l'occasion et la force. »

On lui fit fête dans le château, quand on apprit qu'il était de la lignée du Roi, et qu'il lui succédera. Les cousines porteuses du Graal et de la Lance trouvent grand plaisir à l'honorer et le festoyer jusqu'à la moitié de la nuit. Ensuite Perceval se coucha dans un lit somptueux qui fut dressé dans la même chambre que son oncle, et, comme d'habitude, il se fit apporter ses armes dès le petit matin.

Comme il s'appareillait, on s'aperçut que son harnais était si mal en point, après ses dures luttes, que le Roi lui donna ses propres armes, en le priant de les porter et de s'en servir pour son amour. C'étaient des armes royales et vraiment riches. Le heaume et le haubert étaient d'acier bruni ; l'écu, le fût de lance et l'écrin de l'épée étaient plus noirs que jais brillant ; la selle et son tapis, et tout le harnachement étaient pareillement noirs.

Il s'en alla sous les bénédictions et les prières vers la cour du roi Arthur.

Le manuscrit de Mons raconte alors la rencontre que fit Perceval de six chevaliers dont les armes étaient de différentes couleurs. Il les abat l'un après l'autre et les envoie à la prison du roi Arthur, où ils annonceront sa venue.

Dans une autre relation, Gerbert fait asseoir notre héros sur le Siège Périlleux, et lui fait rencontrer l'ancien roi de Saras, le mystérieux roi Mordrain.

Perceval a quitté la cour du Roi Pêcheur avec un sentiment d'effroi à la pensée d'une couronne pour remplacer son heaume, un déchirement d'achèvement car ce sera la fin de ses courses solitaires, de sa vie dangereuse. Il a déjà jeté une ancre à Beaurepaire, et une autre bientôt l'attachera plus fortement.

Il lui vient à l'esprit que la récompense de ses travaux lui sera plus lourde et austère à porter que ses pires aventures. Il y pense dans son cœur et commence à aimer son sort.

10*

Perceval s'éloigna à belle allure et s'enfonça dans un chemin désert où il erra toute la journée. Pendant une semaine entière, il rencontra de grands hasards dont il sortit, non sans blessures, grâce à la force de ses armes. Il traversa ainsi maintes contrées et maints défilés malcommodes. Il entra enfin dans la forêt de Carlion où il chevaucha tant qu'il entendit le son du cor vers la fin d'une après-midi, avec les abois d'une meute. Il mena son cheval du côté de la chasse et il

* Texte de Gerbert de Montreuil, vers 7186-7612.

rencontra le sonneur à qui il demanda à quel maître il était. « Sire, je suis au roi Arthur qui me suit avec ses barons. Nous chassons le Blanc Cerf au Chevalier Noir. Les dames sont avec eux, et ma dame la reine. Mais, par ma foi, je ne crois pas que nous aurons la bête ce soir. Le roi en est fâché car il l'a promise à la reine. »

Comme il parlait ainsi, le roi arriva avec toute son escorte. Le roi d'Irlande l'accompagnait avec le roi de Rodes, celui de Dinas-Clamadas et celui de Diveline. Alentour de la reine se pressaient beaucoup de demoiselles dont la vue plut à Perceval et le rendit joyeux.

Le roi Arthur ne reconnut pas Perceval qui gardait baissée sa ventaille car les charnières en étaient coincées par les coups qu'il avait reçus, mais le chevalier vint à la reine et la salua comme preux et bien appris : « Que tous biens adviennent à ma dame, qui est dans le royaume la perle de l'honneur, de la beauté, de la bonté et de la courtoisie ! »

La reine lui répondit :

« Beau sire, qu'il plaise à Dieu de vous donner ce que votre cœur désire ! Je voudrais savoir votre nom car je ne reconnais pas vos armes.

— Ma dame, j'ai pour nom Perceval le Gallois. »

Quand la Reine entendit son nom, elle lui jeta les bras au cou en lui disant : « Beau doux ami, soyez le bienvenu, comme vaillant éprouvé, de belle et haute prouesse ! »

Toutes les dames l'entourent et le fêtent ; le roi lui-même arrive avec ses compagnons. Il est joyeux d'apprendre que c'est Perceval, et il l'accole à plusieurs reprises. On s'attroupe pour l'entendre, car le roi lui fait raconter ses dernières aventures, les dangers et les maux qui l'attendaient sur la route du Graal. Perceval ne se fait pas prier : il récite ses combats, ses travaux après qu'on l'eut débarrassé de son heaume faussé. Il dit comme il a vu le Roi Pêcheur enfin guéri de ses infirmités, mais il n'a pas le droit de révéler tous les mystères. Il raconte cependant le ressoudement de l'épée éclatée en deux parts, et qu'il n'a pu toutefois assez bien rapprocher qu'il n'y restât une légère trace.

Dont le sénéchal qui l'écoute et ne peut accepter nulle supériorité, lui dit en se moquant : « Vous savez mal forger, messire ! Vous avez entrepris une quête où vous laisserez votre peau. Vous en avez déjà la tête rouge sans être bien loin arrivé. C'est chercher vent et bagatelle ! Vous êtes comme celui qui danse devant les gens pour faire parler de lui, mais ne paraissez guère sage. Valez-vous mieux que nous ? Vous aurez perdu toutes vos dents sans vous avancer davantage. Croyez-moi et restez tranquille, avec madame, cet hiver. Les diables vivants de l'enfer vous font courir après de la fumée ! »

Le roi a entendu son sénéchal avec colère, Perceval lui étant le plus précieux de ses barons. Il dit à Keu :

« Sire Keu, souvenez-vous que votre orgueil et votre langue folle vous ont déjà causé disgrâce ; mais votre cœur aurait crevé, je pense, si vous n'aviez dit cette sottise.

— Sire, ajouta Perceval, je vois avec plaisir que son bras brisé est remis, mais il fut bien mal inspiré quand il se fit casser la clavicule. »

À ce rappel de sa mésaventure, Keu fut honteux et s'assombrit. Le roi embrassa Perceval pour montrer son estime devant tous et on laissa la chasse pour cette journée.

On s'en revint à Carlion. Les cuisiniers avaient apprêté le repas avant le retour des chasseurs. Ils avaient de la chair de boucherie, des oiseaux et des poissons frais dont je ne peux vous dire le compte. La compagnie arrive où l'on remarque, tout ainsi que je vous l'ai dit, beaucoup de rois, de ducs, de chevaliers et de barons, beaucoup de hautes dames aussi avec la reine.

Perceval, une fois désarmé, est revêtu d'une riche robe de soie fourrée d'hermine que la reine voulut lui offrir, et Perceval se trouve tout heureux dans ce souple vêtement, une fois ses armes déposées. Le roi lui prend les mains et le fait asseoir à la table. La reine et ses suivantes, les dames et les demoiselles s'assoient parmi les chevaliers qui sont tous en manteau court, suivant l'usage, à la table du roi.

Toutefois, monseigneur Gauvain se tient toujours debout, et, près de lui, debout aussi, Lancelot du Lac, Yvain, Érec et près de vingt des meilleurs chevaliers. Perceval les regarde et voit au milieu d'eux un siège particulier où personne ne s'assoit, devant une table de forme ronde. Ce siège est tout entier serti de pierres précieuses. Il est certainement pour le roi, mais le roi s'est assis ailleurs. Perceval y sent un mystère et interroge ainsi :

« Seigneur, je vois ici un siège magnifique où personne ne prend place. Attend-on quelque grand personnage que l'on veut y honorer ? Beaucoup d'excellents chevaliers sont debout. Pourquoi aucun d'entre eux ne s'y met-il ?

— Ô Perceval, répond le roi, que je voudrais que vous ne cherchiez pas à le savoir ! Ami, n'en parlons pas : vous n'y auriez aucun profit.

— Sire, je vois plutôt que vous ne m'aimez guère ! Que Dieu vous sauve de tous ennuis et qu'il accueille votre âme au ciel à la fin, mais dites-moi la vérité de cette chaise. Je ne mangerai pas avant de le savoir, et pourquoi nul n'y va. »

Quand le roi vit son insistance, il soupira profondément et des pleurs coulèrent sur ses joues. Ses barons firent de même comme la reine et ses demoiselles, dont quelques-unes des plus jolies déchirèrent leurs vêtements. Keu lui-même, malgré sa malice, montra tel deuil qu'on pensait qu'il allait mourir. « Heu ! cria-t-il. Exécrable semaine où cette chaise nous fut imposée, par qui tant de preux furent perdus ! »

Perceval, consterné du malaise qu'il provoque, s'adresse au roi :

« Sire, si j'ai mal fait, je suis prêt à le corriger, mais qu'on me dise d'abord pourquoi cette chaise est vide.

— Ami Perceval ! Je me flattais de recevoir par vous

honneur et joie, mais j'en aurai plutôt, hélas je le vois bien, du dépit et de la souffrance !

— Mais pourquoi, sire ? Dites pourquoi !

— Ha, Perceval, mon bon ami ! Celui qui m'a confié cette chaise ne m'aime guère. La fée des Roches Mauves me l'envoya par un courrier à qui Dieu fasse honte et dommage ! J'ai été obligé de promettre, sur ma couronne et sur ma vie, que cette chaise serait mise là où vous la voyez, mais que personne ne s'y assoie s'il n'est pas au-dessus de tous les chevaliers du monde, et désigné par Dieu pour être Roi du Graal et gardien de la Lance qui saigne, sous peine du plus dur châtiment. Voilà, sire : vous savez tout.

— Seigneur roi, lui dit Perceval après y avoir songé, quelqu'un s'y est-il essayé ?

— Oui, dit le roi. Il y en a eu six. C'étaient de très bons chevaliers, mais dès qu'ils s'y assirent, la terre les engloutit. C'est pourquoi je vous prie de ne pas vous y mettre.

— Sire, j'irai cependant, lui répond Perceval en se levant. Quelle que soit la défense, je ne l'éviterai pour rien au monde. Que Dieu m'en donne honneur et joie ! »

La reine l'a entendu et le voit y aller, et elle se pâme. Gauvain crispé, souffre à l'avance la mort affreuse de son ami, mais pourtant Perceval se dirige tranquillement vers le Siège Périlleux, écartant doucement ceux qui, par charité, veulent entraver sa marche.

Le roi se lève, le cœur serré, et tous ceux qui étaient assis.

Quand Perceval prend place et qu'il pose ses deux mains sur les deux accoudoirs, la chaise a comme un cri de bête qui comprime les cœurs et fait trembler les murs, et le sol, soudainement, se creuse, dessous et autour d'elle : elle reste suspendue au-dessus d'une caverne de plus d'une toise d'ouverture. Mais le siège reste immobile, et Perceval y est assis sans bouger d'une ligne. Son visage ne tressaille même pas ni ne change de couleur, comme s'il était loin du prodige.

Ores, voici que jaillissent de terre, devant les pieds de Perceval, les six chevaliers qui naguère avaient essayé l'épreuve. Ils sont vivants et ébahis ! Puis la terre se referme qui s'était creusée en abîme, et l'aventure est achevée.

Le roi se précipite vers Perceval et tous ses barons avec lui ! Keu, le sénéchal Keu lui-même, fait une telle fête qu'il danse de joie et qu'il rit aux éclats. Il répète à chacun que pour mille livres, il serait moins heureux que du succès de Perceval, et de la résurrection des six chevaliers engloutis.

« Ma foi, cher sénéchal, lui dit Yder, le fils de Nut, c'est votre deuxième courtoisie en peu d'instants. On devrait le cocher au mur, car vous avez pleuré croyant que Perceval mourrait et, de le voir sauvé, voilà que vous riez aux larmes ! Je m'étonne mais vous complimente, car il ne vous arrive guère de parler sans médire. Dieu vous paie votre gentillesse ! »

Messire Keu entend la satire et lui répond railleusement : « Messire Yder, vous m'avez blâmé de travers !

Racontez-nous plutôt votre aventure d'amour, quand vous allâtes au lit pour y caresser une vieille. Vous la vîtes si ridée que vous l'avez masquée de l'édredon dans le moment de votre ardeur. Pourtant, vous la disiez si belle ! Pourquoi lui laissâtes-vous le lit quand Érec y mena Énide ? »

Yder sent la honte et préfère changer de groupe. Le roi, qui l'a bien entendu, se soucie peu de leur querelle. Il demande aux six chevaliers ce qui leur est advenu pendant leur engloutissement. Ils lui répondent fort bien : ils expliquent ce qu'ils ont supporté de fatigues et de maux, mais ce qu'ils sont obligés de crier et de publier, c'est l'horreur des supplices qui tourmentent les amants déloyaux, qui préfèrent caresser les garçons plutôt que les demoiselles.

« Sachez que c'est merveille comme la terre leur est dure ! Ils brûleront grand feu le jour du Jugement ! Certainement, sire, la fée qui vous donna la chaise merveilleuse voulut que vous sachiez quel tourment infernal ces malheureux subissent au plus profond puits de l'abîme, car elle savait très bien que nous en serions délivrés par le Chevalier du Graal, au cœur loyal et fin dont personne ne mesure le courage ! C'est lui, sûrement, qui gardera la Sainte Lance !

— Sire Perceval ! Vous nous avez tirés de fort affreuse peine et remis à grande joie ! Votre excellence en était seule capable ! »

Écoutant parler ses barons, le roi est tout heureux de ce qu'ils témoignent ainsi et il s'écrie aussitôt :

« Ceux qui sont infectés de ce très horrible péché doivent être bien déconcertés à cette nouvelle ! Et moi-même, je suis très étonné d'en entendre parler ainsi !

— Honni sera dorénavant celui que l'on prendra en telle faute ! Que le mal brûlant le dévore jusqu'à ce que son vice le dégoûte, et que ce plaisir-là lui devienne en horreur !

— Béni soit au contraire qui se plaît à sa femme, ou bien à son amie, qui l'aime de bonne foi et se déclare son compagnon ! Qu'il soit béni dans ses amours ! »

Ensuite, le roi Arthur reprit sa place auprès de Perceval, et ses barons firent de même, comme la reine et ses pucelles.

Le repas commença et tous eurent à manger autant qu'ils en voulurent. Perceval fut hautement servi, et il devait bien l'être, de tout ce qu'il désira, tout bellement et à son loisir.

Après l'occasion du Siège Périlleux, on peut croire que tout autre chevalier eût été imbu de sa gloire, du moins qu'il en eût aimé la louange, mais Perceval, non pas, car il se sentait vide encore de quelque mérite et il se trouvait gêné de tant d'applaudissements. Ils lui paraissaient excessifs, et ils l'étaient peut-être dans l'esprit de ses laudateurs. De plus, il sentait que le roi s'en indisposerait à la longue. Il quitta donc la cour et reprit son errance. Il redoutait même Beaurepaire qui l'attirait pourtant, mais qui lui semblait une douceur à quoi il eût été lâche de prétendre, et comme un achèvement prématuré.

11*

Perceval eut plusieurs aventures, et parmi elles, celle de la cité où il dut redresser la mauvaise coutume. Le but qui le guidait était de retrouver la demoiselle qui lui avait donné le Blanc Écu à la Croix Rouge pour combattre le chevalier au Dragon jetant feu, et qui le lui avait repris ensuite. Cette perte le chagrinait. Il revint dans la grande forêt où il l'avait vue disparaître, mais il eut beau la chercher, quêter, interroger, il n'en trouva pas de nouvelle. Il chevauchait donc au hasard quand il entendit une cloche et il alla de ce côté. Il y trouva une abbaye bien close et il s'adressa à un moine qui était assis à la porte. Il le salua et le moine l'invita à profiter de l'hospitalité du monastère. L'offre en était heureuse, car autrement, Perceval n'eût su où aller. Il entre et les moines accourent l'accueillir, tout heureux de recevoir chez eux un chevalier errant. Ils le saluent, ils le désarment et ils le font manger très honorablement. Il s'est ensuite couché et il s'est endormi jusqu'au lendemain matin. Il se leva pour entendre la messe, et c'est là qu'il eut sa vision.

* Texte de Gerbert de Montreuil, vers 10193-10599.

Il priait, à genoux près d'une grille de fer très bellement forgée, derrière laquelle il voyait une chaire, et un autel orné de riches draps.

Un prêtre y officiait, ayant la mitre en tête, revêtu de l'aube et de la chasuble belles et bien faites à sa mesure. Il était servi par un ange. Il y avait aussi un lit devant l'autel et quelqu'un y était couché, mais il ne pouvait voir si c'était un homme ou une femme. Perceval était seul de ce côté-ci de la grille et il priait dévotement. Quand on en vint au sacrement et que le prêtre leva bien haut le Corps de Dieu, celui qui était dans le lit tressaillit et s'y assit tout droit, de sorte qu'on pouvait le voir jusqu'au nombril. Il portait une couronne d'or d'un travail merveilleux. Il leva les mains vers l'hostie en s'écriant : « Vrai Créateur du monde, ne décevez pas mon espoir, car vous êtes toute mon attente ! »

Il ne parla pas davantage, ayant les mains tendues et le visage adorant. Perceval vit alors que tout son corps était couvert de plaies sanglantes et tout fraîchement faites. Quand le prêtre eut chanté, il apporta le Corps du Christ au grabataire, et le communia dignement. Ensuite, le roi se recoucha et remonta sur soi le drap blanc. Perceval regarda vers le prêtre, mais il avait disparu comme l'ange. Il fut tellement surpris de ce qu'il avait vu qu'il appela un moine pour lui en demander la cause, et voici ce que le moine lui raconta.

« Quarante années après le Crucifiement de Notre-Seigneur Jésus-Christ, régnait un roi de mécréants dans un pays de mer près de Jérusalem. Il s'appelait Evalac et régnait à Saras, cité aussi noble qu'Arras. Evalac était roi et sire, mais Tolomé, le roi de Syre qui n'aimait pas les Sarrasins, lui détruisait toute sa terre. Or, le baron Joseph d'Arimathie, qui était un guerrier chrétien (il avait combattu cinq années sous Pilate, et c'est à lui que ce prince-là, pour le récompenser de sa vaillance, avait remis le Corps de Notre-Seigneur), ce baron alla donc trouver Evalac avec ses chevaliers et sa sœur Séraphé, et il lui assura que s'il suivait son conseil, il conserverait son royaume.

« Evalac accepta et Joseph lui fit renoncer à sa mauvaise religion pour ne se fier qu'au Roi de Gloire d'où vient toute force victorieuse. Evalac se fit baptiser, après quoi il vainquit Tolomé et prit le nom de Mordrain pour son nom de baptême. Joseph le quitta et continua sa route pour venir dans notre pays avec une soixantaine de chrétiens et deux belles dames, dont l'une était Philosophine et l'autre se nommait Ysabiau. L'une de ces deux portait un Tailloir plus clair que la lune, la seconde, une Lance qui saignait sans qu'on pût jamais l'étancher. Mais Joseph portait un tel Vase qu'on n'en vit jamais d'aussi beau, par la vertu duquel bien des gens se convertissaient.

« Or le roi qui régnait à l'époque sur notre pays, furieux de voir aller ses barons au baptême, les fit emprisonner dans un cachot bien noir, et défendit qu'on leur donnât boisson ni nourriture. Ils restèrent ainsi quarante jours, dormant sur un petit peu de foin, mais ils n'en souffrirent aucunement car Joseph conservait le

Saint Graal, et dès qu'ils le voyaient, ils se trouvaient tous remplis de tous les biens désirables.

« Mordrain, dans sa ville de Saras, apprit bientôt la mauvaise action du roi cruel. Il manda ses gens aussitôt, fit appareiller sa marine, et il vint chez le mauvais roi où il mit tout à feu et ruine. Le roi cruel réunit son armée et il y eut un combat terrible où Mordrain fit tant d'armes que je vous lasserais à vous en dire la vérité. Il coupa la tête de son ennemi et délivra de leur prison Joseph et tous les siens. Vous pensez s'ils en furent joyeux !

« Le roi Mordrain entra dans le palais du roi cruel et s'installa dans ses richesses. Quand on le désarma, on s'aperçut qu'il était affreusement blessé sur tout le corps, sur le visage et sur les membres, et si profondément qu'il n'aurait pas dû vivre une heure. Cependant, il ne ressentait aucun mal et ses armes étaient intactes, sans manque, ni trou, ni déchirure.

« Voici ce qui advint ensuite : Joseph vint au matin et fit mettre une table auprès du lit du roi. Il l'orna comme un autel et y plaça le Graal, enfin il commença très saintement et très doucement le Service. Mordrain vit le Graal et s'avança pour l'admirer. C'est en quoi il eut tort parce que nul cœur ne peut penser, langue dire ou œil voir les grandes merveilles et le pouvoir du Saint Graal. À cet instant, un ange descendit du ciel avec une épée flamboyante d'une toise de long, et Mordrain s'arrêta tout coi sous la parole qu'il entendit :

« “Mordrain ! Tes péchés sont si lourds que tu n'en

seras délivré aucun jour de ta vie. Tes plaies ne se guériront pas ; elles dureront, toujours ouvertes et tu resteras sans mourir, jusqu'au jour où viendra le Chevalier aimé de Jésus-Christ, confessé de tous ses péchés, qui te soulagera de tes fautes, et tu mourras entre ses bras. D'ici à ce jour-là, tu resteras couché entre deux draps, et tu ne goûteras nulle viande que tu ne désireras même pas, mais seulement le Pain de Vie."

« Le roi Mordrain est resté dans son lit, sans en sortir ni jour ni nuit, il y aura trois cents ans cet été.

« Quelques-uns disent que ce chevalier-là, dont je vous parle, est déjà sur la terre, et que même il a commencé la Quête du Graal et de la Sainte Lance. Le roi Mordrain sera guéri de tous ses maux quand Dieu les réunira tous les deux. »

Perceval écoutant le moine se lamentait de n'avoir pas guéri le roi si vraiment il y est destiné. Il cherche vainement la grille de la chapelle afin d'y pénétrer pour y éprouver son pouvoir, mais devant son échec, il prie à Dieu très humblement de lui faire rendre le Bouclier Blanc à la Croix Rouge qui le rendra plus digne du Graal et de la Lance, et de cette guérison.

Perceval demanda ses armes et, quoiqu'on lui propose une plus longue hospitalité, il veut reprendre son errance. Il lui est venu à l'esprit que ce gisant qui souffre et qui attend de lui consolation, est le même que le père du riche Roi Pêcheur qui, comme lui, se nourrit d'hosties par la procession du Saint Graal.

Le cheval marche, marche, et choisit son chemin. Le

cavalier a la tête vers le ciel et pense à son étrange mission.

Le matin de cette Pentecôte, après le service de Dieu, le roi Arthur rentra dans son palais inquiet et malheureux, car il ne croyait plus au retour de son chevalier bien-aimé.

Il se penchait à sa fenêtre, quand il vit approcher du palais un chevalier de fort grand air, tout noir sur un cheval tout blanc, et il demanda, soudain tiraillé par l'espoir et la crainte :

« Qui vient là-bas vers nous avec ses armes noires ?

— Beau sire, lui répondit son sénéchal toujours railleur, c'est le diable à cheval sur un ange, il faut croire. »

Les chevaliers qui étaient là se mirent à rire : Yvain, Gauvain, Hector, Lancelot, Lionel, Gahériés, Bohor, et Dodinel, et d'autres, mais le roi ne rit pas et reprocha à Keu sa sotte plaisanterie. Il descend les degrés, poussé par l'espérance, et il reconnaît Perceval qu'il presse entre ses bras dès qu'il met pied à terre. Il l'accueille à grande joie et remonte au palais en tenant son héros par la main.

Il le fait désarmer et vêtir d'habillements magnifiques, et dès lors commença la fête du retour, car Perceval était tenu pour le meilleur des chevaliers du monde. Le roi appelle autour de lui tous ses barons, et on le presse de raconter ses aventures, et tout ce qu'il disait, le roi le faisait mettre par écrit, en lettres d'or, et les lettres scellées étaient gardées dans une armoire précieuse.

Quand Perceval eut raconté ses aventures, il y eut un

banquet qui ne cessa pendant huit jours, et pendant ces huit jours, le roi Arthur garda au front la couronne d'or de son empire.

Au bout de ces huit jours, la fête étant dans son plein, une messagère arriva qui salua le roi et ensuite Perceval, à qui elle donna une lettre qu'il fit lire.

On y disait la mort du Roi Pêcheur, sire et gardien du Graal, qui appelait son neveu à lui succéder dans sa puissance et l'invitait à se faire couronner roi dans Corbière, sa cité, pour qu'il gardât sa terre et maintînt son royaume, de par Dieu et de par la Dame qui porta Jésus dans son sein.

Perceval est troublé du message, à cause du deuil pour son parent, et pour la fin de son errance, mais tous ses compagnons, comme le roi Arthur, poussent des hourras à sa gloire, et tous jurent qu'ils l'accompagneront pour son couronnement.

La fête se prolongea dès cette grande nouvelle, mais Perceval en fut absent, soit de corps, réellement, comme on peut le penser, soit seulement de cœur, absorbé qu'il était par ses nouveaux devoirs.

Les événements qui séparèrent ce jour de celui du couronnement sont diversement rapportés. Le manuscrit de Mons les passe, cite en deux vers la cérémonie, et donne immédiatement le récit du banquet où nous allons le retrouver.

D'autres sources racontent l'arrivée de la cour d'Arthur, non à Corbière, mais à Beaurepaire où Perceval va chercher sa femme Blanchefleur dont le poète allemand Wolfram von Eschenbach nous dit qu'elle a un fils appelé Lohengrin.

Perceval demanda au roi de donner rendez-vous aux princes qui voudraient l'honorer, dans la campagne de Beaurepaire ; et à Gauvain de prévenir son bailli Gorneman afin d'éviter sa surprise. Quant à lui, il retourna à l'ermitage où il avait eu la vision du roi Mordrain blessé. Il ne le revit pas, non plus que la chapelle grillagée, mais il en rapporta le Bouclier Blanc à la Croix Vermeille invincible, puis il se dirigea vers Beaurepaire.

Blanchefleur, ce soir-là, rêvait sur sa muraille. On allait relever le pont à l'approche de la nuit quand elle distingua le cavalier qui venait par les lices, et elle le reconnut, quoiqu'il fût encapuchonné. Une grande joie dilata son cœur, et quand le cavalier se présenta, elle le reçut sur le seuil de sa chambre : « Je suis à vous, seigneur, comme vous êtes à moi, comme tous deux nous sommes à ceux qui devront naître. »

Elle lui ouvrit les bras, il lui ouvrit les siens, et ils restèrent ensemble toute cette nuit-là.

Le lendemain matin, le comte Gorneman reçut message de ses fils, que la mer couverte de voiles amenait vers le port une nombreuse armée, et que toute la campagne était foisonnante de troupes. Un émissaire de ces gens-là demandait à être reçu. Au même instant, une des femmes de la châtelaine l'avertissait que leur seigneur était dans sa cité. Gorneman répondit à ses fils que, leur maître avec eux, ils n'avaient rien à craindre, et qu'ils reçussent le messager avec honneur, car il n'apportait pas la guerre, mais la joie.

La cité bouillonnait d'effervescence. Ceux qui avaient leurs nouvelles du château criaient hourra et chantaient fête, tandis que ceux qui regardaient par-dessus les murailles, à voir cette foule d'hommes armés sous de noirs nuages orageux, proclamaient leur malheur et jetaient de grands cris. Si bien qu'on ne savait si c'était fête ou misère, jusqu'au moment où vint la certitude, par l'apparat des arrivants où de riches demoiselles brillaient autant que les guerriers, et par les hourras du château, que c'était fête.

L'angoisse se décercla des cœurs et l'explosion de joie se fit si grande, que les nuages s'éparpillèrent dans le ciel, comme oiseaux apeurés du bruit, et que le grand soleil plana sur la contrée, si bien que la cité était un joyau de lumière sous un dais de nuages noirs.

Ici les témoignages sont discordants. Mais plusieurs prétendent que Perceval descendit du château armé de pied en cap dans une armure éblouissante, portant au cou l'Écu d'Argent à Croix Vermeille ; ils disent que Blanchefleur, à son côté, avait une robe d'écarlate chargée de pierres précieuses d'un éclat sans pareil, et que tous deux portaient couronne.

De Beaurepaire jusqu'à Corbière, il y a, chacun sait, un bon nombre de lieues. Pourtant il y eut ce miracle qu'on atteignit la ville du couronnement sans cesser de chanter, d'acclamer, de sonner, de danser, et les cloches de Beaurepaire se mêlaient à celles de Corbière, comme si les deux cités n'en faisaient qu'une.

Les grandes cérémonies furent longues et belles, pour le service du riche roi, puis pour le couronnement. Il en faut dire certains faits. C'est ainsi qu'avant toute fête, Perceval eut à cœur d'honorer la dépouille du Roi Pêcheur ; puis il se fit ouvrir la chambre où le vieux roi Mordrain vivait dans la prière. Il le communia lui-même et aussitôt le blessé fut guéri de ses plaies. Il sortit de son lit, revêtu d'un manteau royal et accompagna Perceval devant la foule rassemblée. Il l'accola publiquement, il lui mit sa couronne sur la tête, comme à son successeur, puis il s'affaissa dans ses bras et mourut, suivant la prédiction.

Le sacre n'eut lieu qu'à la suite des services solennels qui furent célébrés pour les deux rois défunts. Ensuite le nouveau roi du Graal reçut dans un banquet la foule des seigneurs qui avaient assisté à son élévation.

12*

Quand les rois, les évêques, les chevaliers, les princes, se furent assis autour des tables, entra la demoiselle qui portait le Saint Graal. Un garçon la suivait avec la Lance qui saigne et qui ne cessait de saigner. Puis vint une demoiselle encore qui portait le Tailloir d'argent. Dès

* Manuscrit de Mons, vers 45219-45574.

qu'ils passaient entre les tables, elles se trouvaient garnies des mets les plus variés et les plus savoureux. Ils revenaient aussi dès qu'on avait mangé, et de nouvelles viandes couvraient alors les tables. Un savant n'aurait pu nommer un seul mets qui ne se trouvât sur les tables.

Le roi Arthur voulut apprendre de Perceval ce que tout cela signifiait et Perceval lui répondit comme le Roi Pêcheur lui avait enseigné. Un mois dura la cour plénière, et le Graal, de même manière, tous les jours de nouveau les servait. À la fin, ils se séparèrent.

Perceval régna en paix pendant sept ans, aimé et respecté par tous ses voisins.

Il maria au roi Mérien la fille du roi Gondesert, et celle du Roi Pêcheur au prince de Vollone.

Il arriva que Blanchefleur mourut, et il en eut un grand chagrin. Il résigna alors sa terre au roi Marone, et il se retira dans un moutier où il mena la vie la plus dévote. Il emmena le Graal, la Lance et le Tailloir dans sa pieuse retraite et il ne s'en sépara jamais.

Le conte dit ensuite que Perceval, tant aimé de Dieu, se perfectionna dans son service. En trois ans il fut acolyte, puis sous-diacre, puis diacre, et après cinq ans il fut prêtre.

C'est un jour de Saint-Jean qu'il chanta sa première messe, et il mourut dix ans plus tard, à la veille de la Chandeleur. Il quitta la terre sans souffrance et fut mis dans le ciel à la droite du Sauveur. Le Graal, la Lance et le Tailloir y furent retirés avec lui car nul ne les revit plus sur terre.

Perceval fut enterré dans le Palais Aventureux, auprès du roi Mordrain et de son fils le Roi Pêcheur, avec cette épitaphe :

« Ci-gît Perceval le Gallois qui acheva les aventures du Graal. »

DOSSIER

VIE ET ŒUVRE
DE CHRÉTIEN DE TROYES

Comme il en est pour la plupart des écrivains du Moyen Âge, nous ne connaissons que bien peu la vie de Chrétien, admirable maître d'œuvre et créateur de l'épopée courtoise française. Sur tant de points nous en sommes réduits, autour de quelques données certaines, à solliciter les textes et à conjecturer.

Chrétien est champenois, probablement né à Troyes vers 1135. Il est l'auteur de sept romans dont six se rapportent à la légende arthurienne : *Érec et Énide, Cligès ou la Fausse Morte, Lancelot, le Chevalier à la charrette, Yvain, le Chevalier au Lion* composent le cycle aventureux de Chrétien. *Perceval* traite de l'aventure mystique. *Le Chevalier à la charrette* et le *Perceval* sont tous deux inachevés. Le roman de *Guillaume d'Angleterre*, inspiré de la légende de saint Eustache, se révèle comme la plus valeureuse et la plus heureusement annonciatrice parmi les œuvres de jeunesse. On se consolerait des pertes inévitables s'il ne s'agissait que d'imitations d'Ovide. Mais nul n'a jamais pu découvrir le premier *Tristan* de notre littérature, pourtant œuvre assurée de Chrétien et, sans doute, celle qui lui était la plus chère…

Ce qui est certain, c'est que Chrétien de Troyes se plaça

successivement sous deux patronages : celui de la cour de Champagne puis celui de la cour de Flandres. L'éclat sans égal de la reine Aliénor d'Aquitaine, son attrait, sa souveraineté sur les lettres permettent de penser que Chrétien fut d'abord tenté par ce patronage si recherché. Mais les circonstances politiques et une certaine défiance d'Aliénor la « Provençale » à l'égard d'un homme du Nord se prêtèrent mal sans doute à l'entreprise.

Ce qu'il n'avait pu obtenir de la faveur d'Aliénor, Chrétien de Troyes devait plus naturellement l'obtenir, vers 1162, d'Henri Ier de Champagne qui allait devenir, deux ans plus tard, l'époux de Marie, l'une des deux filles d'Aliénor. Ainsi gouvernée, la cour de Champagne tenait à ses prérogatives littéraires. Marie pouvait deviner que Chrétien en serait une illustration. Vers 1165, elle proposa le sujet périlleux de *Lancelot, le Chevalier à la charrette*, roman que, d'ailleurs, il ne devait pas terminer, en confiant l'achèvement à un autre Champenois de bien moindre talent, Geoffroy de Lagny.

En mars 1181, le protecteur champenois mourut. Marie de Champagne désertant la courtoisie pour la dévotion, Chrétien de Troyes reporte ailleurs son hommage : vers la cour la plus opulente et la plus insigne par ses traditions de protectrice des arts : la cour de Flandres, où régnait le comte Philippe d'Alsace. Rien d'étonnant dans ce choix de Chrétien : les relations politiques, marchandes et littéraires étaient coutumières entre Champagne et Flandres.

Ce nouveau patronage correspond à une nouvelle orientation spirituelle et littéraire de l'œuvre de Chrétien. On peut y découvrir l'influence de Philippe d'Alsace. Celui-ci prêta au romancier un ouvrage dont devait naître le roman mystique de Perceval. Si l'ouvrage demeura, lui aussi, inachevé, ce fut par cause de la mort du romancier survenue avant le départ de son protecteur pour une croisade dont il ne devait revenir. Ainsi peut-on penser que Chrétien de Troyes trouva sa fin en pays de Flandres avant l'an 1190.

Voilà les éléments certains ou très probables d'une biographie du romancier. Ce qu'on en dit de plus n'est que conjecture ou effet de l'imagination : Chrétien fut-il clerc ? C'est fort possible. Chrétien fut-il héraut d'armes ? Le grand érudit que fut Gaston Paris le suppose, en se fondant sur un passage du *Chevalier à la charrette.* S'il apparaît que le romancier fut, pendant un temps, familier de la cour de Champagne, rien ne permet de dire qu'il le fut aussi, plus tard, de la cour de Flandres. Aurait-il séjourné en Angleterre ? On croit le deviner à travers ses connaissances géographiques et les précisions qu'il donne sur plusieurs villes anglaises (mais ces précisions pourraient bien être de seconde main).

Des relations suivies existaient entre la cour de Champagne et celle de Bretagne. On aimerait savoir assurément si l'auteur d'*Érec* et d'*Yvain* voyagea en Bretagne et résida quelque temps à Nantes, capitale du duché souverain. N'est-ce pas dans la cathédrale de Nantes que le roi Arthur couronne Érec et Énide ? Chrétien ne serait-il pas venu en cette ville en 1158 à l'occasion du couronnement, dans cette même cathédrale, de Godefroy, frère d'Henri II Plantagenêt ? Ne se serait-il pas inspiré des fêtes de ce couronnement pour conter, un peu plus tard, les fastes de celui des deux jeunes héros ? À l'occasion de ce séjour, Chrétien n'aurait-il pu prendre contact, de façon vivante, avec la « matière de Bretagne » ? N'y aurait-il pas fréquenté les fameux harpeurs gallois et bretons d'Armorique qui ne pouvaient manquer d'être de ces fêtes ? Il les aurait donc écoutés en Bretagne même, dans leurs rhapsodies de lais et autres poèmes. Les érudits tels que Ph. Aug. Becker et St. Hofer (*Zeitschrift für romanische Philologie,* 1928) considèrent comme certaine la visite de Chrétien à Nantes. Becker pense même qu'il aurait pu y demeurer assez longtemps pour y composer *Érec et Énide.* Ceci n'est qu'hypothèse.

Plusieurs médiévistes très justement renommés s'accordent sur la réalité et l'importance de ce séjour de Chrétien dans la capitale bretonne. Au nombre de leurs meilleurs arguments figurent des arguments de topographie comparée.

TABLEAU SÉCULAIRE

1163. Début de la construction de Notre-Dame de Paris.

1167. Naissance de Wolfram d'Eschenbach, auteur de *Parzival*.

1168. Achèvement de la cathédrale de Bourges.

1170. Les Écoles de Paris appellent les plus grands maîtres de la chrétienté.

vers 1170. *Jeu de Saint-Nicolas* de Jehan Bodel d'Arras.

1171. Construction de la grande nef de la cathédrale de Tournai.
L'armée et la marine anglaises attaquent victorieusement l'Irlande.

1172. Naissance de W. von der Vogelweide, poète allemand.
Chronique des ducs de Normandie de Benoist.

1175. Les « lais » de Marie de France.

1176. Le *Roman de Renart* de Pierre de Saint-Cloud.
Soulèvement des villes d'Italie du Nord contre l'empereur Frédéric Barberousse. Elles se libèrent de l'oppression impériale.

1178. Naissance de Villard de Honnecourt, l'un des plus grands maîtres d'œuvre du Moyen Âge.
Début de la construction de la cathédrale de Laon.

1180. Mort de Louis VII le Jeune.
Minorité de Philippe Auguste.

vers 1182. *Perceval ou le Roman du Graal* de Chrétien de Troyes.
Naissance de saint François d'Assise.

1184. Traduction cathare partielle de la Bible en français.
Achèvement de la cathédrale de Canterbury.

1194. Consécration de la cathédrale de Chartres.

1195. Naissance de l'empereur François II de Hohenstaufen, maître du Saint Empire romain germanique.

1200. Sculpture des statues du portail royal de Chartres.

1215. Construction de la façade de Notre-Dame de Paris.

NOTICE

LES MANUSCRITS — ÉTABLISSEMENT DU TEXTE

On a jusqu'ici dénombré quinze manuscrits contenant le texte de *Perceval*. (Près de la moitié de ces textes appartiennent au fonds français de la Bibliothèque Nationale.) Ils ont été ainsi répertoriés :

I. Paris. Bibliothèque Nationale, fonds français n° 794.
II. Berne. Bibliothèque de la Ville, n° 354.
III. Clermont-Ferrand. Bibliothèque municipale, n° 248.
IV. Édimbourg. National Library of Scotland, n° 19.1.5.
V. Florence. Biblioteca Riccardiana, n° 2943.
VI. Londres. Herald's College, Arundel 14.
VII. Londres. British Museum, Additional 36614.
VIII. Montpellier. Bibliothèque de la Faculté de Médecine, n° H 249.
IX. Mons. Bibliothèque publique, n° 331/206.
X. Paris. Bibliothèque Nationale, fonds français n° 1429.
XI. Paris. Bibliothèque Nationale, fonds français n° 1450.
XII. Paris. Bibliothèque Nationale, fonds français n° 1453.
XIII. Paris. Bibliothèque Nationale, fonds français n° 12576.

XIV. Paris. Bibliothèque Nationale, fonds français n° 12577.
XV. Paris. Bibliothèque Nationale, nouvelles acquisitions françaises n° 6614.

Les diverses versions présentées par ces quinze manuscrits sont toutes des versions en vers. On ne connaît qu'une version ancienne en prose de la totalité du roman. Elle a été composée, par un auteur demeuré inconnu, dans les premières années du XVIe siècle. Elle fut imprimée en 1530. Elle est intéressante à plus d'un titre : ses leçons permettent d'éclaircir certains passages douteux des textes en vers. Elle montre aussi qu'au moment où les idées nouvelles de la Renaissance envahissent la littérature française, l'intérêt des auteurs et des lecteurs demeure vif pour Perceval, le héros sans égal. L'édition de ce *Perceval* en prose se trouve ainsi contemporaine de la publication de *Pantagruel* (1532) et de *Gargantua* (1535).

Pour la présente traduction, nous nous sommes fondés sur le texte, parfaitement établi par William Roach, professeur à l'Université de Pennsylvanie, publié d'après le manuscrit n° 12576 de la Bibliothèque Nationale. Ce texte fondamental a été publié en 1959 par la Librairie Droz (Genève) et la Librairie Minard (Paris).

BIBLIOGRAPHIE (SUR CHRÉTIEN DE TROYES ET *PERCEVAL*)

Les lecteurs intéressés par les origines de la légende du Graal, par les problèmes historiques et littéraires que posent le roman de *Perceval* de Chrétien de Troyes, les

Continuations de Manessier et de Gerbert de Montreuil, le Perceval christianisé qu'est le roman de *Perlevaus* (vers 1200) et le *Parzival* de Wolfram d'Eschenbach, pourront se reporter aisément à quelques ouvrages essentiels :

Gustave COHEN, *Chrétien de Troyes. L'homme et l'œuvre.* Paris 1931 et réédition Éd. Champion.

Jean FRAPPIER, *Chrétien de Troyes : L'homme et l'œuvre.* Paris 1957. Hatier-Boivin.

Jean FRAPPIER, *Le Roman breton : Chrétien de Troyes. Perceval ou le Conte du Graal.* Paris. Les cours de Sorbonne. 1953.

Jean MARX, *La Légende arthurienne et le Graal.* Paris, Presses Universitaires de France. 1952.

Rcto. R. BEZZOLA, *Le sens de l'Aventure et de l'Amour (Chrétien de Troyes).* Paris, Éd. Champion. 1968.

Edmond FARAL, *La Légende arthurienne.* 3 vol. Paris. 1929.

A. MICHA, *La Tradition manuscrite des Romans de Chrétien de Troyes.* Thèse. Paris. 1931.

Pierre GALLAIS, *Perceval et l'Initiation.* Paris. Éd. Sirac. 1972.

Jean FRAPPIER, *Chrétien de Troyes et le mythe du Graal (études sur Perceval ou le Conte du Graal).* Paris. SEDES, 280 p., 1972.

Trois ouvrages anglais et un ouvrage allemand permettent de présenter une bibliographie plus complète :

William A. NITZE, *Perceval and the Holy Grail (An Essay on the Romance of Chrétien de Troyes).* Berkeley and Los Angeles. University of California Press. 1949. Publications in Modern Philology, volume 28, n° 5.

William A. NITZE et Harry F. WILLIAMS, *Arthurian Names in the Perceval of Chrétien de Troyes.* Berkeley and Los Angeles. University of California Press. 1955. Publications in Modern Philology, volume 38, n° 3.

Roger Sh. LOOMIS, *Arthurian Tradition and Chrétien de Troyes.* New York. 1949.

W. L. JONES, *King Arthur in history and legend.* Cambridge University College Press. 1912.

E. K. CHAMBERS, *Arthur of Britain.* Londres. 1927.

Stefan HOFER, *Chrétien de Troyes : Leben und Werke des altfranzösischen Epikers.* Graz-Köln Hermann Böhlaus Nachf. 1954.

LES « CONTINUATIONS »

Le *Perceval* de Chrétien de Troyes étant une œuvre inachevée offrait l'occasion d'une « continuation », selon le souhait de tous ceux qui ne pouvaient accepter qu'un si beau roman fût ainsi interrompu. En peu de temps apparurent plusieurs « continuations » dont celles de Manessier et celle de Gerbert de Montreuil.

Nous avons pensé que, devant cet arrêt soudain du récit de Chrétien, le lecteur d'aujourd'hui éprouverait le même désappointement que l'auditeur médiéval. Sans doute les « continuations » ne présentent-elles pas les mêmes qualités littéraires que le *Perceval* interrompu ; elles ne sont cependant pas sans mérites, même sur ce plan. Il était juste de leur accorder leur part. On ne pouvait songer à une traduction intégrale de ces romans extrêmement abondants. Nous avons estimé qu'il était légitime de composer à partir d'eux un certain nombre d'épisodes pour donner au lecteur, non une nouvelle « continuation », mais une « suite et fin » des aventures de Perceval et de la quête du Graal à travers les « continuations » anciennes.

On a parfois supposé que Chrétien de Troyes, empêché par la mort de terminer son œuvre, aurait laissé quelque plan général dont tel de ses continuateurs aurait pu s'inspirer. Mais rien ne permet de le penser. Dans ces « continuations », l'imagination règne souverainement, docile parfois, il est vrai, à l'influence de patronages ecclésiastiques ou politiques.

Pour cette composition d'épisodes des continuations de *Perceval* (suivie de références), nous nous sommes fondés sur les trois éditions suivantes :

— L'édition de *Perceval le Gallois* publiée d'après les manuscrits originaux par Charles Potvin à Mons en six volumes (1866-1871). Les tomes II à VI comprennent, outre le texte de Chrétien, la première continuation qui fut longtemps attribuée à un certain Wauchier, celle de Manessier et une partie de celle de Gerbert de Montreuil.

— L'édition William Roach, certainement plus valeureuse : *The Continuations of the Old French Perceval.* University of Pensylvania Press. Philadelphie. 2 vol. 1949-1950.

— L'édition Mary Williams de *La Continuation de Perceval* par Gerbert de Montreuil. Paris. 2 vol. 1922-1925.

LES TEXTES DE LA QUÊTE DU GRAAL

Le *Perceval ou le Roman du Graal* de Chrétien de Troyes est l'une des œuvres les plus célèbres d'une série d'ouvrages composés dans le même temps (1200-1250) qui tous traitent du même sujet : la quête du Graal.

Une *Continuation* (peut-être de Manessier) conduit les aventures du héros, Perceval, de son élection comme meilleur chevalier de la Table Ronde à son règne, dont les hauts faits sont rédigés en une chronique exemplaire et précieusement conservés. Après un règne de sept années, Perceval devient prêtre en un ermitage. Il ne cesse d'y être nourri par le Graal et meurt en sainteté.

Une seconde *Continuation* est due à Gerbert de Montreuil. Le Roi Pêcheur impose à Perceval des épreuves nouvelles. Si le chevalier les affronte avec succès, le roi le jugera digne d'entendre et de partager les secrets du Graal. L'esprit de cette *Continuation* est nettement ecclésiastique : le Graal y est le « Saint Graal » contenant l'Hostie, seul aliment du Roi Pêcheur.

L'Élucidation traite de la disparition du château féerique. Le personnage principal de ce conte, assez postérieur à l'œuvre de Chrétien, n'est plus Perceval mais un certain chevalier Blihis Bliheris, prisonnier de Gauvain. C'est lui qui raconte l'histoire de la découverte, par ce même Gauvain, du Roi Pêcheur disparu avec toute sa cour. *L'Élucidation* est un conte en marge de *Perceval*. Son intérêt est surtout d'avoir suggéré une hypothèse qui a été exposée et réfutée par Jean Marx : la quête la plus ancienne aurait été menée par Gauvain. Celle de Perceval ne serait donc qu'une seconde version du grand thème. Idée ingénieuse combattue par le grand érudit arthurien.

Le *Didot-Perceval* de Robert de Boron présente nombre d'épisodes librement imités de ceux rapportés par Chrétien de Troyes.

L'*Estoire del Saint Graal* rapporte les visions de son auteur dont l'âme a été transportée au ciel. Il a reçu mission d'écrire cette histoire sous la dictée du Christ lui-même. Y sont étroitement mêlées la fable délirante et des traditions pseudo-ecclésiastiques. Le Graal est ici à la fois le plat dans lequel Jésus mangea l'Agneau de la Pâque et celui dans lequel fut recueilli Son Sang pendant la crucifixion.

Le *Lancelot en prose*, selon une manière très commune chez les auteurs de ce temps, compile largement et librement le *Lancelot* de Chrétien de Troyes et la *Queste du Saint Graal*, d'inspiration cistercienne. Rien n'est inconciliable pour ces auteurs ! L'ouvrage est néanmoins attachant, car on y saisit toute une filiation littéraire en même temps que l'écho de traditions primitives.

La *Queste du Saint Graal* est donc d'un caractère franchement mystique. L'influence de la doctrine du grand Docteur de Clairvaux s'y manifeste constamment, sous la plume d'un clerc dont on ignore le nom. Le héros de la *Queste* n'est plus Perceval mais le jeune chevalier parfaitement pur : Galaad, le « célestiel ». Le roman est la suprême apologie de la Pureté Victorieuse. À la fin de cette quête, à laquelle prennent part d'autres chevaliers, tous valeureux mais infiniment moins purs que le héros, un banquet mystique réunit les chevaliers compagnons de la « Queste ». S'y accomplit le miracle de la Transsubstantiation : c'est la chair même de Dieu qui nourrit ceux qui, seuls, en sont dignes. Déjà le Sang sacré a coulé de la Lance dans le Saint Graal, appelé ici le Saint Vaisseau. Comme à la Cène, c'est le Christ qui préside ce banquet mystique. Le cycle est accompli. Galaad peut oindre le corps du Roi Pêcheur pour le guérir enfin ! Mais le roman ne se terminera pas sans que Galaad et quelques compagnons, dont Perceval, ne partent pour la Terre Sainte (saint Bernard n'a-t-il pas été l'âme et le prêcheur de la croisade ?). Ils y emportent des reliques qui, dans les occasions les plus périlleuses, seront les instruments de leur salut. Après le plus solennel office du Graal, Galaad, ayant communié, est invité à participer à la contemplation suprême. Après avoir échangé un baiser d'adieu avec Perceval, il s'abandonne aux anges venus délivrer son âme et la porter au ciel. Ainsi Galaad connaît-il la joie, si longuement espérée, de la Connaissance Ineffable. Les chemins incertains et mouvants de la Queste étaient ceux de la connaissance de Dieu. Le corps de Galaad ne peut qu'être enseveli en Terre Sainte au cœur d'un palais spirituel, à Saras, dans lequel il est permis de voir la figure sublimée du Château Aventureux. Un édifice n'est-il pas corps et âme qui, eux aussi, peuvent être sauvés et glorifiés dans le rayonnement de la gloire divine ? Dans ce même palais spirituel le corps de Perceval reposera plus tard. Témoin de ces aventures, le bon compagnon chevalier Bohor reviendra à la cour du roi Arthur. Et les scribes, écoutant ses paroles, rédigeront la chronique de la prodigieuse aventure pour en faire mémoire jusqu'à nous.

Le *Perlevaus* (qui est le nom de Perceval en dialecte franco-picard) est, lui aussi, un roman chrétien de Perceval, d'inspiration non plus cistercienne mais bénédictine clunisienne. Sa composition est très probablement due à l'inspiration des clercs de la fameuse abbaye britannique de Glastonbury, si étroitement liée à toute la légende arthurienne. (N'est-ce pas en ce lieu que, pour des raisons de prestige dynastique, politique et monastique, on aurait « retrouvé » en 1191 les tombeaux du roi Arthur et de la reine Guenièvre ?) Au cours du récit réapparaissent de très anciens éléments mystiques (le Cercle d'Or de la victoire, le Château-des-Quatre-Cornes) que les auteurs savent utiliser au bénéfice d'une symbolique chrétienne toujours présente.

Le *Peredur* gallois, dans lequel certains érudits avaient voulu voir, autrefois, un modèle de l'œuvre de Chrétien de Troyes, paraît au contraire redevable à celui-ci de ses seuls épisodes dignes d'intérêt. L'histoire galloise y affleure souvent. L'auteur (ou les auteurs ?) ne parvient pas à refondre et à composer les deux thèmes profonds de l'œuvre : la quête de vengeance, la quête des Objets merveilleux ayant valeur de talismans, la quête du chemin de l'Autre Monde. D'où la déception du lecteur s'engageant dans le labyrinthe de ces aventures confuses, qui ne parviennent jamais à atteindre leur pleine signification.

Il faut terminer par le *Parzival*, roman en vers de Wolfram d'Eschenbach (début du XIIIe siècle) postérieur à l'œuvre de Chrétien de Troyes auquel le poète germanique vouait une légitime admiration. Ici encore, les influences françaises sont évidentes, mais Wolfram d'Eschenbach est le plus grand poète germanique de son siècle et, dans une langue superbe, il sait admirablement composer ses emprunts avec ce que lui dictent son génie propre et les traditions séculaires qui se rappellent à lui.

L'imagination littéraire médiévale avait la passion de conter (c'est elle qui, à l'aube de la Renaissance, inspirera encore les grands livres de François Rabelais, les « Rêveries » et « Baliverneries » de moindres conteurs). On se doute de l'usage qu'elle put faire, non pas des grands thèmes, mais des épisodes merveilleux de la légende arthurienne et plus spécialement de la Quête du Graal.

Les œuvres circulent vite. En France, en Angleterre, en Allemagne comme en Italie ou dans d'autres pays d'Europe, compilations, fabulations extravagantes, emprunts et accommodations de toutes sortes ont donné naissance à un grand nombre de contes et de romans. On reconnaît bien vite qu'aucun ne peut être retenu dans la lignée des textes relatifs au Graal. On ne trouve, çà et là, que des mentions d'aventures concernant le Vaisseau Miraculeux. Les auteurs et leurs lecteurs sont plus captivés par une certaine « féerie arthurienne » que par le propos mystique qui distingue les plus grandes œuvres. *Sir Gawayn* et *Sir Percyvelle*, deux romans anglais du XIVe siècle, représentent, sans doute, les deux plus valeureux exemples que l'on puisse citer parmi ces ouvrages dont certains apportent d'ailleurs un renouvellement du genre par l'introduction de nouveaux personnages, de nouveaux exploits, de nouvelles féeries. Ces livres montrent que le goût pour la chevalerie et pour l'aventure est toujours aussi vif. Les romans de chevalerie, épiques ou parodiques, en seront, plus tard, une autre preuve.

J.-P. F.

Préface 7

Perceval ou le Roman du Graal 31
Suite et fin de *Perceval* d'après les continuateurs de
Chrétien de Troyes 219

DOSSIER

Vie et œuvre de Chrétien de Troyes 361
Tableau séculaire 365
Notice 367

DU MÊME AUTEUR

Dans la même collection

ROMANS DE LA TABLE RONDE : ÉREC ET ÉNIDE, CLIGÈS OU LA FAUSSE MORTE, LANCELOT LE CHEVALIER À LA CHARRETTE, YVAIN LE CHEVALIER AU LION. *Préface et traduction de Jean-Pierre Foucher.*

LANCELOT OU LE CHEVALIER DE LA CHARRETTE. *Préface de Mireille Demaules. Traduction de Daniel Poirion.*

YVAIN OU LE CHEVALIER AU LION. *Préface et traduction de Philippe Walter.*

COLLECTION FOLIO

Dernières parutions

6218. Yannick Haenel	*Je cherche l'Italie*
6219. André Malraux	*Lettres choisies 1920-1976*
6220. François Morel	*Meuh !*
6221. Anne Wiazemsky	*Un an après*
6222. Israël Joshua Singer	*De fer et d'acier*
6223. François Garde	*La baleine dans tous ses états*
6224. Tahar Ben Jelloun	*Giacometti, la rue d'un seul*
6225. Augusto Cruz	*Londres après minuit*
6226. Philippe Le Guillou	*Les années insulaires*
6227. Bilal Tanweer	*Le monde n'a pas de fin*
6228. Madame de Sévigné	*Lettres choisies*
6229. Anne Berest	*Recherche femme parfaite*
6230. Christophe Boltanski	*La cache*
6231. Teresa Cremisi	*La Triomphante*
6232. Elena Ferrante	*Le nouveau nom. L'amie prodigieuse, II*
6233. Carole Fives	*C'est dimanche et je n'y suis pour rien*
6234. Shilpi Somaya Gowda	*Un fils en or*
6235. Joseph Kessel	*Le coup de grâce*
6236. Javier Marías	*Comme les amours*
6237. Javier Marías	*Dans le dos noir du temps*
6238. Hisham Matar	*Anatomie d'une disparition*
6239. Yasmina Reza	*Hammerklavier*
6240. Yasmina Reza	*« Art »*
6241. Anton Tchékhov	*Les méfaits du tabac* et autres pièces en un acte
6242. Marcel Proust	*Journées de lecture*
6243. Franz Kafka	*Le Verdict – À la colonie pénitentiaire*
6244. Virginia Woolf	*Nuit et jour*

6245. Joseph Conrad	*L'associé*
6246. Jules Barbey d'Aurevilly	*La Vengeance d'une femme* précédé du *Dessous de cartes d'une partie de whist*
6247. Victor Hugo	*Le Dernier Jour d'un Condamné*
6248. Victor Hugo	*Claude Gueux*
6249. Victor Hugo	*Bug-Jargal*
6250. Victor Hugo	*Mangeront-ils ?*
6251. Victor Hugo	*Les Misérables. Une anthologie*
6252. Victor Hugo	*Notre-Dame de Paris. Une anthologie*
6253. Éric Metzger	*La nuit des trente*
6254. Nathalie Azoulai	*Titus n'aimait pas Bérénice*
6255. Pierre Bergounioux	*Catherine*
6256. Pierre Bergounioux	*La bête faramineuse*
6257. Italo Calvino	*Marcovaldo*
6258. Arnaud Cathrine	*Pas exactement l'amour*
6259. Thomas Clerc	*Intérieur*
6260. Didier Daeninckx	*Caché dans la maison des fous*
6261. Stefan Hertmans	*Guerre et Térébenthine*
6262. Alain Jaubert	*Palettes*
6263. Jean-Paul Kauffmann	*Outre-Terre*
6264. Jérôme Leroy	*Jugan*
6265. Michèle Lesbre	*Chemins*
6266. Raduan Nassar	*Un verre de colère*
6267. Jón Kalman Stefánsson	*D'ailleurs, les poissons n'ont pas de pieds*
6268. Voltaire	*Lettres choisies*
6269. Saint Augustin	*La Création du monde et le Temps*
6270. Machiavel	*Ceux qui désirent acquérir la grâce d'un prince...*
6271. Ovide	*Les remèdes à l'amour* suivi de *Les Produits de beauté pour le visage de la femme*

6272. Bossuet	*Sur la brièveté de la vie* et autres sermons
6273. Jessie Burton	*Miniaturiste*
6274. Albert Camus – René Char	*Correspondance 1946-1959*
6275. Erri De Luca	*Histoire d'Irène*
6276. Marc Dugain	*Ultime partie. Trilogie de L'emprise, III*
6277. Joël Egloff	*J'enquête*
6278. Nicolas Fargues	*Au pays du p'tit*
6279. László Krasznahorkai	*Tango de Satan*
6280. Tidiane N'Diaye	*Le génocide voilé*
6281. Boualem Sansal	*2084. La fin du monde*
6282. Philippe Sollers	*L'École du Mystère*
6283. Isabelle Sorente	*La faille*
6284. George Sand	*Pourquoi les femmes à l'Académie ?* Et autres textes
6285. Jules Michelet	*Jeanne d'Arc*
6286. Collectif	*Les écrivains engagent le débat. De Mirabeau à Malraux, 12 discours d'hommes de lettres à l'Assemblée nationale*
6287. Alexandre Dumas	*Le Capitaine Paul*
6288. Khalil Gibran	*Le Prophète*
6289. François Beaune	*La lune dans le puits*
6290. Yves Bichet	*L'été contraire*
6291. Milena Busquets	*Ça aussi, ça passera*
6292. Pascale Dewambrechies	*L'effacement*
6293. Philippe Djian	*Dispersez-vous, ralliez-vous !*
6294. Louisiane C. Dor	*Les méduses ont-elles sommeil ?*
6295. Pascale Gautier	*La clef sous la porte*
6296. Laïa Jufresa	*Umami*
6297. Héléna Marienské	*Les ennemis de la vie ordinaire*
6298. Carole Martinez	*La Terre qui penche*
6299. Ian McEwan	*L'intérêt de l'enfant*
6300. Edith Wharton	*La France en automobile*
6301. Élodie Bernard	*Le vol du paon mène à Lhassa*

Impression Maury Imprimeur
45330 Malesherbes
le 20 juin 2017.
Dépôt légal : juin 2017.
1er dépôt légal dans la collection : octobre 1977.
Numéro d'imprimeur : 219025.

ISBN 978-2-07-036537-1. / Imprimé en France.

321404